Hans-Jürgen Andreß

# GLIM

## Verallgemeinerte lineare Modelle

Mit 7 Abbildungen und 30 Tabellen

Friedr. Vieweg & Sohn     Braunschweig/Wiesbaden

CIP-Kurztitelaufnahme der Deutschen Bibliothek

**Andress, Hans-Jürgen:**
GLIM: verallgemeinerte lineare Modelle /
Hans-Jürgen Andress. — Braunschweig; Wiesbaden:
Vieweg, 1986.
ISBN 3-528-04354-7

Das in diesem Buch enthaltene Programm-Material ist mit keiner Verpflichtung oder Garantie irgend-
einer Art verbunden. Der Autor übernimmt infolgedessen keine Verantwortung und wird keine daraus
folgende oder sonstige Haftung übernehmen, die auf irgendeine Art aus der Benutzung dieses Programm-
Materials oder Teilen davon entsteht.

Umschlaggestaltung: Peter Lenz, Wiesbaden
Druck und buchbinderische Verarbeitung: W. Langelüddecke, Braunschweig
Printed in Germany


ISBN   3-528-04354-7

# Vorwort

Multivariate Analyseverfahren haben in den letzten Jahren einen gewaltigen Aufschwung in den Sozialwissenschaften erfahren. Die Vielfalt der Methoden ist für den Forschungspraktiker kaum noch zu überblicken. Mit diesem Buch wird der Versuch unternommen, ein allgemeines Modell statistischer Datenanalyse vorzustellen, das mehrere multivariate Analyseverfahren als Spezialfall enthält. Dazu zählen die klassischen Anwendungen der Regressions-, Varianz- und Kovarianzanalyse, aber auch verschiedene Methoden zur Analyse von kreuztabellierten Daten (log-lineare und logistische Modelle, GSK-Ansatz). Dieses verallgemeinerte lineare Modell wurde von NELDER und WEDDERBURN (1972) vorgeschlagen. Für praktische Auswertungen mit diesem Ansatz steht das Programmpaket GLIM zur Verfügung, das von der Numerical Algorithms Group vertrieben wird. Bisher sind sowohl der statistische Ansatz als auch das Programm GLIM in der Forschungspraxis nur sehr zögernd aufgenommen worden. Das liegt sicherlich zum großen Teil daran, daß der Grad der statistischen Formalisierung relativ hoch und der Umfang der Programmdokumentation relativ gering ist. Vor allem fehlt es an konkreten Beispielen, wie man mit einem Datensatz z.B. eine Regressionsanalyse oder ein log-lineares Modell berechnet.

Diesem Mangel soll mit diesem Buch abgeholfen werden, obwohl auch hier einschränkend bemerkt werden muß, daß der Anteil der statistischen Vorarbeiten relativ hoch ist, bis man tatsächlich eine bestimmte Datenanalyse durchführen kann. Dieses Buch ist daher keine Programmbeschreibung mit Beispielen, sondern in erster Linie eine statistische Einführung in die Theorie und Praxis verallgemeinerter linearer Modelle. Es richtet sich an die Personen, die schon gewisse Erfahrungen mit multivariaten Analyseverfahren haben. Es kann aber auch ergänzend oder im Anschluß an eine Einführung in die klassische Regressionsanalyse gelesen werden. Das verwendete Beispiel betrachtet Statusveränderungen in einer Stichprobe von Berufsanfängern und untersucht die Frage, wie diese Veränderungen mit der Qualifikation einer Person und Arbeitsmarktmerkmalen variieren.

Die Idee zu diesem Buch entstand auf einem NONMET/GLIM-Workshop, den das Zentrum für Umfragen, Methoden und Analysen e.V. (Mannheim) in der Zeit vom 16. bis 20.11.1981 veranstaltete. Der Initiator und der Hauptreferent dieses Kurses, die Professoren M. Küchler und G. Arminger, haben daher maßgeblichen Anteil an der Entstehung dieses Buches. Mein besonderer Dank gilt vor allem G. Arminger, durch dessen Arbeiten auf dem Gebiet verallgemeinerter linearer Modelle dieses Werk erst möglich wurde. Ich möchte diese Gelegenheit auch nutzen, Gisela Diekmeier, Christian Kerst und Wilfried Staemmler ganz herzlich zu danken, die mit bei der technischen Erstellung des Manuskriptes geholfen haben. Alle verbliebenen Fehler liegen natürlich in der alleinigen Verantwortung des Autors.

Bielefeld, im Juli 1985
*Hans-Jürgen Andreß*

# Verzeichnis der Abbildungen und Tabellen

## Abbildungen

## Tabellen

# Inhaltsverzeichnis

# 1 EINLEITUNG

Multivariate statistische Analyseverfahren haben in den letzten Jahren einen gewaltigen Aufschwung erfahren. Mit ausschlaggebend für diese Entwicklung war die Verfügbarkeit benutzerfreundlicher EDV – Programme, die auch dem Forschungspraktiker die Anwendung komplexer statistischer Methoden erlaubte. Sie gehören mittlerweile zum Standardinstrumentarium der sozialwissenschaftlichen Methodenausbildung, wobei je nach Disziplin (bedingt durch die spezifischen Untersuchungsprobleme und Daten) eine gewisse Schwerpunktsetzung festzustellen ist:

- In der Psychologie sind dies, soweit es sich um experimentelle Designs handelt, vor allem varianz – und kovarianzanalytische Methoden; aber auch Regressions – und Faktorenanalyse sowie Verfahren multidimensionaler Skalierung werden angewendet.

- Methoden der Regressionsanalyse und ihrer Weiterentwicklungen (Zeitreihenanalyse, Mehrgleichungsmodelle) findet man vor allem in der Ökonomie, deren Daten in der Regel metrisches Skalenniveau besitzen und wo es darum geht, komplexe Variablenzusammenhänge aufzudecken, die in nicht – experimentellen Erhebungen (Felddaten) beobachtet wurden.

- Felddaten überwiegen auch in der Soziologie und der Politologie, jedoch besitzen die erhobenen Informationen häufig nicht das Meßniveau ökonomischer Daten. In diesen Disziplinen haben sich daher in den letzten Jahren vor allem Verfahren für nicht – metrische Daten durchgesetzt (multivariate Kreuztabellenanalyse).

Wegen dieser Schwerpunktsetzungen ist die Methodenvielfalt für den Forschungspraktiker kaum noch zu überblicken, von den vielen speziellen Ansätzen ganz zu schweigen. Nach den Jahren des Aufschwungs ist also eine Phase der Konsolidierung dringend notwendig. Jetzt geht es darum, die Gemeinsamkeiten der verschiedenen methodischen Ansätze herauszuarbeiten, um so zu einer vereinheitlichten Sichtweise sozialwissenschaftlicher Datenanalyse zu gelangen, die dann auch wieder für den Forschungspraktiker überschaubar ist.

In der Tat läßt sich zeigen, daß die genannten multivariaten Analyseverfahren (und noch einige mehr) in einem allgemeinen linearen Modell zusammengefaßt werden können. In diesem Buch geht es um eine Einführung in dieses Modell an Hand sozialwissenschaftlicher Beispiele. Für die praktische Auswertungsarbeit steht u.a. das Programm GLIM zur Verfügung, dessen

Verwendung ebenfalls demonstriert werden soll. Dieses Buch ist jedoch keine Programmbeschreibung, sondern eine statistisch orientierte Einführung in die praktische Analyse verallgemeinerter linearer Modelle.

## 1.1 Multivariate Analyseverfahren – Ein Überblick

Multivariate Analyseverfahren kann man ganz global unterteilen in Methoden zur Analyse latenter Strukturen einerseits und Methoden zur Analyse von Assoziationen/ Abhängigkeiten andererseits. Zu ersteren zählen wir Verfahren multidimensionaler Skalierung sowie die Faktoren – und Clusteranalyse. Zu letzteren gehören Regressions –, Varianz – und Kovarianzanalyse aber auch Verfahren multivariater Kreuztabellenanalyse. Ganz allgemein handelt es sich bei letzteren um *Regressionsmodelle*, weil es darum geht, ein abhängiges Merkmal auf mehrere unabhängige zurückzuführen (Regression), auch wenn in einigen Fällen die Unterscheidung zwischen abhängigen und unabhängigen Merkmalen nicht unmittelbar evident ist. Wir wollen uns im folgenden auf Regressionsmodelle beschränken. Sie lassen sich an Hand weiterer Kriterien ordnen. Das auffälligste Unterscheidungsmerkmal ist sicherlich das Meßniveau der betrachteten Variablen, wenn auch für die statistische Auswertung das verwendete Schätzverfahren sehr viel bedeutsamer ist.

Üblicherweise unterscheidet man 4 verschiedene Meßniveaus: Nominal –, Ordinal –, Intervall – und Verhältnisskalen. Für die folgende Betrachtung ist es jedoch ausreichend, wenn man nur zwischen *metrischen und nicht – metrischen Merkmalen* differenziert. Bei ersteren sind die Abstände zwischen den einzelnen Merkmalsausprägungen definiert (Intervall –, Verhältnisskala), während bei letzteren nur zwischen verschiedenen Ausprägungen unterschieden wird, ohne eine Aussage darüber zu machen, wie sich die Ausprägungen quantitativ zueinander verhalten (Nominal –, Ordinalskala). Eine Zwischenstellung haben metrische Merkmale, die entweder klassifiziert oder ungenau erhoben wurden, so daß nur bestimmte diskrete Werte der eigentlichen Skala auftreten. In diesem Fall ist es eine inhaltliche Entscheidung, ob man die Abstände zwischen diesen diskreten Ausprägungen (z.B. die Klassenmitten) als gegeben betrachtet oder nicht (vgl. zu dieser Problematik das Anwendungsbeispiel in Abschnitt 1.3). Unabhängig von dieser Entscheidung unterscheidet sich jedoch die zahlenmäßige Kodierung klassifizierter oder ungenauer metrischer Merkmale nicht wesentlich von der Kodierung nicht – metrischer Merkmale: In beiden Fällen treten nur diskrete Zahlenkodes auf. Nicht – metrische

Merkmale werden daher auch häufig als *diskrete Merkmale* bezeichnet und wir werden beide Begriffe synonym gebrauchen (1).

| Tabelle 1.1: Multivariate Analyseverfahren | | | |
|---|---|---|---|
| Abhängige Variable | unabhängige Variablen | | |
| | alle diskret | alle metrisch | metrisch und diskret |
| metrisch | Varianzanalyse (Regression mit Dummies) | Regressionsanalyse | Kovarianzanalyse |
| diskret | multivariate Kreuztabellenanalyse | logistische Regression | logistische Kovarianzanalyse |

Ausgehend von dieser Unterscheidung zwischen metrischen und diskreten Merkmalen kann man Regressionsmodelle weiter untergliedern (vgl. Tabelle 1.1). Betrachtet man z.B. ein metrisches abhängiges Merkmal, ergeben sich die bekannten Verfahren der *Regressions–, Varianz– und Kovarianzanalyse*, je nachdem ob man nur metrische, nur diskrete oder sowohl metrische als auch diskrete unabhängige Merkmale verwendet. Dabei ist die Varianzanalyse nichts anderes als eine Regressionsanalyse mit Dummy–Variablen. Alle drei Ansätze sind sozusagen Spezialfälle des *klassischen linearen Modells* (2), dessen Parameter mit Hilfe der *Methode der kleinsten Quadrate* (least squares – LS) geschätzt werden können. Bekannte Lehrbücher zur Regressionsanalyse und ihren Anwendungen (vor allem in der Ökonometrie) sind z.B. die Arbeiten von DRAPER/ SMITH (1981), HANUSHEK/ JACKSON (1977), JOHNSTON (1972), KERLINGER/PEDHAZUR (1978), KMENTA (1971) oder WONNACOTT/ WONNACOTT (1970). Autoren wie BOCK (1975), COCHRAN/ COX (1957), KIRK

---

(1) Andere Bezeichnungen für nicht–metrische Variablen sind kategoriale, qualitative oder topologische Merkmale.

(2) Wir verwenden die Bezeichnung "klassisch", um die bekannten linearen Modelle mit LS–Schätzung von den verallgemeinerten linearen Modellen abzugrenzen. So sprechen wir z.B. von der *klassischen Regressionsanalyse*, um deutlich zu machen, daß es sich um einen Spezialfall (nur metrische abhängige und unabhängige Variablen) aller hier zu besprechenden Regressionsmodelle handelt.

(1968), SCHEFFE (1969) und WINER (1971) behandeln vor allem varianz –
und kovarianzanalytische Verfahren bei experimentellen Untersuchungen.

Sind alle untersuchten Merkmale diskret, dann ergeben sich die bekannten
*Verfahren multivariater Kreuztabellenanalyse.* Unter diesen Oberbegriff sub-
sumieren wir Methoden wie die log – linearen und logistischen Modelle, die in
der Soziologie vor allem durch die Arbeiten von GOODMAN (1978) bekannt
wurden, und die Minimum – Chi – Quadrat – oder WLS – Methode, die auch
häufig nach ihren Autoren GRIZZLE, STARMER und KOCH (1969) als
GSK – Ansatz bezeichnet wird (3). Statistisch unterscheiden sie sich im
wesentlichen durch das Schätzverfahren (*Maximum – Likelihood –* (ML) versus
*gewichtete Kleinste – Quadrate – Schätzungen* (weighted least squares – WLS).
Für den Anwender ist der auffälligste Unterschied, daß bei den log – linearen
Modellen im Gegensatz zu den logistischen und dem GSK – Ansatz eine explizite Trennung zwischen abhängigem und unabhängigen Merkmalen nicht
existiert. Im ersten Fall untersucht man die Assoziation zwischen mehreren
(gleichberechtigten) Merkmalen (*symmetrische Fragestellung*), während es im
zweiten Fall um die Abhängigkeit einer Zielvariablen von einem Set exogener
Merkmale geht (*asymmetrische Fragestellung*). Wie sich später zeigen wird,
handelt es sich dabei jedoch um ein relativ äußerliches Unterscheidungsmerkmal, wichtig ist vor allem das verwendete Schätzverfahren. Der ML –
Ansatz wird z.B. bei BISHOP/ FIENBERG/ HOLLAND (1975), FIENBERG (1980),
EVERITT (1977), HABERMAN (1978) und GOODMAN (1978) beschrieben. Ein
Standardtext für den GSK – Ansatz ist das Buch von FORTHOFER/ LEHNEN
(1981).

Eine Erweiterung des ML – Ansatzes erlaubt schließlich die Berücksichtigung metrischer Merkmale. Es ergibt sich das Modell der *logistischen Regressions – und Kovarianzanalyse*, das schon relativ früh in der biometrischen
Forschung verwendet wurde. In diesem Zusammenhang besteht auch die
Möglichkeit, nicht nur Kreuztabellen (also aggregierte Daten) sondern auch
Individualdaten zu untersuchen. Einige Informationen zu diesen Erweiterungen
findet man in den Lehrbüchern von COX (1970) oder FINNEY(1971).

---

(3) Ein dritter Ansatz, auf den hier nicht näher eingegangen werden soll, basiert auf informations-
theoretischen Maßen (minimum discrimination information – MDI) (GOKHALE/ KULLBACK 1978).

## 1.2 Verallgemeinerte lineare Modelle und ihre Realisierung in dem Programmpaket GLIM

Der vorhergehende Überblick läßt sicherlich viele spezielle Methoden außer acht und glättet zudem die Unterschiede zwischen den einzelnen Ansätzen. Es geht hier jedoch nicht darum, möglichst viele Sonderentwicklungen zu berücksichtigen, sondern das Gemeinsame der verschiedenen Verfahren herauszustreichen. Bei einem Regressionsmodell geht es ganz allgemein um Erklärung und Prognose bestimmter sozialwissenschaftlicher Sachverhalte. Unabhängig von dem speziellen Ansatz müssen dabei die folgenden 4 Fragen beantwortet werden:

1. Was wird erklärt (abhängige Variable)?

2. Wie fehlerhaft sind diese Daten (Fehlerstruktur)?

3. Welche (bekannten) Merkmale werden zur Erklärung bzw. Prognose verwendet (linearer Prädiktor)?

4. Wie werden abhängige Variable und erklärende Merkmale mathematisch miteinander verknüpft (Verbindungsfunktion)?

Sind diese 4 Fragen beantwortet, dann kann man dazu übergehen, das Modell mit Hilfe empirischer Daten zu überprüfen (schätzen).

Es liegt also nahe, ein allgemeines Modell zu entwickeln, das alle diese Entscheidungen als Spezialfälle enthält. Ein solches Modell sollte

– für alle Submodelle ein einheitliches Schätzverfahren verwenden, so daß Vergleiche zwischen den verschiedenen speziellen Ansätzen möglich sind.

– Dabei sollten Aussagen über die Güte des Modells insgesamt als auch über einzelne Modellparameter oder Parametergruppen möglich sein.

Innerhalb eines solchen allgemeinen Modells ist es dann möglich, Merkmale unterschiedlichen Meßniveaus zu berücksichtigen, ohne den methodischen Ansatz zu wechseln. Mit den geschätzten Parametern kann man konkrete Prognosen machen und die Vorhersagen mit den empirischen Werten vergleichen. Auf diese Weise erhält man zusätzliche Hinweise über die Anpassung des Modells an die Daten und seine Prognosefähigkeiten.

Ein solcher Ansatz wurde von NELDER und WEDDERBURN (1972) vorgestellt. Dieses *verallgemeinerte lineare Modell* (generalized linear model – GLM) enthält alle o.g. multivariaten Analyseverfahren als Spezialfall. Der *GLM – Ansatz* wird in zwei englischsprachigen Lehrbüchern beschrieben (DOBSON 1983, MCCULLAGH/ NELDER 1983), die sich in erster Linie an Statistiker wenden. In Kürze wird ein deutschsprachiger Text erscheinen (ARMINGER

1985), der sich jedoch auf fortgeschrittenere Anwendungen konzentriert (vgl. aber auch ROCHEL 1983). Uns geht es vor allem um eine einführende Darstellung aus sozialwissenschaftlicher Perspektive, die auch darauf eingeht, wie man ganz konkret verallgemeinerte lineare Modelle (kurz: *GL Modelle*) mit Hilfe des Programmpakets GLIM berechnet.

Dieses Programm wird von der Numerical Algorithms Group angeboten und wird hier in der Version 3 beschrieben (BAKER/ NELDER 1978) (4). Zu den besonderen Vorteilen von GLIM (generalized linear interactive modeling) gehören:

– Interaktive Benutzung,
– Integration verschiedener multivariater Analyseverfahren und – programme,
– Programmierbarkeit durch Macros,
– Vektorisierung aller Rechenoperationen,
– freie Gestaltung des Programmoutputs.

Auf Grund der Programmierbarkeit könnte man GLIM auch als statistische Programmiersprache bezeichnen. Jeder Befehl wird direkt nach seiner Eingabe interpretiert und ausgeführt. Für die statistischen Operationen ist vor allem die Vektorisierung hilfreich. Auf diese Weise ist es sehr einfach möglich, ganze Zahlenreihen (Variablen) miteinander zu multiplizieren, addieren usw. Diese Vorteile werden natürlich durch höhere Anforderungen an die Benutzer erkauft:

– Die notwendigen Statistikkenntnisse sind hoch;
– Der Programmoutput ist nicht selbsterklärend;
– Programmiererfahrungen sind hilfreich.

Von daher ist eine Beschreibung des Programms ohne eine Einführung in das statistische Modell nicht denkbar.

---

(4) Im Laufe des Jahres 1985 wird eine Version 3.77 ausgeliefert, auf die hier nicht mehr eingegangen wird, da das grundlegende statistische Modell beibehalten wird und lediglich einige Zusatzfunktionen geändert werden. Diese Zusatzfunktionen verbessern die Möglichkeiten der Tabellierung und Gruppierung von Daten, der Zeichnung von Histogrammen und der Datenmanipulation. Entgegen früheren Ankündigungen werden Matrixoperationen nicht implementiert. Außerdem wird es möglich sein, ein Ablaufprotokoll der Arbeitssitzung zu erhalten, bestimmte Systemparameter zu beeinflussen und benutzereigene FORTRAN – Subroutinen zu linken. Die wesentliche Neuerung ist jedoch die Portierung des Quellcodes in den FORTRAN77 – Standard (daher Version 3.77), so daß mittlerweile auch eine Version für Mikrocomputer verfügbar ist, die 256 KB (516 KB ohne Overlay) und eine Diskettenstation benötigt. Alle Programme und Manuals sind erhältlich bei: Numerical Algorithms Group, NAG Central Office, Mayfield House, 256 Banbury Road, Oxford OX2 7DE, Great Britain.

Schließlich sei auch darauf hingewiesen, daß für das interaktive Arbeiten alle Daten im Hauptspeicher gehalten werden. Die Menge der simultan analysierbaren Daten ist daher begrenzt. Man wird GLIM also vor allem bei der Statistikausbildung und – forschung sowie bei der Analyse kleiner und mittlerer Datensätze einsetzen.

## 1.3 Ein Anwendungsbeispiel

Da der GLM – Ansatz allgemeinen Anspruch hat, bietet es sich an, die verschiedenen Submodelle an Hand eines einheitlichen Beispiels vorzustellen. Natürlich könnte man für jedes Submodell ein spezifisches Beispiel wählen. Hier soll jedoch gerade das Verbindende der verschiedenen Analyseverfahren herausgearbeitet werden. Aus diesem Grund werden bei den folgenden Ableitungen immer die gleichen Daten verwendet, auch wenn darunter die Inhalte der Auswertung etwas zu leiden haben. Es sei daher an dieser Stelle explizit darauf hingewiesen, daß die verwendeten Daten allein der Illustration der Methode dienen und die inhaltliche Fragestellung sekundär ist. Trotz dieser Einwände läßt sich gerade an einem solchen einheitlichen Beispiel zeigen, welchen Einfluß unterschiedliche Operationalisierungen des gleichen theoretischen Konstrukts haben, wenn sich daraus Variablen unterschiedlichen Meßniveaus ergeben.

### 1.3.1 Fragestellung und betrachtete Merkmale

Die Daten stammen aus einer Sekundäranalyse der Mikrozensus – Zusatzerhebung "Berufliche und soziale Umschichtung der Bevölkerung", die im Jahr 1971 vom Statistischen Bundesamt durchgeführt wurde (TEGTMEYER 1976). Über die Ergebnisse dieser Sekundäranalyse wurde schon an anderer Stelle berichtet (ANDRESS 1984a). Die hier verwendeten Daten beschreiben eine Subgruppe der befragten männlichen Personen, genauer gesagt die Berufsanfängerkohorte, die in den Jahren 1961 – 1963 in das Erwerbsleben eingetreten ist (10867 Personen). Dabei konzentrieren wir uns auf die innerhalb der ersten 10 Berufsjahre erhobenen Tätigkeitswechsel und die damit verbundene Statusmobilität. Die zur Verfügung stehenden Merkmale sind in Tabelle 1.2 zusammengefaßt.

Tabelle 1.2:   Variablen des Anwendungsbeispiels

| Konstrukt | Variable | Ausprägungen | abhängig/ unabhängig |
|---|---|---|---|
| Status- mobilität | Statusdifferenz STATD | Differenz des sozio-ökonom. Status nach HANDL (1977) zwischen Herkunfts- und Zieltätigkeit | abhängige Var. (Zielvariable) |
| | Art des Tätigkeits- wechsels ART | (1) Aufstieg (2) Abstieg (3) Horizontale Mobilität | |
| | Dauer der Tätigkeit DAUER | Dauer der Tätigkeit in Jahren | |
| Qualifika- tion | Dauer der Ausbildung DQUAL | Dauer der Ausbildung in Jahren nach MÜLLER (1977) | unabhäng. Var. |
| | Typ der Qualifikation TQUAL | (1) unspezifische Qualifikation (2) manuelle Fachqualifikation (3) nicht-manuelle Fachqual. (4) Spezialqualifikation nach MÜLLER (1979) | |
| Arbeits- platz- angebot | Beschäftigten- wachstum BESCH | prozentuale Zunahme der ab- hängig Beschäftigten in der Zieltätigkeit nach ANDRESS (1984a) | unabhäng. Var. |
| | Wirtschafts- zweig WIRT | (1) Landwirtschaft (2) Energie, Bergbau (3) Verarbeitendes Gewerbe (4) Baugewerbe (5) Handel (6) Verkehr (7) Kredit, Versicherungen (8) Sonst. Dienstleistungen (9) Freie Berufe (10) Staat | |

Ganz allgemein gesprochen geht es um die Frage, in welcher Weise die mit einem Tätigkeitswechsel verbundene Statusmobilität mit dem persönlichen Merkmal Qualifikation und dem Kontextmerkmal Arbeitsplatzangebot zusammenhängt. Wie die Tabelle zeigt, werden die drei Konstrukte auf unterschiedliche Art und Weise operationalisiert. Bei der Zielvariablen *Statusmobilität* werden die zwei Tätigkeiten, zwischen denen die Person wechselt, an Hand einer Skala des sozio – ökonomischen Status (vgl. HANDL 1977) verglichen. Dabei kann man entweder die Art der Statusänderung oder ihr genaues Ausmaß berücksichtigen. Im ersten Fall verwendet man lediglich die Rangordnung der Tätigkeiten, die durch die Skala ausgedrückt wird, während man im zweiten Fall davon ausgeht, daß auch die Abstände zwischen den Punktwerten sinnvolle und wichtige Informationen sind.

In ähnlicher Weise kann man die unabhängigen Merkmale unterschiedlich operationalisieren. Bei der *Qualifikation* kann man entweder die Dauer der Ausbildung in Jahren messen (vgl. MÜLLER 1977) oder verschiedene Schul – und Berufsabschlüsse unterscheiden, "die die Berufsanfänger auf dem Arbeitsmarkt von Anfang an in deutlich unterschiedliche Karrierelinien einweisen" (MÜLLER 1979: 3). Das *Arbeitsplatzangebot* ist eine Größe, die sich nur sehr schwer messen läßt. Da es wahrscheinlich zwischen verschiedenen Wirtschaftsbereichen variieren wird, unterscheiden wir zunächst einmal 10 Wirtschaftszweige, in die die Berufsanfänger wechseln können. Darüber hinaus haben wir an Hand amtlicher Statistiken versucht, die prozentuale Veränderung der Beschäftigtenzahlen in den einzelnen Wirtschaftszweigen festzuhalten.

Das Ergebnis dieser unterschiedlichen Operationalisierungen ist jeweils eine metrische und eine nicht – metrische Variable für jedes theoretische Konstrukt. Die Variablennamen lauten STATD, DQUAL, BESCH bzw. ART, TQUAL, und WIRT. Auf diese Weise können wir mit den vorliegenden Daten alle Submodelle des GLM – Ansatzes (vgl. Tabelle 1.1) durchspielen (5).

Man beachte übrigens, daß diese Situation in der Forschungspraxis relativ häufig auftritt. Betrachten wir z.B. das theoretische Konstrukt Qualifikation:

– Eine Operationalisierung ist die Dauer der Ausbildung gemessen in Jahren. Dieser Index hat positive ganzzahlige Werte zwischen 8 und 17. Dabei nimmt man an, daß die Qualifikation mit jedem weiteren Ausbildungsjahr kontinuierlich um einen gleichen Betrag zunimmt. Anders ausgedrückt, der Abstand zwischen einem Hauptschulabschluß (8 Jahre) und der mittleren

---

(5) Auf das Merkmal Dauer der Tätigkeit, das ebenfalls in Tabelle 1.2 enthalten ist, wird an dieser Stelle nicht weiter eingegangen. Prinzipiell wäre jedoch mit dieser Information eine dynamische Analyse der erhobenen Tätigkeitswechsel möglich. Diese Auswertung, die zu den fortgeschritteneren Anwendungen verallgemeinerter linearer Modelle gehört, soll in dieser Einführung nicht besprochen werden (vgl. jedoch die weiterführenden Literaturangaben in Kapitel 4).

Reife (10 Jahre) ist genauso groß (nämlich 2 Jahre) wie der Abstand zwischen einem Abitur mit Lehre (15 Jahre) und einem Universitätsabschluß (17 Jahre).

- Diese Annahme ist zumindest zweifelhaft. Häufig beobachtet man nämlich, daß die soziale Distanz zwischen den Ausbildungsabschlüssen nicht angemessen durch die bloße Ausbildungsdauer erfaßt wird. Da sich bei einem Bildungsabschluß mit gewerblicher Lehre (manuelle Fachqualifikation) ganz andere Berufskarrieren ergeben als z.B bei einem Abschluß mit kaufmännischer oder administrativer Lehre (nicht – manuelle Fachqualifikation), ist es mindestens genauso sinnvoll, die verschiedenen Ausbildungsabschlüsse als qualitativ unterschiedliche Kategorien zu behandeln. Dabei muß man allerdings in Kauf nehmen, daß ein Modell, in dem 4 qualitativ verschiedene Ausbildungsabschlüsse (Variable TQUAL) berücksichtigt werden sollen, sehr viel mehr Parameter benötigt als ein Modell, in dem lediglich ein (kontinuierlicher) Einfluß der Ausbildungsdauer (Variable DQUAL) unterstellt wird.

Zusammenfassend kann man also feststellen, daß in vielen Fällen diskrete Merkmale aus inhaltlichen Gründen vorzuziehen sind, metrische Merkmale aber den Vorzug haben, besonders einfache Modelle zu ergeben. Diese beiden Zielvorgaben sind gegeneinander abzuwägen, wobei eine Entscheidung allein aus theoretischen Gründen nicht immer möglich ist. Von daher ergibt sich bei vielen praktischen Auswertungen die Notwendigkeit, Modelle mit Variablen unterschiedlichen Meßniveaus miteinander zu vergleichen. Dies ist innerhalb des Programmpakets GLIM leicht möglich, da es Regressionsmodelle mit metrischen wie mit diskreten Merkmalen zuläßt; und das im übrigen nicht nur auf der Seite der erklärenden sondern auch auf der Seite der abhängigen Variablen.

### 1.3.2 Individualdaten, aggregierte Daten, Kreuztabellen

Insgesamt haben 5188 der 10867 Personen mindestens einmal ihre Tätigkeit gewechselt, wobei Datensätze mit fehlenden Werten nicht berücksichtigt wurden. Wegen des begrenzten Programmspeichers (s. oben) konnte für die folgenden Beispiele nur jeder 2. Wechsel ausgewertet werden. Die Untersuchungsdatei besteht also aus 2594 Fällen (Tätigkeitswechseln). Nur wenn alle untersuchten Merkmale diskrete Variablen sind, ist eine gewisse Zusammenfassung der Ausgangsdaten möglich, die es erlaubt, alle 5188 Tätigkeitswechsel zu betrachten. Tabelle 1.3 zeigt einen Auszug aus dieser aggregierten Datenbasis.

Tabelle 1.3:  Auszug aus der aggregierten Datenbasis

| Häufigkeit der Subgruppe NIJK | Gruppierungsmerkmale | | | Mittelwerte der metrischen Merkmale pro Subgruppe | |
|---|---|---|---|---|---|
| | ART | TQUAL | WIRT | BESCH | DQUAL |
| 9   | 1 | 1 | 1  | 62.778  | 8.000  |
| 4   | 1 | 1 | 2  | 71.500  | 8.000  |
| 123 | 1 | 1 | 3  | 98.553  | 8.000  |
| ⋮   | ⋮ | ⋮ | ⋮  |         | ⋮      |
| 18  | 1 | 1 | 10 | 131.444 | 8.000  |
| 36  | 1 | 2 | 1  | 73.056  | 11.194 |
| 23  | 1 | 2 | 2  | 65.000  | 11.130 |
| ⋮   | ⋮ | ⋮ | ⋮  | ⋮       | ⋮      |
| 245 | 1 | 2 | 10 | 176.641 | 10.498 |
| ⋮   | ⋮ | ⋮ | ⋮  | ⋮       | ⋮      |
| 56  | 1 | 4 | 10 | 208.286 | 15.429 |
| 10  | 2 | 1 | 1  | 100.000 | 8.000  |
| 1   | 2 | 1 | 2  | 50.000  | 8.000  |
| ⋮   | ⋮ | ⋮ | ⋮  | ⋮       | ⋮      |
| 1   | 3 | 1 | 1  | 63.000  | 8.000  |
| ⋮   | ⋮ | ⋮ | ⋮  | ⋮       | ⋮      |
| 2   | 3 | 4 | 10 | 207.000 | 16.000 |
| ⋮   | ⋮ | ⋮ | ⋮  | ⋮       | ⋮      |

Diese Zusammenfassung ist deshalb möglich, weil bei den diskreten Variablen ART, TQUAL und WIRT mit 3, 4 bzw. 10 Ausprägungen nur maximal $3 * 4 * 10 = 120$ verschiedene Merkmalskombinationen auftreten können. Man kann die Tätigkeitswechsel mit identischen Werten bei ART, TQUAL und WIRT in einer Subgruppe zusammenfassen. Diese maximal 120 *Subgruppen* oder *Subpopulationen* sind die Fälle der *aggregierten Datenbasis*. Wenn man jetzt noch festhält, wieviel Fälle pro Subgruppe zusammengefaßt wurden, dann hat man gegenüber den *Individual – oder Mikrodaten* auf der Basis der einzelnen Tätigkeitswechsel keine Informationen verschenkt. Für metrische Merkmale, die sehr viel mehr Ausprägungen haben, ist leider eine solche Zusammenfassung nicht möglich. Man kann lediglich den Mittelwert des jeweiligen Merkmals pro Subgruppe berücksichtigen, nimmt damit aber gewisse Informationsverluste in Kauf. Die vollständigen aggregierten Daten sind im Anhang abgedruckt, so daß der interessierte Leser einige der folgenden Beispiele nachrechnen kann

Tabelle 1.4:    Art des Tätigkeitswechsels nach Typ der Qualifikation und
                Wirtschaftszweig

| Wirtschaftszweig | Typ der Qualifikation TQUAL | | | |
|---|---|---|---|---|
| WIRT | unspezif. Qualifikation | manuelle Fachqualifik. | nicht-manuelle Fachqualifik. | Spezial- qualifikation |
| **Aufstiege N = 3260** | | | | |
| Landwirtschaft | 9 | 36 | 4 | 4 |
| Energie, Bergbau | 4 | 23 | 7 | 6 |
| Verarbeitendes Gew. | 123 | 652 | 228 | 160 |
| Baugewerbe | 29 | 137 | 20 | 25 |
| Handel | 53 | 183 | 198 | 14 |
| Verkehr | 55 | 145 | 77 | 23 |
| Kredit, Versich. | 3 | 31 | 110 | 14 |
| Sonst. Dienstl. | 7 | 77 | 8 | – |
| Freie Berufe | 15 | 94 | 56 | 161 |
| Staat | 18 | 245 | 150 | 56 |
| **Abstiege N = 985** | | | | |
| Landwirtschaft | 10 | 23 | 2 | – |
| Energie, Bergbau | 1 | 12 | 2 | 1 |
| Verarbeitendes Gew. | 33 | 244 | 37 | 17 |
| Baugewerbe | 48 | 97 | 15 | 5 |
| Handel | 8 | 63 | 19 | 5 |
| Verkehr | 10 | 109 | 16 | 2 |
| Kredit, Versich. | – | 2 | 3 | 1 |
| Sonst. Dienstl. | 2 | 15 | 5 | – |
| Freie Berufe | 1 | 18 | 7 | 16 |
| Staat | 3 | 45 | 61 | 27 |
| **Horizontale Mobilität N = 943** | | | | |
| Landwirtschaft | 1 | 4 | – | – |
| Energie, Bergbau | 6 | 25 | 4 | 2 |
| Verarbeitendes Gew. | 12 | 162 | 53 | 40 |
| Baugewerbe | 12 | 117 | 10 | 7 |
| Handel | 3 | 60 | 40 | 12 |
| Verkehr | – | 116 | 12 | 2 |
| Kredit, Versich. | 2 | 6 | 16 | 4 |
| Sonst. Dienstl. | – | 18 | 2 | 2 |
| Freie Berufe | 3 | 40 | 20 | 69 |
| Staat | 6 | 46 | 7 | 2 |

(genauer gesagt handelt es sich um die Beispiele zur multivariaten Kreuztabellenanalyse, vgl Tabelle 1.4). Man kann die Daten aber auch für eigene
Modelle nutzen (6).

Sind alle beteiligten Merkmale diskret, dann ergeben sich die bekannten
Verfahren multivariater Kreuztabellenanalyse. Diese Situation ist in Tabelle 1.4
dargestellt, in der die aggregierte Datenbasis in etwas anderer Form, nämlich
als Tabelle aufgeführt ist. Kreuztabellen sind also nichts anderes als aggregierte Individualdaten (ANDRESS 1984b) und wie wir später zeigen werden,
rechnet die multivariate Kreuztabellenanalyse mit den Subgruppen als Fällen.
Man beachte aber, daß die *Anzahl aggregierter Einheiten* von der Anzahl und
den Ausprägungen der Gruppierungsmerkmale abhängig ist. Die Fallzahl ist
von daher eine Funktion der betrachteten Merkmale und es muß geprüft werden, ob die Modellergebnisse davon beeinflußt werden. Wie werden auf dieses
Problem zu gegebener Zeit zurückkommen.

An Hand der beiden Tabellen 1.3 und 1.4 kann man auch noch einmal sehr
schön den Unterschied zwischen *symmetrischen und asymmetrischen Fragestellungen* deutlich machen. In der klassischen Kreuztabelle 1.4 ist zunächst
einmal nicht festgelegt, welches der drei Merkmale als abhängige Variable
fungieren soll. Man betrachtet die Häufigkeiten in den Zellen der Tabelle und
untersucht (ähnlich einem Chi – Quadrat – Test), ob diese Häufigkeiten signifikant von einer Verteilung abweichen, die sich beispielsweise bei Zugrundele-
gung der Randverteilungen der Merkmale ART, TQUAL und WIRT ergibt.
Anders hingegen in Tabelle 1.3: Hier könnte man z.B. untersuchen, wieviel
Abstiege pro Subgruppe auftreten. Dazu würde man die Daten weiter aggregieren und nur nach verschiedenen Qualifikationstypen TQUAL und Wirtschaftszweigen WIRT unterscheiden. Damit hätte man eine klare Trennung
zwischen abhängiger (Anteil der Abstiege) und unabhängigen Variablen
(TQUAL, WIRT) vorgenommen.

---

(6) Diese aggregierten Daten wurden auf der Basis aller 5188 Tätigkeitswechsel erstellt. Von daher
ergeben sich bei Auswertungen mit den Mikrodaten andere Ergebnisse.
Die Zusammenfassung der Ausgangsdaten ist im übrigen mit einem sozialwissenschaftlichen Programmpaket wie SPSS, BMDP, PSTAT oder SAS leicht möglich, denn alle enthalten in der Regel
eine Aggregierungsprozedur. So kann man z.B. mit der Prozedur AGGREGATE in SPSS die
Häufigkeiten der einzelnen Subgruppen sowie die Mittelwerte berechnen und diese samt den Werten
der Gruppierungsmerkmale auf eine externe Einheit (Platte) schreiben. Von dort kann man sie
wieder mit GLIM einlesen und weiterverarbeiten.

Da Tabelle 1.4 aber nur eine andere Darstellung von Tabelle 1.3 ist, liegt es auf der Hand, daß diese Unterscheidung relativ oberflächlich ist. Wie wir später zeigen werden, verwendet das angeblich symmetrische Modell natürlich auch eine abhängige (nämlich die Zellhäufigkeiten) und mehrere unabhängige Variablen (nämlich TQUAL, WIRT und (!) ART). Diese Zielvariable ist bloß unter inhaltlichen Gesichtspunkten nicht so besonders interessant. Vom statistischen Standpunkt ist jedoch das Modell mit symmetrischer Fragestellung wie das Modell mit asymmetrischer Fragestellung ein Regressionsmodell.

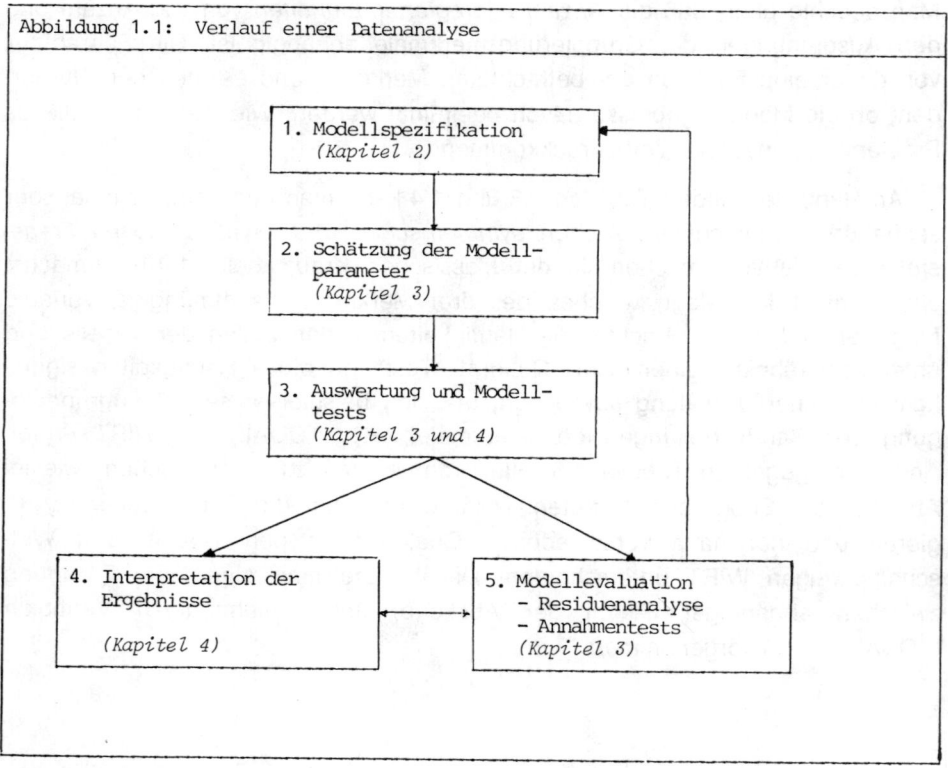

Abbildung 1.1:  Verlauf einer Datenanalyse

## 1.4 Gliederung dieses Buches und notwendige Vorkenntnisse

Gemäß unserer Zielsetzung einer statistischen Einführung orientiert sich die folgende Darstellung an dem praktischen Verlauf einer Datenanalyse. Dieser ist in Abbildung 1.1 in schematischer Form dargestellt. Ganz allgemein gesprochen sind die Kapitel 2 und 3 eher statistisch – theoretischer Natur, das Kapitel 4 dagegen anwendungsbezogen. In den Kapiteln 2 und 3 werden lediglich kleine Rechenbeispiele verwendet, die über Nummern (Beispiel 2.1, 2.2, ... etc.) und das Stichwortverzeichnis jederzeit im Text lokalisiert werden können. In Kapitel 4 werden dagegen die Daten des Anwendungsbeispiels ausgewertet, die in aggregierter Form im Anhang dokumentiert sind.

Im einzelnen beschäftigt sich das 2. Kapitel mit der Spezifikation eines verallgemeinerten linearen Modells, insbesonders mit der Spezifikation unterschiedlicher Effekte erklärender Merkmale. Um Schätzprobleme hier außer acht lassen zu können, beschränken wir uns in diesem Kapitel auf das klassische lineare Modell. Kapitel 3 konzentriert sich dagegen auf das allgemeine Schätzverfahren und die Frage, wie man ein gegebenes Modell testet und evaluiert (Modellanpassung, Test einzelner Parameter und Parametergruppen, Residuenanalyse etc.). Kapitel 4 zeigt schließlich verschiedene Anwendungen, insbesonders die Verallgemeinerung des klassischen linearen Modells auf Kreuztabellen und die Analyse diskreter Zielvariablen. Je nachdem welche Variablen des Anwendungsbeispiels als abhängige Y bzw. unabhängige Variablen X verwendet werden, ergeben sich die verschiedenen Submodelle des GLM – Ansatzes. Die einzelnen Kombinationen sind noch einmal in der folgenden Tabelle 1.5 zusammengefaßt.

Tabelle 1.5: Anwendungen multivariater Analyseverfahren in diesem Buch

| Abhängige Variable | unabhängige Variablen | | |
|---|---|---|---|
| | alle diskret | alle metrisch | metrisch und diskret |
| metrisch | STATUSD = f(TQUAL,WIRT) *Abschnitt 4.1.2* | STATUSD = f(DQUAL,BESCH) *Abschnitt 4.1.1* | STATUSD = f(TQUAL,BESCH) *Abschnitt 4.1.3* |
| diskret | ART = f(TQUAL,WIRT) *Abschnitt 4.2 u. 4.3* | ART = f(DQUAL,BESCH) *Abschnitt 4.4* | ART = f(TQUAL,BESCH) *Abschnitt 4.4* |

Zum Verständnis dieser 3 Kapitel sind gewisse mathematische und statistische Grundkenntnisse notwendig. Der Leser sollte mit der Matrizenrechnung vertraut sein und gründliche Kenntnisse der klassischen Regressionsanalyse (OLS – Schätzung) haben. Darüber hinaus ist es hilfreich (jedoch keine Voraussetzung), wenn man schon einmal mit neueren Verfahren multivariater

Kreuztabellenanalyse (log – lineare Modelle, GSK – Ansatz) gearbeitet hat. De-
tailkenntnisse werden nicht erwartet, jedoch erleichtern diese Erfahrungen das
Verständnis und den Nachvollzug der Beispiele, denn eine exakte Ableitung
jedes einzelnen Submodells kann hier nicht vorgenommen werden (vgl. die
o.g. Fachliteratur).

In den Kapiteln 2 – 4 werden die Befehle für das Programmpaket GLIM nur
problembezogen eingeführt. Zusätzlich gibt es ein Kapitel 5, das sich explizit
mit den Eigenschaften von GLIM (insbes. der Programmierbarkeit) beschäftigt.
Für das Verständnis der GLIM – Befehle in den Kapiteln 2 – 4 ist es daher hilfreich, wenn man den ersten Abschnitt dieses Kapitels zumindest einmal über-
fliegt. Dort werden der Aufbau der GLIM – Sprache, die Schreibweise der
Befehle und die programminterne Datenverwaltung erläutert. Alle GLIM –
Befehle und die verfügbaren Systemvektoren und – skalare sind in Kurzform
im Anhang zusammengefaßt. Diese Liste kann als Referenzkarte für das praktische Arbeiten mit dem Programm verwendet werden, soll jedoch nicht das
Manual ersetzen. Für eine ausführliche Definition der einzelnen Befehle muß
man daher immer das Manual konsultieren. Über unser Stichwortregister findet
man dann die Stellen im Text, wo ein GLIM – Befehl angewendet oder die
Bedeutung eines Systemvektors für das statistische Modell erläutert wird.

Generell besteht die Konzeption dieses Buches darin, Probleme, die über
die anwendungsbezogene Darstellung hinausgehen, in getrennten Kapiteln
darzustellen. Im Anhang finden sich daher einige statistisch – theoretische
Ableitungen, die noch einmal die wesentlichen Verteilungsmodelle (Normal – ,
Binomial – , Poissonverteilung) und die Grundprinzipien von ML – Schätzungen
bzw. des GSK – Ansatzes wiederholen. Außerdem findet sich im Anhang ein
Glossar aller verwendeten mathematischen Symbole (7).

---

(7)  In diesem Text werden alle Dezimalzahlen mit einem Dezimalpunkt statt einem Dezimalkomma
geschrieben (z.B. 3.5 statt 3,5).

Trotz dieser Ergänzungen können nicht alle statistischen Ableitungen bewiesen oder belegt werden. Dies gilt insbesonders für die asymptotischen Eigenschaften der verschiedenen Testverfahren. Eine solche Darstellung würde den Rahmen dieser Einführung bei der Breite der behandelten Methoden sprengen. Wir verweisen dazu auf die einschlägigen statistischen Nachschlagewerke (RAO 1973, KENDALL/STUART 1979, COX/HINKLEY 1974). In dieser Einführung wird vielmehr der Versuch unternommen, an Hand empirischer Beispiele die Äquivalenz verschiedener Methoden zu demonstrieren. In diesem Sinne sollte man auch das Programmpaket GLIM verstehen. Es ist ein Werkzeug, um mit den verschiedenen Methoden zu experimentieren, ohne sich der Mühe unterziehen zu müssen, alle Berechnungen selbst durchzuführen.

# 2 SPEZIFIKATION VERALLGEMEINERTER LINEARER MODELLE: THEORETISCHE GRUNDLAGEN

Ausgehend von vier Grundfragen multivariater Analyseverfahren werden in diesem zweiten Kapitel die wesentlichen Strukturprinzipien des GLM – Ansatzes dargestellt. Dabei werden auch die Befehle des GLIM – Programms erläutert, die zur Spezifikation eines GL Modells notwendig sind. Schwerpunktmäßig werden jedoch die theoretischen Grundlagen des GLM – Ansatzes behandelt, während die konkrete Modellformulierung sowie deren programmtechnische Umsetzung der empirischen Analyse des Anwendungsbeispiels vorbehalten bleibt (vgl. Kapitel 4).

## 2.1 Struktur der verallgemeinerten linearen Modelle

Ein multivariates Analyseverfahren muß Aussagen über die folgenden vier Größen machen:

a)   Definition der abhängigen Variablen sowie

b)   deren Fehlerstruktur,

c)   Definition des linearen Prädiktors (systematische Komponente) sowie

d)   der Verbindungsfunktion zwischen abhängiger Variablen und linearem Prädiktor.

Innerhalb eines GL Modells trifft man daher die folgenden Vereinbarungen.

*a) Abhängige Variable (Zielvariable)*: Uns liegen N statistisch voneinander unabhängige Beobachtungen der abhängigen Variablen Y vor. Wir bezeichnen sie mit $y_i$ (i = 1,2,...,N). Sie werden GLIM durch den \$YVARIATE – Befehl übermittelt.

*b) Fehlerstruktur*: Die Wahrscheinlichkeitsverteilung dieser N Beobachtungen wird als bekannt vorausgesetzt. Je nach Datenlage macht man hierzu spezifische Verteilungsannahmen. Innerhalb des GLM – Ansatzes wird lediglich vorausgesetzt, daß die angenommene Wahrscheinlichkeits – oder Dichtefunktion $f(y_i)$ aus einer allgemeinen Klasse von Wahrscheinlichkeitsfunktionen stammt, nämlich den Verteilungen der exponentiellen Familie: Beispiele wären etwa die Normal –, die Binomial –, die Poisson – und die Gammaverteilung. Man teilt GLIM durch den $ERROR – Befehl mit, welcher dieser Spezialfälle verwendet werden soll.

Weiterhin nimmt man an, daß die N Stichprobenbeobachtungen $y_i$ der abhängigen Variablen im Mittel (8) mit den wahren Werten $\mu_i$ in der Grundgesamtheit übereinstimmen. In einer konkreten Stichprobe können sie in dem Maß von den wahren Werten abweichen, wie das abhängige Merkmal selber in der Grundgesamtheit streut. Etwas formaler läßt sich daher sagen, $y_i$ folgt einer Wahrscheinlichkeitsverteilung mit Varianz $V(y_i) = \sigma^2$ und Erwartungswert $E(y_i) = \mu_i$.

Üblicherweise zerlegt man die N Beobachtungen der abhängigen Variablen in einen Teil, den man durch das jeweilige Modell erklären kann (*systematische Komponente*), und einen Rest (*Fehlerkomponente*), der unerklärt bleibt. Dieser Rest setzt sich aus Meßfehlern und allen anderen Einflüssen zusammen, die nicht Bestandteil des Erklärungsmodells sind (nicht gemessene Einflüsse). Die systematische Komponente entspricht den wahren Werten $\mu_i$ in der Grundgesamtheit. Die Fehlerkomponente bezeichnen wir mit $e_i$.

$$(2.1) \quad y_i = \mu_i + e_i \quad (i=1, 2, 3, \ldots, N)$$

Auf Grund der obigen Annahmen müssen für die Fehlerkomponente folgende Beziehungen gelten (9):

$$(2.2) \quad a) \; E(e_i) = 0 \, ,$$
$$\quad b) \; V(e_i) = \sigma^2 \quad \text{und}$$
$$\quad c) \; C(e_i, e_j) = 0 \quad \text{für } i, j = 1, 2, \ldots, N \text{ und } i \neq j$$

c) *linearer Prädiktor*: Gleichzeitig werden bei den Untersuchungseinheiten der Stichprobe jeweils p *unabhängige Merkmale* $x_{ij}$ (i = 1,2,...,N; j = 1, 2,...,p) beobachtet. Sie werden nun gemeinsam zur Erklärung der abhängigen Varia-

---

(8) Mit Mittel ist natürlich nicht der Mittelwert aller N Beobachtungen gemeint sondern der Mittelwert, der sich ergibt, wenn man unendlich viele Stichproben zieht und daraus den Durchschnitt der jeweils i – ten Beobachtungen mit gleichen (fixen) unabhängigen Merkmalen berechnet.

(9) (2.2c) ergibt sich auf Grund der Unabhängigkeitsannahme: Da die Beobachtungen voneinander unabhängig sind, können Meßfehler/nicht gemessene Einflüsse bei verschiedenen Beobachtungen nicht miteinander zusammenhängen/ kovariieren.

blen herangezogen, wobei jedes unabhängige Merkmal einen spezifischen Einfluß hat, der durch einen Parameter $\beta_j$ (j = 1,2,...,p) gemessen wird. Eine Linearkombination dieser unabhängigen Merkmale, in die jedes Merkmal mit seinem spezifischen Einfluß eingeht, ergibt einen linearen Prädiktor $\eta_i$, der zur Prognose jeder Beobachtung verwendet wird:

$$(2.3) \quad \eta_i = \sum_{j=1}^{p} \beta_j x_{ij} \quad (i=1, 2, \ldots, N)$$

Die unabhängigen Variablen können entweder beliebige Werte annehmen, wenn es sich um metrische Merkmale (*Kovariate*) handelt, oder weisen nur bestimmte Werte auf, wenn es sich um diskrete oder nicht – metrische Merkmale (*Faktoren*) handelt.

GLIM unterscheidet die beiden Arten von Variablen durch ihre Deklaration als $VARIATE bzw. $FACTOR bei der Variablendefinition. Bei der $FACTOR – Anweisung muß zusätzlich angegeben werden, wieviel Ausprägungen das jeweilige diskrete Merkmal hat. Mit dem $FIT – Befehl gibt man schließlich an, welche unabhängigen Merkmale in die Linearkombination (2.3) eingehen sollen, d.h. zur Erklärung herangezogen werden. Mit der $FIT – Anweisung ergeht gleichzeitig der Befehl an GLIM, das spezifizierte Modell zu berechnen (schätzen). Um das tun zu können, muß jedoch vorher eine Verbindung zwischen dem linearen Prädiktor $\eta$ und der systematischen Komponente $\mu$ hergestellt werden.

*d) Verbindungsfunktion*: Die Verbindungsfunktion g(.) hat die Aufgabe, die erklärenden Merkmale in das Modell (2.1) einzubinden und die Art der Abhängigkeit der Zielvariablen $y_i$ von den unabhängigen Variablen $x_{ij}$ festzulegen. Die Verbindungsfunktion wird mit Hilfe der $LINK – Anweisung festgelegt und ist formal folgendermaßen definiert:

$$(2.4) \quad \eta_i = g(\mu_i) \quad (i=1, 2, \ldots, N)$$

so daß sich Modell (2.1) entsprechend umformulieren läßt (10):

$$(2.5) \quad y_i = g^{-1}(\eta_i) + e_i \quad (i=1, 2, \ldots, N)$$

---

(10) $g^{-1}$ bezeichnet die Umkehrfunktion der Verbindungsfunktion.

Mit Hilfe verschiedener Verbindungsfunktionen wird das Erklärungsmodell (2.5) hinreichend flexibel gehalten, denn man betrachtet häufig nicht die Original-daten sondern Transformationen der abhängigen Variablen. Die Ausgangs-daten können metrische Größen (z.B. sozio-ökonomischer Status), diskrete Zustände (z.B. Aufstieg/Abstieg) oder Häufigkeiten (z.B. Zahl der Aufstiege in einer Subgruppe) sein. Die eigentliche Zielvariable besteht jedoch aus loga-rithmierten Häufigkeiten, Logits oder Wahrscheinlichkeiten, die auf Grund von Häufigkeiten geschätzt werden. Verbindungsfunktion und Fehlerstruktur sind gemeinsam zu betrachten, denn einzelne Verteilungen ergeben gewisse *na-türliche Verbindungsfunktionen*.

In den folgenden Abschnitten dieses zweiten Kapitels wollen wir diese Strukturprinzipien verallgemeinerter linearer Modelle weiter ausbauen. In Abschnitt 2.2 beschäftigen wir uns zunächst mit den im Rahmen des GLM-Ansatzes zugelassenen Fehlerstrukturen. Je nachdem welches abhängige Merkmal modelliert wird, ergeben sich unterschiedliche Fehlerverteilungen. Wir betrachten einige allgemein bekannte Verteilungsmodelle (Normal-, Bino-mial-, Poissonverteilung), diskutieren mögliche Anwendungen und zeigen, daß diese Wahrscheinlichkeitsfunktionen Spezialfälle einer allgemeinen Dichte-funktion sind, die Grundlage des GLM-Ansatzes ist. In Abschnitt 2.3 werden wir verschiedene Möglichkeiten diskutieren, Abhängigkeiten (Verbindungen) zwischen Zielvariable und linearem Prädiktor zu definieren. In Abschnitt 2.4 gehen wir schließlich auf die Kodierung der unabhängigen Variablen ein und zeigen, wie man unterschiedliche Effekte der erklärenden Merkmale (Haupt-, Interaktions-, konditionale Effekte) spezifizieren kann.

## 2.2 Verteilungsannahmen bei verallgemeinerten linearen Modellen

Da unsere Beobachtungen der abhängigen Variablen nicht mit den wahren Werten der Grundgesamtheit übereinstimmen, sondern Meßfehler und sonstige (nicht gemessene) Einflüsse die Ergebnisse beeinträchtigen, ist es notwendig, diese Fehler genauer zu beschreiben, um erstens die wahren Einflüsse mög-lichst präzise bestimmen zu können (Schätzverfahren) und zweitens diese geschätzten Effekte mit unseren Hypothesen zu vergleichen (Hypothesentests). Außerdem möchte man eine Aussage darüber machen können, wie gut das geschätzte Modell die Daten beschreibt, d.h. wieviel Varianz der abhängigen Variablen durch das Modell erfaßt wird und wieviel der Fehlerkomponente zuzuschreiben ist (Modellanpassung).

Da das genaue Ausmaß der Fehlerkomponente $e_i$ unbekannt ist, muß man eine Annahme über die Verteilung dieser Fehler machen. Hierzu gibt es mehrere theoretische Verteilungen in der Statistik. Im Anhang dieses Buches werden diese Verteilungen und ihre Zusammenhänge noch einmal am Beispiel vorgestellt. Dort wird auch etwas ausführlicher demonstriert, wie man diese Verteilungen als Spezialfälle einer allgemeinen Dichtefunktion auffassen kann. An dieser Stelle interessieren nur die Ergebnisse dieser Ableitungen, die in Tabelle 2.1 zusammengefaßt sind.

Die bekannteste theoretische Verteilung ist die sogenannte *Normalverteilung*, die man bei der Beschreibung metrischer Variablen verwendet, deren Wertebereich unbegrenzt ist. Hat ein Merkmal Y (Tabelle 2.1, Spalte 1) den Mittelwert $\mu$ (Spalte 3) und die Varianz $\sigma^2$ (Spalte 4), dann läßt sich mit Hilfe der Dichtefunktion f(y) (Spalte 2) die Wahrscheinlichkeit P jedes konkreten Wertes y in einer Stichprobe berechnen. Die Normalverteilungsannahme ist z.B. Grundlage von LS – Schätzungen (Regressions –, Varianz – und Kovarianzanalyse).

Zur Beschreibung des wahrscheinlichen Auftretens eines dichotomen Merkmals verwendet man die *Binomialverteilung*. Dabei betrachtet man entweder die Anzahl y der Untersuchungseinheiten in der Stichprobe, die eine Ausprägung des Merkmals aufweisen, oder den Anteil y/n. Auch hier kann man bei bekanntem Erwartungswert $\mu$ und gegebenen Auswahlumfang n mit Hilfe der Dichtefunktion die Wahrscheinlichkeit jedes Stichprobenanteils berechnen. Die Binomialverteilung ist daher Grundlage vieler Modelle mit dichotomer abhängiger Variablen (z.B. logistische Modelle).

Die *Poissonverteilung* dient häufig zur Beschreibung "seltener" Ereignisse. Uns interessiert sie aber aus einem anderen Grund: Es läßt sich nämlich zeigen, daß die Poissonverteilung zur Beschreibung der Häufigkeiten in einer multivariaten Kreuztabelle sinnvoll ist. Da hier praktisch mehrere Alternativen (nicht nur zwei) existieren, ist die Multinomialverteilung (und nicht die Binomialverteilung) das adäquate Verteilungsmodell. Diese sehr komplizierte Dichtefunktion läßt sich unter bestimmten Bedingungen in Produkte von Poissonverteilungen überführen. Erwartet man durchschnittlich $\mu$ Fälle in einer Zelle der multivariaten Kreuztabelle, dann läßt sich mit Hilfe der Poissonverteilung das wahrscheinliche Auftreten einer konkreten Häufigkeit y berechnen. Die Poissonverteilung ist daher die Verteilung der log – linearen Modelle.

Tabelle 2.1: Spezielle Verteilungen der exponentiellen Familie

| VERTEILUNG | Merkmal Y (Wertebereich) | Dichtefunktion f(y) | Erwartungswert E(y) | Varianz V(y) | Terme der allgemeinen Dichtefunktion | | | Erwartungswert b'(θ) = E(y) | Varianzfunktion τ=b"(θ) | Varianz V(y) = b"(θ) a(φ) |
|---|---|---|---|---|---|---|---|---|---|---|
| 0 | 1 | 2 | 3 | 4 | a(φ) 5a | b(θ) 5b | c(y,φ) 5c | 6 | 7 | 8 |
| NORMAL | metrische Variable Y $(-\infty, \infty)$ | $\dfrac{1}{\sigma\sqrt{2\pi}}\, e^{-\frac{1}{2}\left(\frac{Y-\mu}{\sigma}\right)^2}$ | $\mu$ | $\sigma^2$ | $\phi$ | $\dfrac{\theta^2}{2}$ | $-\dfrac{Y^2}{2\phi} - \dfrac{\ln 2\pi\phi}{2}$ | $\theta$ | $1$ | $\phi$ |
| BINOMIAL | Häufigkeit Y aus n $(0,1,2..n)$ | $\binom{n}{y}\pi^y (1-\pi)^{(n-y)}$ | $\mu = n\pi$ | $\mu(1-\mu/n)= n\pi(1-\pi)$ | $1$ | $n\ln(1+e^\theta)$ | $\ln\binom{n}{y}$ | $\dfrac{ne^\theta}{1+e^\theta}$ | $\dfrac{ne^\theta}{(1+e^\theta)^2}$ | $\dfrac{ne^\theta}{(1+e^\theta)^2}$ |
| POISSON | Häufigkeit Y $(0,1,2..\infty)$ | $\dfrac{\mu^y e^{-\mu}}{y!}$ | $\mu$ | $\mu$ | $1$ | $e^\theta$ | $-\ln y!$ | $e^\theta$ | $e^\theta$ | $e^\theta$ |
| GAMMA | metrische Variable Y $(0,\infty)$ | $\dfrac{\lambda^\gamma y^{\gamma-1} e^{-\lambda y}}{\Gamma(\gamma)}$ | $\mu = \dfrac{\gamma}{\lambda}$ | $\dfrac{\gamma}{\lambda^2}$ | $-\phi^{-1}$ | $\ln\theta$ | $(\phi-1)\ln y - \ln\Gamma(\phi) + \phi\ln\phi$ | $\dfrac{1}{\theta}$ | $-\theta^{-2}$ | $\dfrac{1}{\phi\theta^2}$ |

n = Auswahlumfang;     Γ = Gammafunktion

Schließlich wurde noch der Vollständigkeit halber die *Gammaverteilung* aufgeführt. In diesem einführenden Text werden wir diese Fehlerverteilung nicht anwenden. Der interessierte Leser findet jedoch weitere Hinweise in Kapitel 7 des Buches von McCULLAGH/ NELDER (1983). Die Gammaverteilung enthält als Spezialfall die Chi – Quadrat – Verteilung und läßt sich z.B. für schiefe Verteilungen anwenden. Beispiele findet man bei der Analyse von Ereignissen im Zeitablauf. Die Zeit bis zum Eintreten dieser Ereignisse ist eine positive Zufallsvariable und in der Regel sehr schief verteilt: Entweder beobachtet man sehr viele kurze Wartezeiten (11) oder sehr viele lange Wartezeiten (12). Andere Anwendungen sind die Analyse inverser Beziehungen $y = 1/x$ oder Modelle, bei denen die Varianz des abhängigen Merkmals mit seinem absoluten Wert zunimmt.

Alle diese Dichtefunktionen gehören zur Familie der *exponentiellen Verteilungen*, für die folgende allgemeine Dichte gilt:

$$(2.6) \qquad f(y|\theta,\phi) = \exp\{[y_i \theta_i - b(\theta_i)]/a_i(\phi) + c(y_i,\phi)\}$$

$$\text{mit } a_i(\phi) = \phi/u_i$$

Diese Funktion hängt von zwei Parametern $\theta$ und $\phi$ ab und besteht aus drei Termen a(.), b(.) und c(.), die Funktionen von $\theta$, $\phi$ und des betrachteten Merkmals Y sind. Wie diese Terme oder Funktionen konkret aussehen, hängt davon ab, welchen Spezialfall der allgemeinen Dichte wir betrachten. Tabelle 2.1 enthält zusätzlich zu den schon genannten Angaben die Konkretisierung dieser drei Terme für die diskutierten Verteilungsmodelle (Spalte 5).

Die beiden Parameter $\theta$ und $\phi$ bezeichnet man auch als *kanonischen* und als *Skalenparameter*. $\theta_i$ kann dabei zwischen den Untersuchungseinheiten variieren und wurde daher mit dem Index i versehen. $\phi$ ist dagegen für alle Untersuchungseinheiten konstant. Es besteht lediglich die Möglichkeit, den Skalenparameter $\phi$ durch eine vorher definierte Größe $u_i$ für jede Einheit unterschiedlich zu gewichten. Hierzu verwendet man den Befehl $WEIGHT, mit dem man GLIM die Variable nennt, mit der gewichtet werden soll. Man be-

---

(11) Z.B. Überlebenschancen von Krebspatienten oder Arbeitslosigkeitsdauern bei Vollbeschäftigung (rechtsschiefe Verteilung).

(12) Z.B. Wartezeit auf einen Medizinstudienplatz oder Lieferzeit für seltene Konsumgüter (linksschiefe Verteilung).

zeichnet diese Variable als *a priori definiertes* oder *bekanntes Gewicht*. Auf diese Weise kann die Funktion des Skalenparameters $a_i(\phi)$ individuell verschieden sein (13). Diese Möglichkeit ist immer dann wichtig, wenn die Annahme der Streuungsgleichheit (2.2b) nicht gegeben ist (gewichtete Regression).

Mit Hilfe einiger formalstatistischer Überlegungen kann man nun nachweisen, daß der Erwartungswert einer Verteilung der exponentiellen Familie der ersten Ableitung der Funktion b(θ) entspricht:

$$(2.7) \quad E(y_i)=b'(\theta_i)=db(\theta_i)/d\theta_i$$

Das Ergebnis dieser Rechnung zeigt Spalte 6. Weiterhin läßt sich zeigen, daß sich die Varianz dieser Verteilung mit Hilfe des folgenden Ausdrucks errechnen läßt:

$$(2.8) \quad V(y_i) = b''(\theta_i)\, a_i(\phi) = \tau_i \phi/u_i \quad \text{mit } \tau_i = b''(\theta_i)$$

$$\text{und } a_i(\phi)=\phi/u_i$$

b''(θ) ist die zweite Ableitung der Funktion b(θ) und wird als *Varianzfunktion* τ bezeichnet. Spalte 7 zeigt die Werte der Varianzfunktion für die diskutierten Spezialfälle der exponentiellen Familie. Die eigentliche Varianz ergibt sich schließlich durch Multiplikation mit der Funktion des Skalenparameters a(φ) (vgl. Spalte 8).

Gleichung (2.6) ist die allgemeine Dichtefunktion für Verteilungen der exponentiellen Familie. θ und φ sind dementsprechend allgemeine Parameter. Durch Gleichsetzung von Spalte 3 und 6 bzw. 4 und 8 kann man die allgemeinen Parameter θ und φ auf die bisher bekannten Bezeichnungen μ, σ, γ und λ zurückbeziehen (vgl. Tabelle 2.2).

---

(13) Aus Gründen der Übersichtlichkeit wurde in den Tabellen der Index i und die Möglichkeit der Gewichtung fortgelassen.

Tabelle 2.2:   Lage- und Streuungsparameter in Verteilungen der exponentiellen Familie

| Verteilung | $\dfrac{\text{Spalte 3}}{\text{Tab. 2.1}} = \dfrac{\text{Spalte 6}}{\text{Tab. 2.1}}$ | $\longrightarrow \quad \theta = g(.)$ |
|---|---|---|
| Normal | $\mu \quad = \quad \theta$ | $\theta = \mu$ |
| Binomial | $\dfrac{\mu}{n} = \pi \quad = \quad \dfrac{e^{\theta}}{1 + e^{\theta}}$ | $\theta = \ln \dfrac{\mu/n}{1 - \mu/n}$ |
| Poisson | $\mu \quad = \quad e^{\theta}$ | $\theta = \ln \mu$ |
| Gamma | $\dfrac{\gamma}{\lambda} = \mu \quad = \quad \dfrac{1}{\theta}$ | $\theta = \dfrac{1}{\mu} = \dfrac{\lambda}{\gamma}$ |

| Verteilung | $\dfrac{\text{Spalte 4}}{\text{Tab. 2.1}} = \dfrac{\text{Spalte 8}}{\text{Tab. 2.1}}$ | $\longrightarrow \quad \phi = f(.)$ |
|---|---|---|
| Normal | $\sigma^{2} \quad = \quad \phi$ | $\phi = \sigma^{2}$ |
| Gamma | $\dfrac{\gamma}{\lambda^{2}} \quad = \quad \dfrac{1}{\phi\theta^{2}}$ | $\phi = \dfrac{\lambda^{2}}{\gamma\theta^{2}} = \gamma$ |

Verwendet man statt der allgemeinen Parameter $\theta$ und $\phi$ die Umformungen, die in Tabelle 2.2 angegeben sind, und setzt sie in die drei Terme a($\phi$), b($\theta$) und c(y,$\phi$) (vgl. Spalte 5, Tabelle 2.1) der allgemeinen Dichtefunktion (2.6) ein, dann erhält man – wie leicht nachzurechnen ist – die bekannten Dichtefunktionen der Normal–, Binomial–, Poisson– und Gammaverteilung. Dabei erkennt man, daß lediglich zwei spezielle Verteilungen (Normal– und Gammaverteilung) sowohl von dem kanonischen Parameter $\theta$ als auch von dem Skalenparameter $\phi$ abhängen (14).

---

(14) Der Skalenparameter taucht in den entsprechenden Termen a(.) und c(.) der Binomial–und Poissonverteilung gar nicht auf. Man spricht daher von *Ein–Parameter–Verteilungen*.

Nachdem wir in diesem Abschnitt ein allgemeines Modell unterschiedlicher Fehlerstrukturen vorgestellt haben und zeigen konnten, daß verschiedene Verteilungsannahmen aus bekannten multivariaten Analyseverfahren Spezialfälle dieses allgemeinen Modells sind, steht uns nun ein sehr flexibles Instrumentarium zur Verfügung, um je nach Datenlage Aussagen über die Fehlerhaftigkeit der Zielvariablen zu machen. Je nachdem ob wir metrische Größen, Anteilswerte oder Häufigkeiten als abhängige Merkmale betrachten, machen wir spezifische Annahmen über die Fehlerkomponente in Gleichung (2.1), brauchen aber nicht jedesmal unseren analytischen Ansatz zu ändern.

Innerhalb des Programmpakets GLIM geschieht das durch den $ERROR – Befehl. Je nach Verteilungsannahme verwendet man die Schlüsselwörter NORMAL, BINOMIAL, POISSON oder GAMMA, also z.B. $ERROR NORMAL (15). Vorher muß man dem Programm allerdings mitteilen, auf welches abhängige Merkmal sich die Angabe der Fehlerstruktur bezieht. Dies geschieht durch den $YVARIATE – Befehl, also z.B. $YVARIATE STATD $ERROR NORMAL. Damit weiß GLIM, daß wir die Statusdifferenz analysieren wollen und davon ausgehen, daß dieses Merkmal normalverteilt ist.

Unsere nächste Aufgabe besteht nun darin, die systematische Komponente in Gleichung (2.1) zu spezifizieren. Das geschieht, indem man die systematische Komponente $\mu$ mit dem linearen Prädiktor $\eta$ verknüpft, der sich auf Grund einer Linearkombination der erklärenden Merkmale ergibt. Im folgenden Abschnitt wollen wir uns daher mit Abhängigkeitsmodellen und Verbindungsfunktionen innerhalb des GLM – Ansatzes beschäftigen.

## 2.3 Abhängigkeitsbeziehungen in verallgemeinerten linearen Modellen

Zu jeder Beobachtung $y_i$ unserer abhängigen Variablen existieren mehrere unabhängige Merkmale $x_{ip}$, die wir zu einem Prädiktor $\eta_i$ zusammenfassen (vgl. Gleichung 2.3). Diese Information verwenden wir nun um die systema-

---

(15) Die Binomialverteilung beschreibt die Wahrscheinlichkeit bestimmter Häufigkeiten y bei gegebenen Auswahlumfang und Erwartungswert (vgl. Tabelle 2.1, Spalte 2). GLIM verwendet jedoch den Anteil y/n als Zielvariable (vgl. Tabelle 2.3). Bei der Binomialverteilung muß daher zusätzlich der Auswahlumfang n angegeben werden, also z.B. $ERROR BINOMIAL N, wobei N eine Variable des Datensatzes bezeichnet, die den Auswahlumfang mißt. Dieser Auswahlumfang wird in dem Systemvektor %BD abgelegt.

tische Komponente $\mu_i$ unserer Beobachtungen $y_i$ zu erklären (die Fehlerkomponente wird ja schon durch eine Verteilungsannahme beschrieben).

Der Vorteil einer solchen Zusammenfassung der unabhängigen Merkmale liegt darin, daß man sich in dieser Phase der Modellspezifikation noch nicht um die einzelnen Effekte kümmern muß, sondern ganz global die Einbindung der unabhängigen Merkmale in das Modell diskutieren kann. Dabei stellt sich zunächst das Problem, daß der lineare Prädiktor $\eta_i$ (also der gemeinsame Einfluß aller unabhängigen Merkmale) in seinem Wertebereich prinzipiell unbegrenzt ist. Je nachdem welche Werte die einzelnen Merkmale $x_{ip}$ haben und wie groß der einzelne Regressionskoeffizient $\beta_p$ ist, können sich Prognosen von $-\infty$ bis $+\infty$ ergeben. Dagegen kann die Zielvariable $y_i$ in ihrem Wertebereich beschränkt sein, wenn man z.B. Anteilswerte, Häufigkeiten oder Wartezeiten betrachtet (vgl. Tabelle 2.1). Ein einfaches linear–additives Abhängigkeitsmodell, wie man es aus der klassischen Regression kennt, würde daher in einigen Fällen sinnlose Prognosen liefern (z.B. Anteilswerte $>1$).

Man betrachtet daher häufig eine geeignete Transformation der Zielvariablen, die die ursprünglichen Werte $y_i$ auf dem unbeschränkten Wertebereich $(-\infty, +\infty)$ abbildet. Die Logit–Transformation ist ein solches Beispiel. Während ein Anteilswert p auf den Wertebereich $(0,1)$ beschränkt ist, kann das *Logit* $\ln(p/(1-p))$ prinzipiell alle Werte von $-\infty$ bis $+\infty$ annehmen.

Aus statistischen Gründen ist es weiterhin sinnvoll, den linearen Prädiktor $\eta_i$ und den kanonischen Parameter $\theta_i$ gleichzusetzen (16). In diesem Fall ergibt sich 1) eine Vereinfachung des Schätzverfahrens (17) und 2) kann man zeigen, daß die Schätzungen der Regressionsparameter alle wesentlichen Informationen der Stichprobe ausschöpfen (suffiziente Statistiken). Da sich der kanonische Parameter $\theta$ auf den Erwartungswert $\mu$ zurückführen läßt (vgl. Tabelle 2.2), ergeben sich für die verschiedenen Verteilungsmodelle die folgenden natürlichen *Verbindungsfunktionen* $g(\mu_i)$ zwischen $\eta$ bzw. $\theta$ und $\mu$ (vgl. Tabelle 2.3).

---

(16) Mit anderen Worten, wir erklären einen Parameter der allgemeinen Dichtefunktion durch eine Linearkombination unabhängiger Merkmale. Die Normal– und Gammaverteilung mit zwei Parametern werden als konditionale Ein–Parameter–Verteilungen betrachtet. Kondition ist der Skalenparameter. Der von GLIM verwendete Algorithmus beruht nicht auf dem Skalenparameter. Er kann durch die Daten geschätzt werden.

(17) Genauer gesagt vereinfacht sich das numerische Verfahren, mit dem man die Regressionsparameter berechnet. In diesem Fall ist Fisher's Scoring–Verfahren, das lediglich die Erwartungswerte der 2. Ableitungen berücksichtigt, mit dem bekannten Newton–Raphson–Verfahren identisch.

Tabelle 2.3: Verbindungsfunktionen

| Verteilung | $n_i = \theta_i = g(\mu_i)$ | $g(\mu_i)$ | $\$LINK$ | $y_i = g^{-1}(n_i) + e_i$ |
|---|---|---|---|---|
| Normal | $n_i = \theta_i = \mu_i$ | $g(\mu_i) = \mu_i$ | IDENTITY I | $y_i = n_i + e_i$ |
| Binomial | $n_i = \theta_i = \ln\dfrac{\mu_i/n_i}{1-\mu_i/n_i}$ | $g(\mu_i) = \ln\dfrac{\mu_i/n_i}{1-\mu_i/n_i}$ | LOGIT G | $\dfrac{y_i}{n_i} = \dfrac{e^{n_i}}{1+e^{n_i}} + e_i$ |
| Poisson | $n_i = \theta_i = \ln\mu_i$ | $g(\mu_i) = \ln\mu_i$ | LOG L | $y_i = e^{n_i} + e_i$ |
| Gamma | $n_i = \theta_i = \dfrac{1}{\mu_i}$ | $g(\mu_i) = \dfrac{1}{\mu_i}$ | RECIPROCAL R | $y_i = \dfrac{1}{n_i} + e_i$ |

Die Umkehrung dieser Verbindungsfunktionen (Spalte 5, Tabelle 2.3) garantiert, daß für beliebige Werte des linearen Prädiktors $n_i$ der vorgeschriebene Wertebereich der ursprünglichen Zielvariablen eingehalten bleibt. Das läßt sich an Hand der folgenden Abbildung 2.1 für das Beispiel der *Logit – Transformation* (bzw. ihrer Umkehrung) sehr gut verdeutlichen. Egal welchen Wert der lineare Prädiktor $\eta$ aufweist, es ist garantiert, daß der Erwartungswert $\mu/n$ der Zielvariablen immer im Bereich (0,1) liegt. Dagegen wäre bei einem linearen Modell nicht ausgeschlossen, daß Werte $\mu/n < 0$ oder $\mu/n > 1$ vorhergesagt werden. Im mittleren Bereich ($0.3 < \mu/n < 0.7$) unterscheiden sich lineares und logistisches Modell nicht wesentlich. In den Randzonen sind jedoch im logistischen Modell sehr viel größere Änderungen des linearen Prädiktors notwendig, um noch wesentliche Änderungen des Erwartungswertes zu erzeugen (Schwellenwerte). Dieses Modell dürfte in vielen Anwendungssituationen durchaus realistisch sein.

Ähnliche Überlegungen gelten für die anderen natürlichen Verbindungsfunktionen. Z.B. wird durch die Exponentialfunktion bei poissonverteilten Zufallsvariablen sichergestellt, daß immer nur positive Werte vorhergesagt werden (negative Häufigkeiten kann es nicht geben). Es sollte jedoch nicht unerwähnt bleiben, daß man diese statistischen Vorteile mit gewissen interpretatorischen Schwierigkeiten erkauft. Das eigentliche Regressionsmodell (vgl. Spalte 5, Tabelle 2.3) ist nur noch im Fall der Normalverteilung linear – additiv.

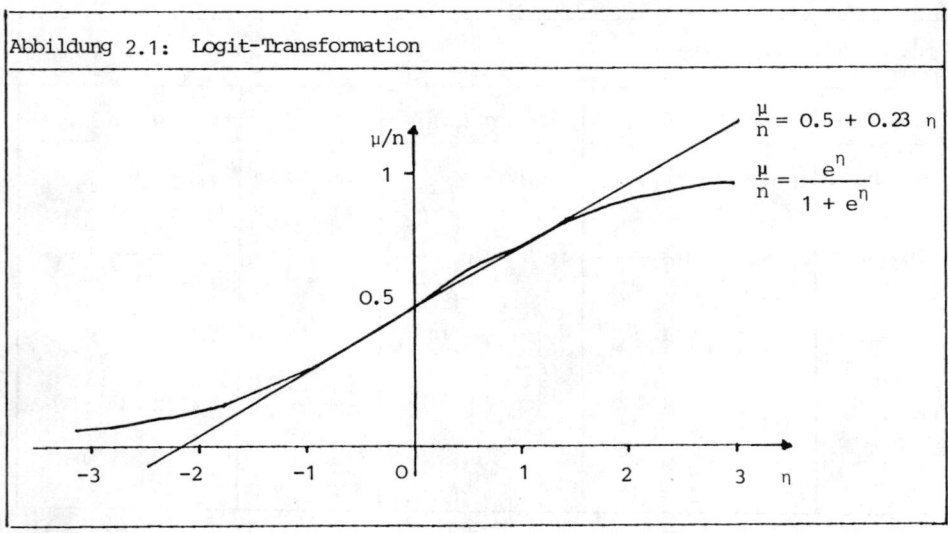

Abbildung 2.1: Logit-Transformation

$$\frac{\mu}{n} = 0.5 + 0.23 \, n$$

$$\frac{\mu}{n} = \frac{e^n}{1 + e^n}$$

Für alle anderen Verbindungsfunktionen gilt das nur für die jeweilige Transformation der Zielvariablen. Das wird aus der folgenden Tabelle 2.4 deutlich, in der dieser Tatbestand noch einmal explizit berücksichtigt wird. Der Übersichtlichkeit halber wurde die Fehlerkomponente $e_i$ hier fortgelassen, der lineare Prädiktor $\eta_i$ aber explizit in seine einzelnen Komponenten aufgelöst. Die Bedingungen der Linearität und Additivität gelten nur noch für Logits oder logarithmierte Häufigkeiten. Wenn man aber wissen möchte, wie sich die Einflüsse der einzelnen Merkmale $x_{ip}$ bei den ursprünglichen Anteilswerten oder Häufigkeiten bemerkbar machen, dann entstehen gewisse Übersetzungsprobleme, auf die wir im empirischen Teil zurückkommen wollen.

Die unterschiedlichen Abhängigkeitsmodelle werden GLIM mit Hilfe des $LINK – Befehls mitgeteilt, wobei durch einen Buchstaben (vgl. Tabelle 2.3, Spalte 4) die jeweilige Verbindungsfunktion spezifiziert wird, also z.B. $LINK G für ein logistisches Regressionsmodell. Da für einzelne Verteilungsannahmen bestimmte natürliche Verbindungsfunktionen vorliegen (vgl. Tabelle 2.3), ist diese Angabe nicht immer explizit nötig. GLIM generiert zu dem jeweiligen $ERROR – Befehl automatisch die entsprechende Verbindungsfunktion.

Tabelle 2.4: Transformationen des abhängigen Merkmals

| Verteilung | $\mu_i = g^{-1}(\eta_i)$ | Transformation | $g(\mu_i) = \eta_i = \beta_1 x_1 + \beta_2 x_2 \ldots + \beta_p x_p$ |
|---|---|---|---|
| Normal | $\mu_i = \eta_i$ | Identity | $\mu_i = \eta_i = \beta_1 x_1 + \beta_2 x_2 \ldots + \beta_p x_p$ |
| Binomial | $\dfrac{\mu_i}{\eta_i} = \dfrac{e^{\eta_i}}{1+e^{\eta_i}}$ | Logit | $\ln\dfrac{\mu_i/\eta_i}{1-\mu_i/\eta_i} = \eta_i = \beta_1 x_1 + \beta_2 x_2 \ldots + \beta_p x_p$ |
| Poisson | $\mu_i = e^{\eta_i}$ | Log | $\ln\mu_i = \eta_i = \beta_1 x_1 + \beta_2 x_2 \ldots + \beta_p x_p$ |
| Gamma | $\mu_i = \dfrac{1}{\eta_i}$ | Reciprocal | $\dfrac{1}{\mu_i} = \eta_i = \beta_1 x_1 + \beta_2 x_2 \ldots + \beta_p x_p$ |

Mit den genannten Funktionen (IDENTITY, LOGIT, LOG, RECIPROCAL) sind jedoch noch nicht alle Möglichkeiten von GLIM erschöpft. Neben einigen anderen Funktionen (z.B. PROBIT, SQUARE ROOT, COMPLEMENTARY LOG – LOG) kann der Benutzer eigene Abhängigkeitsmodelle und Fehlerstrukturen definieren (18). Man verwendet dazu den $OWN – Befehl. Wir werden auf diese Möglichkeiten in den Kapiteln 3 und 5 zurückkommen.

## 2.4 Erklärende Variablen in verallgemeinerten linearen Modellen

Die systematische Komponente $\mu$ der Zielvariablen $y$ ist Gegenstand des eigentlichen Erklärungsmodells. Dazu wird diese, wie wir gesehen haben, auf spezifische Art und Weise mit einem Prädiktor $\eta$ verbunden, der alle unsere Informationen, die wir zur Prognose des abhängigen Merkmals verwenden, zusammenfaßt. In diesem Abschnitt wollen wir uns mit der Frage beschäftigen, wie dieser lineare Prädiktor $\eta$ bestimmt wird.

---

(18) Es wird lediglich vorausgesetzt, daß die Verbindungsfunktion monoton und zweimal stetig differenzierbar ist.

Für jeden Meßwert $y_i$ des abhängigen Merkmals wird gleichzeitig eine Reihe erklärender Variablen $x_{ij}$ erhoben. Die tabellenartige Anordnung dieser Werte nennt man *Matrix der unabhängigen Variablen.*

$$
\underline{X} = 
\begin{bmatrix}
x_{11} & x_{12} & \cdots & x_{1p} \\
x_{21} & x_{22} & \cdots & x_{2p} \\
x_{31} & x_{32} & \cdots & x_{3p} \\
\vdots & \vdots & & \vdots \\
x_{N1} & x_{N2} & \cdots & x_{Np}
\end{bmatrix}
$$

Diese Matrix hat so viele Zeilen wie Beobachtungen des abhängigen Merkmals vorliegen (i = 1,2,...,N). Insgesamt verfügen wir über p erklärende Variablen (j = 1,2,...,p). Sie werden in den jeweiligen Spalten der Matrix $\underline{X}$ abgetragen. Das erste Merkmal $x_{i1}$ hat für alle Beobachtungen den Wert 1. Es dient praktisch dazu, das Niveau (Durchschnittswert) der Zielvariablen zu kontrollieren. Es korrespondiert daher mit dem Absolutglied $\beta_1$ der Prognosegleichung (2.3).

Für jede Beobachtung werden diese Variablen $x_{ij}$ nun aufsummiert und zu einem linearen Prädiktor $\eta_i$ zusammengefaßt. Dabei geht jedes Merkmal mit seinem spezifischen Einfluß $\beta_j$, den es auf die Zielvariable hat, in diese Linearkombination ein. Unsere Prognosegleichung (2.3) läßt sich daher in Matrixform auch folgendermaßen darstellen:

$$
\begin{bmatrix}
\beta_1 *1 + \beta_2 x_{22} & + \beta_3 x_{13} & \cdots + \beta_p x_{1p} \\
\beta_1 *1 + \beta_2 x_{22} & + \beta_3 x_{23} & \cdots + \beta_p x_{2p} \\
\beta_1 *1 + \beta_2 x_{32} & + \beta_3 x_{33} & \cdots + \beta_p x_{3p} \\
\vdots \quad \vdots & \vdots & \vdots \\
\beta_1 *1 + \beta_2 x_{N2} & + \beta_3 x_{N3} & \cdots + \beta_p x_{Np}
\end{bmatrix} =
$$

$$
\begin{bmatrix}
1 & x_{12} & x_{13} & \cdots & x_{1p} \\
1 & x_{22} & x_{23} & \cdots & x_{2p} \\
1 & x_{32} & x_{33} & \cdots & x_{3p} \\
\vdots & \vdots & \vdots & & \vdots \\
1 & x_{N2} & x_{N3} & \cdots & x_{Np}
\end{bmatrix} *
\begin{bmatrix}
\beta_1 \\
\beta_2 \\
\beta_3 \\
\vdots \\
\beta_p
\end{bmatrix} =
\begin{bmatrix}
\eta_1 \\
\eta_2 \\
\eta_3 \\
\vdots \\
\eta_N
\end{bmatrix}
$$

(2.3') $\underline{\eta} = \underline{X} \underline{\beta}$

$\underline{\eta}$ ist dabei ein (N*1)–Spaltenvektor aller N Prädiktorwerte. $\underline{X}$ ist die (N*p)–Matrix der unabhängigen Merkmale und $\underline{\beta}$ ein (p*1)–Spaltenvektor der unbekannten Regressionskoeffizienten.

Je nachdem, ob die erklärenden Merkmale $x_{ij}$ aus metrischen und/oder nicht–metrischen Variablen bestehen, ergeben sich spezifische Probleme der Konstruktion der Matrix $\underline{X}$, auf die wir im folgenden eingehen wollen. Dabei wollen wir alle weiteren Probleme der Modellspezifikation (Verteilungsannahmen, Verbindungsfunktion) und der Modellüberprüfung (Schätzung der Regressionsparameter) weitgehend außer acht lassen. Aus diesem Grund betrachten wir einen ganz kleinen Datensatz, der max. aus 7 Fällen besteht. Auf Grund dieser geringen Fallzahl kann man sich die einzelnen Regressionsparameter ohne aufwendigere Schätzverfahren berechnen. Außerdem nehmen wir an, daß die Zielvariable eine metrische, normalverteilte Zufallsvariable ist, so daß wir keine komplizierteren Verbindungsfunktionen berücksichtigen müssen und direkt von dem bekannten linear–additiven Regressionsmodell ausgehen können. Die Ergebnisse dieses Abschnitts können dann direkt auf GL Modelle verallgemeinert werden.

Diese *Beispieldaten* bestehen aus 7 zufällig ausgewählten Fällen des eigentlichen Datensatzes:

| Person Nr. | Y:STATD | Z1:DQUAL | Z2:BESCH | A:TQUAL | B:WIRT |
|---|---|---|---|---|---|
| 1 | 14 | 8 | 72 | 1 | 1 |
| 2 | 50 | 10 | 145 | 1 | 2 |
| 3 | 23 | 11 | 59 | 2 | 1 |
| 4 | 74 | 12 | 155 | 2 | 2 |
| 5 | 109 | 13 | 200 | 2 | 3 |
| 6 | 74 | 15 | 98 | 3 | 1 |
| 7 | 109 | 17 | 164 | 3 | 2 |

An dieser Stelle sei schon darauf hingewiesen, daß in einigen Fällen nicht alle 7 Personen dieses Beispieldatensatzes betrachtet werden. Je nach Darstellungsproblem ist es sinnvoll, eine weitere Auswahl vorzunehmen.

- Beispiel 2.0: Personen Nr. 1–7
- Beispiel 2.1: Personen Nr. 1–3,6,7

- Beispiel 2.2: Personen Nr. 1 – 4,6,7
- Beispiel 2.3: Personen Nr. 1 – 7
- Beispiel 2.4: Personen Nr. 1 – 4
- Beispiel 2.5: Personen Nr. 1,3,6
- Beispiel 2.6: Personen Nr. 1 – 5

Als Zielvariable verwenden wir in allen Beispielen das Merkmal STATD und als erklärende Variablen die metrischen Merkmale DQUAL und BESCH sowie ihre nicht – metrischen Pendants TQUAL und WIRT. Außerdem nehmen wir an, daß die Merkmale TQUAL und WIRT lediglich 3 Ausprägungen haben. Der Einfachheit halber werden die Variablen in den folgenden Formeln durch die Buchstaben Y, Z1, Z2, A und B abgekürzt (19).

Allgemein läßt sich unser Regressionsmodell für alle N Beobachtungen folgendermaßen schreiben:

$$
\begin{bmatrix} y_1 \\ y_2 \\ y_3 \\ \vdots \\ y_N \end{bmatrix} =
\begin{bmatrix} \mu_1 + e_1 \\ \mu_2 + e_2 \\ \mu_3 + e_3 \\ \vdots \\ \mu_N + e_N \end{bmatrix} =
\begin{bmatrix} \mu_1 \\ \mu_2 \\ \mu_3 \\ \vdots \\ \mu_N \end{bmatrix} +
\begin{bmatrix} e_1 \\ e_2 \\ e_3 \\ \vdots \\ e_N \end{bmatrix}
$$

In Matrixschreibweise lautet die Modellgleichung (2.1) daher:

$$(2.1') \quad \underline{y} = \underline{\mu} + \underline{e}$$

$\underline{y}$, $\underline{\mu}$ und $\underline{e}$ sind Spaltenvektoren der Dimension (N*p).

Auf Grund unserer Verteilungsannahme sind systematische Komponente $\underline{\mu}$ und linearer Prädiktor $\underline{\eta}$ identisch (Verbindungsfunktion IDENTITY). In diesem speziellen Fall gilt:

$$(2.9) \quad \underline{y} = \underline{X}\beta + \underline{e}$$

---

(19) Diese Beispieldaten fungieren nur als Rechenbeispiele. Daher werden die in diesem Kapitel berechneten Parameter auch nicht weiter inhaltlich interpretiert. An dieser Stelle interessieren nur die methodischen Probleme, daher auch der häufige Gebrauch der Abkürzungen Y, Z1, Z2, A und B.

Oder für einen Fall i unserer Stichprobe:

$$y_i = \beta_1 + \beta_2 x_{i2} + \beta_3 x_{i3} + \ldots + \beta_p x_{ip} + e_i$$

Wir erhalten die Regressionsgleichung des klassischen linearen Modells. Da hier das Absolutglied häufig mit $\beta_0$ bezeichnet wird, ist es sinnvoll, den Index j in Gleichung (2.3) von 0 bis $(p-1)$ laufen zu lassen:

$$(2.3'') \quad \eta_i = \sum_{j=0}^{p-1} \beta_j x_{ij}$$

so daß sich mit $x_{io} = 1$ die allseits bekannte Regressionsgleichung ergibt:

$$y_i = \beta_0 + \beta_1 x_{i1} + \beta_2 x_{i2} + \ldots + \beta_{p-1} x_{i,p-1} + e_i$$

Die unbekannten Parameter $\beta_j$ lassen sich mit Hilfe einer LS – Schätzung bestimmen.

Verwenden wir in unserem Erklärungsmodell keinerlei unabhängige Merkmale, dann besteht die Matrix $\underline{X}$ nur aus der ersten Spalte, die Prognosegleichung (2.3) entsprechend nur aus dem Absolutglied $\beta_0$. Der Schätzwert von $\beta_0$ entspricht dann dem Mittelwert aller Beobachtungen der Zielvariablen. Anders ausgedrückt, mangels anderer Informationen verwenden wir einfach den Durchschnitt des abhängigen Merkmals zur Prognose von $y_i$. Dieses Erklärungsmodell (besser: dieses "no information" – Modell) wird häufig als Basis verwendet, um zu beurteilen, ob differenziertere Erklärungsmodelle die Daten besser beschreiben. Wir bezeichnen es daher auch als *Nullmodell*.

Differenziertere Erklärungsmodelle ergeben sich, wenn wir weitere unabhängige Merkmale $x_{ij}$ $(j = 1,2,...,p-1)$ berücksichtigen. Wie in der Einleitung angedeutet, können wir Statusveränderungen STATD durch die metrischen Merkmale DQUAL und BESCH, durch die nicht – metrischen Merkmale TQUAL und WIRT oder durch Kombinationen beider Variablengruppen erklären. Handelt es sich bei den unabhängigen Merkmalen um ausschließlich metrische Merkmale, ergibt sich das Modell der (klassischen) Regressionsanalyse. Besteht die Matrix $\underline{X}$ umgekehrt ausschließlich aus nicht – metrischen Merkmalen, dann erhält man das Modell der Varianzanalyse, das sich auch als Regressionsanalyse mit Dummy – Variablen auffassen läßt. Kombinationen beider Datenstrukturen ergeben das Modell der Kovarianzanalyse.

An Hand dieser drei klassischen Anwendungen des linearen Modells wollen wir in den folgenden drei Abschnitten untersuchen, wie die Matrix $\underline{X}$ zu konstruieren ist und welchen Bedingungen sie genügen muß, damit unser Erklärungsmodell überprüfbar ist. Ein wesentliches Strukturprinzip der folgenden Überlegungen ist die Frage, ob die Matrix der erklärenden Variablen genügend unabhängige Informationen liefert, um die Effekte der einzelnen Merkmale zu bestimmen. Diese Überlegungen gelten analog für verallgemeinerte lineare Modelle mit anderen Zielvariablen (z.B. Häufigkeiten, Prozentsätze) und Verteilungsannahmen. Wir beschränken uns an dieser Stelle nur deshalb auf das klassische lineare Modell, weil wir die Schätzung verallgemeinerter linearer Modelle erst zu einem späteren Zeitpunkt besprechen wollen (vgl. Kapitel 3). An dieser Stelle werden daher nur Kenntnisse von LS – Schätzungen vorausgesetzt, die ein Spezialfall des allgemeinen Schätzverfahrens sind.

Im letzten Abschnitt 2.4.4 wird schließlich erläutert, wie man innerhalb des Programmpakets GLIM mit Hilfe des $FIT – Befehls die Matrix $\underline{X}$ konstruiert. GLIM unterscheidet metrische und nicht – metrische Merkmale durch die Variablendefinition mit dem $VARIATE – bzw. $FACTOR – Befehl. Die Dummy – Variable $x_{i0}$, die für alle Untersuchungseinheiten den Wert 1 hat, muß nicht extra deklariert und eingelesen werden. Sie wird durch das Programm generiert und in dem Systemvektor %GM abgelegt.

### 2.4.1 Regressionsanalyse

Können die unabhängigen Variablen beliebige reelle Zahlen $\lambda$ annehmen, dann gilt für die Elemente der Matrix $\underline{X}$:

$$(2.10) \quad x_{ij} = \begin{cases} 1 & \text{für } j=0 \\ \lambda_{ij} & \text{für } j=1,\ldots, (p-1) \end{cases}$$

Unter den o.g. Voraussetzungen (metrische, normalverteilte Zielvariable) ergibt sich das klassische Modell der Regressionsanalyse. Geht man z.B. davon aus, daß Statusveränderungen STATD näherungsweise normalverteilt sind (20) und

---

(20) Die Normalverteilung ist immer dann eine sinnvolle Annahme, wenn sich die Fehlerkomponente aus einer Vielzahl unbekannter Faktoren zusammensetzt, von denen keiner einen dominierenden Einfluß hat. Diese Annahme ist strenggenommen nur für die Testverfahren (t – und F – Tests) innerhalb der Regressionsanalyse notwendig. Die OLS – Schätzer der Regressionsparameter haben auch ohne diese Annahme optimale Eigenschaften, vorausgesetzt es gelten die Beziehungen (2.2).

mit der Dauer der Ausbildung DQUAL und dem Beschäftigtenwachstum BESCH zusammenhängen, dann ergibt sich folgendes Regressionsmodell:

$$y_i = \beta_0 + \beta_1 z_{i1} + \beta_2 z_{i2} + e_i$$

Unter Verwendung der Varianzen, Kovarianzen und Mittelwerte ergeben sich folgende Schätzgleichungen für die unbekannten Regressionskoeffizienten:

$$b_1 = [V_{22} C_{y1} - C_{12} C_{y2}] / [V_{11} V_{22} - (C_{12})^2]$$

$$b_2 = [V_{11} C_{y2} - C_{12} C_{y1}] / [V_{11} V_{22} - (C_{12})^2]$$

$$b_0 = \bar{y} - b_1 \bar{z}_1 - b_2 \bar{z}_2$$

mit $V_{11}$, $V_{22}$ (Varianz von $z_1$, $z_2$)

$C_{y1}$, $C_{y2}$, $C_{12}$ (Kovarianz $y/z_1$, $y/z_2$, $z_1/z_2$)

$\bar{y}, \bar{z}_1, \bar{z}_2$ (Mittelwert von $y, z_1, z_2$)

Betrachtet man die 7 Fälle des obigen Beispieldatensatzes (*Beispiel 2.0*), erhält man für $b_0$, $b_1$ und $b_2$ die Werte −76.46, 6.805 und 0.4512.

Dieses Ergebnis läßt sich sehr viel allgemeiner in Matrizenschreibweise darstellen. Für die OLS−Schätzer $\underline{b}$ der unbekannten Regressionskoeffizienten $\underline{\beta}$ gilt bekanntlich:

$$(2.11) \quad \underline{b} = (\underline{X}'\underline{X})^{-1} \underline{X}'\underline{y}$$

Für die Berechnung benötigt man die Matrix $\underline{X}$ und den Vektor aller Beobachtungen der Zielvariablen $\underline{y}$:

$$\underline{y} = \begin{bmatrix} 14 \\ 50 \\ 23 \\ 74 \\ 109 \\ 74 \\ 109 \end{bmatrix} \qquad \underline{X} = \begin{bmatrix} 1 & 8 & 72 \\ 1 & 10 & 145 \\ 1 & 11 & 59 \\ 1 & 12 & 155 \\ 1 & 13 & 200 \\ 1 & 15 & 98 \\ 1 & 17 & 164 \end{bmatrix}$$

(X'X) und (X'y) enthalten die summierten Kreuzprodukte der X – Variablen untereinander sowie der X – Variablen mit der Y – Variablen:

$$
X'X = \begin{bmatrix} 1 & 1 & 1 & 1 & 1 & 1 & 1 \\ 8 & 10 & 11 & 12 & 13 & 15 & 17 \\ 72 & 145 & 59 & 155 & 200 & 98 & 164 \end{bmatrix} \begin{bmatrix} 1 & 8 & 72 \\ 1 & 10 & 145 \\ 1 & 11 & 59 \\ 1 & 12 & 155 \\ 1 & 13 & 200 \\ 1 & 15 & 98 \\ 1 & 17 & 164 \end{bmatrix}
$$

$$
= \begin{bmatrix} 7 & 86 & 893 \\ 86 & 1112 & 11393 \\ 893 & 11393 & 130215 \end{bmatrix}
$$

$$
X'y = \begin{bmatrix} 1 & 1 & 1 & 1 & 1 & 1 & 1 \\ 8 & 10 & 11 & 12 & 13 & 15 & 17 \\ 72 & 145 & 59 & 155 & 200 & 98 & 164 \end{bmatrix} \begin{bmatrix} 14 \\ 50 \\ 23 \\ 74 \\ 109 \\ 74 \\ 109 \end{bmatrix} = \begin{bmatrix} 453 \\ 6133 \\ 68013 \end{bmatrix}
$$

Man benötigt nur noch die inverse Kreuzproduktmatrix:

$$
(X'X)^{-1} = \begin{bmatrix} 2.9547 & -0.2018 & -0.0026 \\ -0.2018 & 0.0225 & -0.0006 \\ -0.0026 & -0.0006 & 0.0001 \end{bmatrix}
$$

und erhält schließlich die gleichen Schätzwerte für $b_0$, $b_1$ und $b_2$:

$$
b = (X'X)^{-1} X'y = \begin{bmatrix} b_0 \\ b_1 \\ b_2 \end{bmatrix} = \begin{bmatrix} -76.460 \\ 6.805 \\ 0.451 \end{bmatrix}
$$

Um die Schätzwerte der Regressionsparameter $\beta_j$ zu bestimmen, ist es nach (2.11) notwendig, die inverse Matrix $(X'X)^{-1}$ zu berechnen. Diese Inverse existiert nur dann, wenn keinerlei lineare Abhängigkeiten zwischen den unabhängigen Merkmalen bestehen. Lineare Abhängigkeiten treten dann auf, wenn sich ein erklärendes Merkmal auf Grund anderer Merkmale errechnen läßt (21). Etwas technischer formuliert: Einzelne Spalten (Variablen) der Matrix $\underline{X}$ sind eine Linearkombination anderer Spalten (Variablen) oder die Matrix $\underline{X}$ besitzt keinen *vollen Spaltenrang*. Ist dies der Fall, dann ist die Determinante $\det(\underline{X}'\underline{X}) = 0$ und die Inverse ist nicht bestimmt. Eine ähnliche Überlegung gilt auch für GL Modelle. Ohne näher auf den Lösungsalgorithmus von GLIM einzugehen, muß man auch hier fordern, daß der Rang der Matrix $\underline{X}$ (d.h. die Anzahl der linear unabhängigen Spalten) der Zahl der zu berechnenden Effekte p entspricht, sonst ist eine eindeutige Lösung des Gleichungssystems nicht möglich:

$$(2.12) \quad Rg(\underline{X}) = p$$

Etwas inhaltlicher formuliert, fordern wir also genügend voneinander unabhängige Informationen, um soviel Effekte schätzen zu können, wie wir schätzen wollen.

Diese Forderung ist an sich selbstverständlich, denn niemand wird eine Variable mehrmals in einer Regressionsgleichung verwenden, obwohl auch das schon vorgekommen ist. Gleichwohl treten in der Forschungspraxis häufig Fälle auf, in denen lineare Abhängigkeiten unter den erklärenden Merkmalen annähernd gegeben sind. Dies ist dann der Fall, wenn unabhängige Variablen zwar nicht perfekt miteinander zusammenhängen aber dennoch hoch untereinander korrelieren (*Multikollinearität*). Dann ist die Determinante $\det(\underline{X}'\underline{X})$ fast 0 und die Schätzungen der jeweiligen Regressionsparameter sind sehr instabil.

Nachdem GLIM ein konkretes Regressionsmodell geschätzt hat, kann man mit dem $DISPLAY – Befehl weitere Informationen über die Ergebnisse der Schätzung abrufen. U.a. erhält man durch die Eingabe von $DISPLAY C die Korrelationsmatrix der Parameterschätzungen. Hoch korrelierende Parameter sind ein Ergebnis multikollinearer erklärender Variablen und die konkreten Schätzwerte werden je nach Modell sehr stark schwanken. Außerdem ist die Signifikanz dieser Parameter sehr schwer zu beurteilen (vgl. Kapitel 3). Man

---

(21) Angenommen wir erklären Statusveränderungen durch den vorherigen Status Z1, Qualifikation Z2 und Einkommen Z3, wobei Status ein Index sei, der auf Grund der Merkmale Qualifikation und Einkommen berechnet wird. Werden alle drei Variablen Z1, Z2 und Z3 gleichzeitig in einer Regressionsanalyse berücksichtigt, dann lassen sich die vier Regressionsparameter nicht bestimmen, da das Merkmal Status eine Linearkombination der anderen ist.

sollte daher multikollineare Variablen aus dem Modell eliminieren oder in einem anderen Merkmal zusammenfassen (22).

### 2.4.2 Varianzanalyse (Regressionsanalyse mit Dummy – Variablen)

Etwas anders stellt sich das Problem, wenn wir es mit ausschließlich nicht – metrischen erklärenden Variablen zu tun haben (z.B. TQUAL und WIRT). Sie können in der o.g. Form nicht berücksichtigt werden, denn je nach Kodierung wird implizit eine bestimmte Metrik der einzelnen Ausprägungen festgelegt. Wenn man die Bezeichnungen 1, 2 und 3 der drei Ausprägungen des Merkmals TQUAL verwenden würde, würde man gleichzeitig festlegen, daß der Abstand aller drei Qualifikationstypen gleich groß ist (nämlich = 1). Das Wesen nicht – metrischer Merkmale besteht aber gerade darin, daß die Abstände der einzelnen Ausprägungen nicht definiert sind. Von daher hätte man jede andere Bezeichnung mit Zahlen verwenden können, die obige ist bloß die einfachste.

Um dennoch den Einfluß nicht – metrischer Merkmale untersuchen zu können, betrachtet man nicht die Merkmale selbst sondern ihre einzelnen Ausprägungen. Für jede Ausprägung wird eine neue *(Dummy –)Variable* gebildet, die anzeigt, ob die betrachtete Untersuchungseinheit in die jeweilige Kategorie fällt oder nicht. Genauer gesagt darf man nicht alle Ausprägungen in Dummy – Variablen transformieren, sondern muß eine, die sogenannte *Basiskategorie* auslassen.

Dabei stellt sich die Frage, wie diese künstlich gebildeten Variablen zu kodieren sind. In der Regressionsanalyse verwendet man häufig die *1/0 – Kodierung*. Sie ist am einfachsten zu verstehen: Angenommen man wählt den Qualifikationstyp 1 als Basiskategorie, dann muß man für die verbleibenden Kategorien 2 und 3 jeweils eine Dummy – Variable bilden. Diese erhalten den Wert 1, wenn die Untersuchungseinheit aus der entsprechenden Kategorie stammt (ansonsten 0). In dem Beispieldatensatz würden also die Personen 1 und 2 bei allen Dummy – Variablen den Wert 0 haben, weil bei ihnen das Merkmal TQUAL die Ausprägung 1 hat (Basiskategorie). Der Datensatz würde

---

(22) Bleiben wir bei dem vorhergehenden Beispiel (vgl. Anm. 21). Angenommen die Variable Status ist keine Linearkombination der Merkmale Einkommen und Qualifikation, sondern korreliert nur hoch mit beiden Merkmalen: Dann entsteht das genannte Multikollinearitätsproblem. In diesem Fall kann man entweder die Variable Z1 (vorhergehender Status) ganz weglassen oder nur Z1 berücksichtigen, weil Z1 schon den Einfluß der Merkmale Qualifikation und Einkommen erfaßt.

mit den künstlich gebildeten Dummy – Variablen D2 (für die 2. Ausprägung)
und D3 (für die 3. Ausprägung von TQUAL) folgendermaßen aussehen:

| Nr. | Y | A | D2 | D3 |
|-----|-----|---|----|----|
| 1 | 14 | 1 | 0 | 0 |
| 2 | 50 | 1 | 0 | 0 |
| 3 | 23 | 2 | 1 | 0 |
| 4 | 74 | 2 | 1 | 0 |
| 5 | 109 | 2 | 1 | 0 |
| 6 | 74 | 3 | 0 | 1 |
| 7 | 109 | 3 | 0 | 1 |

In der Varianzanalyse überwiegt dagegen die – 1/ + 1 – Kodierung. Zur Illustration verwenden wir jetzt die letzte Ausprägung des Merkmals TQUAL als
Basiskategorie, müssen daher für die 1. und 2. Ausprägung jeweils eine
Dummy – Variable bilden. Sie erhält wie vorher den Wert 1, wenn die Beobachtung aus der entsprechenden Kategorie stammt (ansonsten 0). Lediglich bei
den Beobachtungen, die aus der Basiskategorie stammen, vergeben wir den
Wert – 1. Der künstlich erweiterte Datensatz mit den Dummy – Variablen D1
und D2 sieht dann folgendermaßen aus:

| Nr. | Y | A | D1 | D2 |
|-----|-----|---|----|----|
| 1 | 14 | 1 | 1 | 0 |
| 2 | 50 | 1 | 1 | 0 |
| 3 | 23 | 2 | 0 | 1 |
| 4 | 74 | 2 | 0 | 1 |
| 5 | 109 | 2 | 0 | 1 |
| 6 | 74 | 3 | -1 | -1 |
| 7 | 109 | 3 | -1 | -1 |

Soweit die Technik der Kodierung sogenannter Dummy – Variablen. In dem
folgenden Abschnitt 2.4.2.1 wollen wir uns mit dem statistischen Hintergrund
dieser beiden Kodiervorschriften auseinandersetzen, denn im Prinzip ist die
konkrete Kodierung beliebig. Die beschriebenen Vorgehensweisen haben sich
lediglich eingebürgert, weil sie bei bestimmten Datenkonstellationen eine
besonders einfache Darstellung des Einflusses nicht – metrischer Merkmale

gestatten. In den folgenden Abschnitten werden wir uns dann mit komplizierteren Effekten befassen, die entweder den gemeinsamen Einfluß mehrerer
unabhängiger Merkmale messen (Interaktions– und konditionale Effekte) oder
sich auf spezielle Datenkonstellationen beziehen (ordinale Variablen, fehlende
Beobachtungen).

### 2.4.2.1 Reparametrisierung und Effektkodierung

<u>Problemstellung</u>

Betrachten wir der Einfachheit halber zunächst ein diskretes Merkmal A mit q
Ausprägungen $(A_1, A_2, ..., A_q)$. Je nachdem, welche Ausprägung des Merkmals A
Untersuchungseinheit i aufweist, hat die entsprechende Dummy–Variable $x_{ij}$
den Wert 1 (Ausprägung vorhanden) oder 0 (Ausprägung nicht vorhanden). Da
sich die Ausprägungen gegenseitig ausschließen, kann pro Untersuchungseinheit (= Zeile der Datenmatrix) nur jeweils eine der Dummy–Variablen
(= Spalte der Datenmatrix) den Wert 1 haben. Die Spalten der Matrix $\underline{X}$ bestehen jetzt also nicht aus dem ursprünglichen Merkmal A sondern aus Indikato-
ren für die Ausprägungen dieses Merkmals (plus eine Spalte für das Absolutglied):

$$(2.13) \quad x_{ij} = \begin{cases} 1 & \text{für } j=0 \\ 1 & \text{für } j=1, ...(p-1), \text{ wenn } i \text{ aus } A_j \\ 0 & \text{sonst} \end{cases}$$

Betrachten wir als *Beispiel 2.1* die Personen 1, 2, 3, 6 und 7 des obigen
Datensatzes. Die Stichprobe besteht also aus 5 Personen. Das erklärende
Merkmal A = TQUAL hat q = 3 Ausprägungen, die unterschiedlich häufig auftreten: $2*A_1$, $1*A_2$ und $2*A_3$. Die systematische Komponente des abhängigen
Merkmals STATD sei Resultat eines Durchschnittseffekts $\beta_0$ und eines Effekts
$\beta_j$, der davon abhängt, welche Ausprägung j (j = 1,2,3) das erklärende Merkmal
$A^j$ hat. Außerdem sind natürlich Meßfehler und nichtgemessene Einflüsse zu
berücksichtigen:

$$\begin{aligned} y_1 &= \beta_0 + \beta_1 + e_1 \\ y_2 &= \beta_0 + \beta_1 + e_2 \\ y_3 &= \beta_0 + \beta_2 + e_3 \\ y_6 &= \beta_0 + \beta_3 + e_6 \\ y_7 &= \beta_0 + \beta_3 + e_7 \end{aligned}$$

Dieses Erklärungsmodell entspricht der klassischen einfachen Varianzanalyse. Unter Verwendung der in (2.13) definierten Dummy–Variablen läßt sich das Modell auch in Matrixschreibweise darstellen:

$$
\underline{y} = \begin{bmatrix} y_1 \\ y_2 \\ y_3 \\ y_6 \\ y_7 \end{bmatrix} = \begin{bmatrix} 1 & 1 & 0 & 0 \\ 1 & 1 & 0 & 0 \\ 1 & 0 & 1 & 0 \\ 1 & 0 & 0 & 1 \\ 1 & 0 & 0 & 1 \end{bmatrix} \begin{bmatrix} \beta_0 \\ \beta_1 \\ \beta_2 \\ \beta_3 \end{bmatrix} + \begin{bmatrix} e_1 \\ e_2 \\ e_3 \\ e_6 \\ e_7 \end{bmatrix} = \underline{X}\underline{\beta} + \underline{e}
$$

Die Matrix $\underline{X}$ wird in der Varianzanalyse häufig als *Designmatrix* bezeichnet. Wir verwenden diesen Begriff immer dann, wenn die Matrix $\underline{X}$ ausschließlich aus Dummy–Variablen (inkl. Absolutglied) besteht (23).

Ein Blick auf die obige Designmatrix zeigt, daß das Gleichungssystem so nicht lösbar ist, denn auch hier bestehen lineare Abhängigkeiten zwischen den erklärenden Merkmalen (Spalten): Spalte 1 entspricht der Summe der Spalten 2,3 und 4. $\underline{X}$ hat daher keinen vollen Spaltenrang und eine Berechnung der Inversen ist nicht möglich. Um dieses Problem zu umgehen, formulieren wir bestimmte Bedingungen (lineare Restriktionen), die die Parameter $\beta_j$ erfüllen müssen. Man spricht auch von *Reparametrisierung*, da das ursprüngliche Gleichungssystem lediglich umformuliert wird. Die gebräuchlichsten Reparametrisierungsbedingungen sind:

a)   Die gewichtete Summe aller Effekte soll Null ergeben, wobei als Gewichte die Häufigkeiten $n_j$ der einzelnen Ausprägungen j verwendet werden (*zentrierte Effekte*).

$$
(2.14) \quad \sum_{j=1}^{q} n_j \beta_j = 0
$$

(23) Entsprechen die Ausprägungen des Merkmals A den Versuchsbedingungen eines kontrollierten Experiments (z.B. $A_1$ = Testgruppe, $A_2$ = Kontrollgruppe), gibt die Matrix $\underline{X}$ Auskunft darüber, wie sich die Untersuchungseinheiten gemäß dem Design des Experiments verteilen. Daher der Name Designmatrix. Da sich die Verteilung der Untersuchungseinheiten bei experimentellen Untersuchungsdesigns steuern läßt, kann man z.B. alle Ausprägungen gleich häufig auftreten lassen. Gleichbesetzung aller Ausprägungen hat, wie noch zu zeigen sein wird, bestimmte Vorteile bei der Effektinterpretation.

b)   Ein Parameter wird Null gesetzt (*auf eine Kategorie bezogene Effekte*).

$$(2.15) \quad \beta_j = 0 \quad \text{für } j=a \quad (\text{z.B. } a=1, \text{ d.h. erste Kategorie})$$

Die Bedingung a wird üblicherweise in der Varianzanalyse verwendet und hat zur Folge, daß die Effekte als Abweichungen vom Mittelwert berechnet werden. Bedingung b verwendet man in der Regel bei Regressionsanalysen mit Dummy – Variablen. Der Einfluß der weggelassenen Kategorie wird dann durch das Absolutglied gemessen. Faktisch haben beide Restriktionen die gleiche Wirkung wie die o.g. Strategien gegen Multikollinearität: Es fällt eine Spalte der Matrix $\underline{X}$ weg. In diesem Fall läßt sich jedoch der ausgeschlossene Parameter aus den verbliebenen berechnen. Wir wollen uns daher einmal genauer mit den beiden Reparametrisierungen, ihren Verbindungen sowie ihren Vor – und Nachteilen beschäftigen.

### Zentrierte Effekte

Verwendet man zentrierte Effekte, läßt sich der letzte Regressionsparameter $\beta_q$ als Linearkombination der anderen darstellen, wobei die Häufigkeiten $n_j$, mit denen die einzelnen Ausprägungen $A_i$ des Merkmals A auftreten, zu berücksichtigen sind (*allgemeine zentrierte Effekte*):

$$(2.16) \quad \sum_{j=1}^{q} n_j \beta_j = 0 \quad \rightarrow \quad \beta_q = -\frac{1}{\eta_q} \sum_{j=1}^{q-1} n_j \beta_j$$

In unserem Beispiel gilt also:

$$2\beta_1 + 1\beta_2 + 2\beta_3 = 0 \qquad \beta_3 = -\beta_1 - 0.5\beta_2$$

Nach Substitution von $\beta_3$ verliert die Matrix der unabhängigen Variablen eine Spalte, denn der Effekt der dritten Ausprägung kann durch die beiden anderen ausgedrückt werden:

$$\begin{aligned}
y_1 &= \beta_0 + \beta_1 && + e_1 \\
y_2 &= \beta_0 + \beta_1 && + e_2 \\
y_3 &= \beta_0 && + \beta_2 + e_3 \\
y_6 &= \beta_0 - \beta_1 - 0.5\beta_2 + e_6 \\
y_7 &= \beta_0 - \beta_1 - 0.5\beta_2 + e_7
\end{aligned}$$

$$\underline{y} = \begin{bmatrix} y_1 \\ y_2 \\ y_3 \\ y_6 \\ y_7 \end{bmatrix} = \begin{bmatrix} 1 & 1 & 0 \\ 1 & 1 & 0 \\ 1 & 0 & 1 \\ 1 & -1 & -0.5 \\ 1 & -1 & -0.5 \end{bmatrix} \begin{bmatrix} \beta_0 \\ \beta_1 \\ \beta_2 \end{bmatrix} + \begin{bmatrix} e_1 \\ e_2 \\ e_3 \\ e_6 \\ e_7 \end{bmatrix} = \underline{X}\underline{\beta} + \underline{e}$$

In dieser Matrix $\underline{X}$ treten keinerlei lineare Abhängigkeiten auf, d.h. $\underline{X}$ hat vollen paltenrang $(Rg(\underline{X}) = 3)$. Eine Schätzung der unbekannten Parameter $\beta_j$ ist nach (2.11) möglich. $b_0$ entspricht dann dem Gesamtdurchschnitt aller Beobachtungen $y_i$, während die Effekte $b_j$ der einzelnen Ausprägungen des erklärenden Merkmals die durchschnittliche Abweichung der Zielvariablen in diesen Kategorien messen (24). Effekte des unabhängigen Merkmals A sind also bei dieser Art der Reparametrisierung Abweichungen vom Gesamtdurchschnitt, daher der Name "zentrierte Effekte".

Sind alle Ausprägungen des erklärenden Merkmals A gleich häufig vertreten (25), dann hat die Matrix $\underline{X}$ eine besonders einfache Struktur. Die Reparametrisierung (2.16) reduziert sich dann auf folgenden Ausdruck (*einfache zentrierte Effekte*):

$$(2.16') \quad \sum_{j=1}^{q} \beta_j = 0 \quad \rightarrow \quad \beta_q = -\sum_{j=1}^{q-1} \beta_j$$

Betrachtet man z.B. die Personen Nr. 1, 2, 3, 4, 6 und 7 des obigen Datensatzes (*Beispiel 2.2*), dann sind alle Ausprägungen von A gleich häufig vertreten und der Parameter $\beta_3$ entspricht folgendem Ausdruck:

$$\beta_3 = -\beta_1 - \beta_2$$

---

(24) In unserem Beispiel 2.1 mit 5 Fällen ergeben sich die Werte $b_0 = 54$, $b_1 = -22$, $b_2 = -31$ und $b_3 = -b_1 - 0.5b_2 = 37.5$. Allgemein kann man für Designmatrizen zeigen, daß die geschätzten Effekte $\underline{b}$ nur eine Funktion der Klassenmittelwerte sind. Diese Beziehung gilt unabhängig von der gewählten Reparametrisierung.

(25) Diese Datenkonstellation läßt sich insbesondere bei experimentellen Erhebungsdesigns erzielen. Sie tritt aber auch bei der Analyse multivariater Kreuztabellen auf. Zielvariable sind dabei die Häufigkeiten der Tabelle, die durch die Ausprägungen der Merkmale erklärt werden, die die multivariate Kreuztabelle definieren. Der Stichprobenumfang entspricht der Zahl der Zellen der Kreuztabelle und unter der Voraussetzung, daß alle Zellen besetzt sind, tritt jede Kombination der erklärenden Merkmale einmal auf, d.h. gleich häufig.

Gleichungssystem und Designmatrix sehen dann folgendermaßen aus:

$$
\begin{aligned}
y_1 &= \beta_0 + \beta_1 \qquad + e_1 \\
y_2 &= \beta_0 + \beta_1 \qquad + e_2 \\
y_3 &= \beta_0 \qquad + \beta_2 + e_3 \\
y_4 &= \beta_0 \qquad + \beta_2 + e_4 \\
y_6 &= \beta_0 - \beta_1 - \beta_2 + e_6 \\
y_7 &= \beta_0 - \beta_1 - \beta_2 + e_7
\end{aligned}
\qquad \rightarrow \underline{X} =
\begin{bmatrix}
1 & 1 & 0 \\
1 & 1 & 0 \\
1 & 0 & 1 \\
1 & 0 & 1 \\
1 & -1 & -1 \\
1 & -1 & -1
\end{bmatrix}
$$

Die Parameterschätzungen lauten: $b_0 = 57.3$, $b_1 = -25.3$, $b_2 = -8.83$ und $b_3 = -b_1 - b_2 = 34.17$. In diesem speziellen Fall ergibt sich die oben beschriebene $-1/+1-Kodierung$. Hätte man jedoch diese Kodieranweisung ganz technisch auf das Beispiel 2.1 angewendet, dann wäre zwar eine Berechnung der Parameter möglich gewesen, diese entsprächen jedoch nicht Abweichungen vom Gesamtdurchschnitt. Anders ausgedrückt, bei ungleicher Häufigkeit der einzelnen Ausprägungen eines diskreten Merkmals sind zentrierte Effekte sehr viel schwieriger zu kodieren.

Sind bei mehreren erklärenden Merkmalen A, B, C,... alle Ausprägungen gleich häufig vertreten, dann hat das zur Folge, daß diese Merkmale unabhängig voneinander (orthogonal) sind. Man spricht daher auch von einem *orthogonalen Erhebungsdesign*. Es liegt auf der Hand, daß bei einer Felduntersuchung ein solches Design kaum zu realisieren ist. Es tritt vor allem bei experimentell gewonnenen Daten auf. Die $-1/+1-Kodierung$ ergibt nur bei orthogonalen Erhebungsdesigns Schätzwerte, die Abweichungen vom Gesamtdurchschnitt messen. Sie ist daher die Standardkodierung in der klassischen Varianzanalyse.

### Auf eine Kategorie bezogene Effekte

Die andere Kodiervorschrift (*0/1 – Kodierung*) ergibt sich bei Verwendung der zweiten Reparametrisierung. Hier wird der Parameter einer ausgewählten Kategorie (Basiskategorie) Null gesetzt. In der Regel wird die erste oder die letzte Kategorie verwendet, daher der englische Ausdruck "cornered effects". Auch dieses Vorgehen hat zur Folge, daß eine Spalte der Matrix $\underline{X}$ entfällt und $\underline{X}$ danach vollen Spaltenrang aufweist. Setzt man in Beispiel 2.1 den Parameter $\beta_1 = 0$, dann sieht das Gleichungssystem folgendermaßen aus:

$$
\begin{aligned}
y_1 &= \beta_0 &&+e_1 \\
y_2 &= \beta_0 &&+e_2 \\
y_3 &= \beta_0 +\beta_2 &&+e_3 \\
y_6 &= \beta_0 &&+\beta_3 +e_6 \\
y_7 &= \beta_0 &&+\beta_3 +e_7
\end{aligned}
\qquad
\underline{y} =
\begin{bmatrix}
1 & 0 & 0 \\
1 & 0 & 0 \\
1 & 1 & 0 \\
1 & 0 & 1 \\
1 & 0 & 1
\end{bmatrix}
\begin{bmatrix}
\beta_0 \\
\beta_2 \\
\beta_3
\end{bmatrix}
+
\begin{bmatrix}
e_1 \\
e_2 \\
e_3 \\
e_6 \\
e_7
\end{bmatrix}
= \underline{X}\underline{\beta}+\underline{e}
$$

Der LS – Schätzwert von $\beta_0$ kann nun nicht mehr als Gesamtdurchschnitt interpretiert werden, sondern ist gleich dem Mittelwert der Zielvariablen in der ersten Kategorie. Die Schätzwerte für $\beta_2$ und $\beta_3$ sind als Abweichungen der zweiten bzw. der dritten Kategorie von der ersten zu interpretieren, daher die Bezeichnung "auf eine Kategorie bezogene Effekte" (26).

Diese Beziehungen gelten unabhängig davon, wie häufig die einzelnen Ausprägungen in der Stichprobe auftreten. Von daher wird diese Kodierung sehr häufig bei Felddaten verwendet. Sie ist die Standardkodierung bei klassischen Regressionsanalysen mit Dummy – Variablen.

## Zusammenhänge zwischen den Reparametrisierungsbedingungen

Da beide Kodierungen nur unterschiedliche Reparametrisierungen desselben Gleichungssystems darstellen, liegt es nahe, daß die geschätzten Effekte, die im einen Fall Abweichungen vom Gesamtdurchschnitt (zentrierte Effekte) und im anderen Fall Abweichungen von einer Kategorie (auf eine Kategorie bezogene Effekte) messen, miteinander zusammenhängen. Wie lassen sich also auf eine Kategorie bezogene Effekte

$$
\gamma_0, \ \gamma_1, \ \ldots, \ \gamma_q \quad \text{mit } \gamma_1 = 0
$$

in zentrierte Effekte

$$
\beta_0, \ \beta_1, \ \ldots, \ \beta_q \quad \text{mit } \sum_{j=1}^{q} n_j \beta_j = 0
$$

überführen?

---

(26) Für das Beispiel 2.1 ergeben sich die Werte $b_0 = 32$, $b_2 = -9$ und $b_3 = 59.5$.

Für ein Erklärungsmodell mit einer unabhängigen, nicht–metrischen Variablen gelten folgende Beziehungen zwischen zentrierten Effekten und auf eine Kategorie bezogenen Effekten:

$$(2.17) \quad \beta_0 = \gamma_0 + v$$

$$(2.18) \quad \beta_j = \gamma_j - v \quad (j = 1, \ldots, q-1; \; \gamma_1 = 0)$$

wobei v, je nachdem ob es sich um einfache oder allgemeine zentrierte Effekte handelt, folgendermaßen berechnet wird:

$$(2.19a) \quad v = \frac{1}{q} \sum_{j=2}^{q} \gamma_j \quad \text{(einfache zentr. Effekte)}$$

$$(2.19b) \quad v = \sum_{j=2}^{q} n_j \gamma_j \Big/ \sum_{j=1}^{q} n_j \quad \text{(allgemeine zentr. Effekte)}$$

Wir wollen diese Umformung einmal an Hand unserer beiden Beispiele vornehmen. Man beachte, daß $\gamma_1$ Null gesetzt wurde und $\beta_3$ nicht berücksichtigt werden muß, da es sich nach (2.16) aus den anderen $\beta$'s ergibt.

a) Beispiel 2.1 mit ungleicher Besetzungszahl (allgemeine zentrierte Effekte)

$$v = (1\gamma_2 + 2\gamma_3) / 5$$

$$\beta_0 = \gamma_0 + \gamma_2/5 + 2\gamma_3/5$$
$$\beta_1 = 0 - \gamma_2/5 - 2\gamma_3/5 = -\gamma_2/5 - 2\gamma_3/5$$
$$\beta_2 = \gamma_2 - \gamma_2/5 - 2\gamma_3/5 = 4\gamma_2/5 - 2\gamma_3/5$$

b) Beispiel 2.2 mit gleicher Besetzungszahl (einfache zentrierte Effekte)

$$v = (\gamma_2 + \gamma_3) / 3$$

$$\beta_0 = \gamma_0 + \gamma_2/3 + \gamma_3/3$$
$$\beta_1 = 0 - \gamma_2/3 - \gamma_3/3 = -\gamma_2/3 - \gamma_3/3$$
$$\beta_2 = \gamma_2 - \gamma_2/3 - \gamma_3/3 = 2\gamma_2/3 - \gamma_3/3$$

In Matrizenschreibweise lassen sich die Gleichungen folgendermaßen darstellen:

$$\begin{bmatrix} \beta_0 \\ \beta_1 \\ \beta_2 \end{bmatrix} = \begin{bmatrix} 1 & 1/5 & 2/5 \\ 0 & -1/5 & -2/5 \\ 0 & 4/5 & -2/5 \end{bmatrix} \begin{bmatrix} \gamma_0 \\ \gamma_2 \\ \gamma_3 \end{bmatrix} \qquad \text{(Beispiel 2.1)}$$

$$\begin{bmatrix} \beta_0 \\ \beta_1 \\ \beta_2 \end{bmatrix} = \begin{bmatrix} 1 & 1/3 & 1/3 \\ 0 & -1/3 & -1/3 \\ 0 & 2/3 & -1/3 \end{bmatrix} \begin{bmatrix} \gamma_0 \\ \gamma_2 \\ \gamma_3 \end{bmatrix} \qquad \text{(Beispiel 2.2)}$$

Allgemein ergibt sich der Vektor der zentrierten Effekte $\underline{\beta}$, indem man den Vektor der auf eine Kategorie bezogenen Effekte $\underline{\gamma}$ mit einer Transformationsmatrix $\underline{S}$ vormultipliziert.

$$(2.20) \quad \underline{\beta} = \underline{S}\,\underline{\gamma}$$

Diese Transformationsmatrix ist genau die Matrix, die die Matrix der unabhängigen Merkmale von einer Kodierung ($\underline{X}_C$ = auf eine Kategorie bezogene Effekte) in die andere ($\underline{X}_Z$ = zentrierte Effekte) überführt:

$$(2.21) \quad \underline{X}_c = \underline{X}_z\,\underline{S}$$

Das läßt sich am Beispiel 2.1 nachrechnen:

$$\begin{bmatrix} 1 & 1 & 0 \\ 1 & 1 & 0 \\ 1 & 0 & 1 \\ 1 & -1 & -0.5 \\ 1 & -1 & -0.5 \end{bmatrix} \begin{bmatrix} 1 & 1/5 & 2/5 \\ 0 & -1/5 & -2/5 \\ 0 & 4/5 & -2/5 \end{bmatrix} = \begin{bmatrix} 1 & 0 & 0 \\ 1 & 0 & 0 \\ 1 & 1 & 0 \\ 1 & 0 & 1 \\ 1 & 0 & 1 \end{bmatrix}$$

Die allgemeine Transformationsmatrix $\underline{S}$ läßt sich daher mit Hilfe der Matrix der unabhängigen Merkmale berechnen:

$$(2.22) \quad \underline{S} = \underline{X}^{-1}_z \ \underline{X}_c$$

## Vor- und Nachteile verschiedener Reparametrisierungsbedingungen

Mit (2.20) und (2.22) steht uns nun ein allgemeines Instrumentarium zur Verfügung, um zentrierte Effekte in auf eine Kategorie bezogene Effekte umzurechnen und umgekehrt (27). Dabei drängt sich natürlich die Frage auf, was eigentlich die Unterschiede zwischen den beiden Reparametrisierungen sind und welche Vor- und Nachteile sie jeweils haben.

Zunächst einmal wird der Einfluß, den einzelne Ausprägungen des diskreten Merkmals haben, je nach Reparametrisierung unterschiedlich ausgedrückt. Im einen Fall werden Abweichungen vom Gesamtdurchschnitt gemessen und im anderen Fall sind es Abweichungen von einer bestimmten Kategorie. Auch wenn der Bezugsmaßstab wechselt, bleibt dennoch die Struktur der Effekte gleich. Unabhängig von der gewählten Reparametrisierung liegen nämlich die Unterschiede zwischen zwei Kategorien eines diskreten Merkmals eindeutig fest. Für die Differenz zweier beliebiger Kategorien j und k des Merkmals A gilt nach Gleichung (2.18) (28):

$$\beta_j - \beta_k = (\gamma_j - v) - (\gamma_k - v) = \gamma_j - \gamma_k$$

Wenn wir also wissen wollen, ob sich mit einer manuellen Fachqualifikation größere (positive) Statusveränderungen ergeben als mit einer nicht-manuellen Fachqualifikation, dann ist es egal, ob wir diese Unterschiede in zentrierten oder in auf eine Kategorie bezogenen Effekten ausdrücken. Wenn wir aber daran interessiert sind, ob manuelle Fachqualifikationen überhaupt einen Einfluß haben, dann spielt die Art der Reparametrisierung eine Rolle. Hier geht es um die absolute Größe eines Effektes und der hängt natürlich davon ab, welcher Bezugsmaßstab verwendet wird.

---

(27) Auch wenn GLIM als Standardoption auf eine Kategorie bezogene Effekte verwendet (vgl. Abschnitt 2.4.4), könnte man diese Effekte mit Hilfe eines Macros (benutzereigenes Unterprogramm) in zentrierte Effekte umrechnen.

(28) Leider gilt diese Beziehung nicht mehr so einfach für multivariate Zusammenhänge (zwei- und mehrfache Varianzanalyse).

Da bei zentrierten Effekten ein einheitlicher Bezugsmaßstab verwendet wird (Gesamtdurchschnitt), können diese Effekte besonders anschaulich dargestellt werden. Wie wir in den folgenden Abschnitten zeigen werden, gilt das ganz besonders für multivariate Zusammenhänge unter den erklärenden Merkmalen. Außerdem haben Interaktionseffekte, die den gemeinsamen Einfluß mehrerer erklärender Merkmale erfassen, bei Verwendung der 0/1 – Kodierung ein sehr viel stärkeres Gewicht. Da diese Effekte ohnehin sehr schwer zu interpretieren sind, ist vorgeschlagen worden, eine Reparametrisierung mit zentrierten Effekten zu wählen, bei der Interaktionseffekte zahlenmäßig nicht so stark ins Gewicht fallen.

Zentrierte Effekte sind jedoch sehr viel schwieriger zu kodieren als auf eine Kategorie bezogene Effekte. Bei letzteren muß man lediglich für (q – 1) Ausprägungen jeweils eine Dummy – Variable mit den Werten 1 (Ausprägung vorhanden) und 0 (Ausprägung nicht vorhanden) bilden. Bei zentrierten Effekten gibt es nur bei orthogonalen Erhebungsdesigns eine einfache Kodiervorschrift ( – 1/ + 1 – Kodierung). Orthogonale Erhebungsdesigns treten in der Regel nur bei experimentellen Fragestellungen auf und auch da können ungleiche Zellenbesetzungen durch fehlende Beobachtungen entstehen (vgl. Abschnitt 2.4.2.3). Insgesamt gesehen sind auf eine Kategorie bezogene Effekte weniger von der Datenkonstellation abhängig und können daher sehr viel flexibler in der Datenanalyse eingesetzt werden. GLIM verwendet deshalb auf eine (die erste) Kategorie bezogene Effekte.

### 2.4.2.2    Spezielle Designmatrizen: Interaktionen, konditionale und geordnete Effekte

Wir wollen nun mehrere unabhängige, nicht – metrische Merkmale A, B, C,... mit $q_1$, $q_2$, $q_3$,... Ausprägungen betrachten. Jedes dieser Merkmale läßt sich in der beschriebenen Form in $(q_j - 1)$ Dummy – Variablen transformieren, so daß der Einfluß der einzelnen Ausprägungen auf die abhängige Variable untersucht werden kann. Dabei ändert sich nichts an unserem bisherigen Vorgehen, außer daß wir jetzt mehr Effekte schätzen müssen. Mit dem Vorhandensein mehrerer nicht – metrischer Merkmale kann man zusätzlich überprüfen, welchen Einfluß das gleichzeitige Auftreten dieser Merkmale hat. Man spricht in diesem Fall von sogenannten *Interaktionen*. Wir wollen das Vorgehen am Beispiel kreuzklassifizierter Merkmale demonstrieren.

Interaktionseffekte sind häufig schwer zu interpretieren. Es ist daher vorgeschlagen worden, sogenannte *konditionale Effekte* zu verwenden, die sich im Rahmen der hierarchischen Varianzanalyse ergeben. Schließlich beschäftigen wir uns mit der Frage, welche zusätzlichen Analysemöglichkeiten zur Verfügung stehen, wenn die Ausprägungen der unabhängigen Merkmale geordnet sind (ordinale Merkmale).

## Kreuzklassifikation

Gegeben seien zwei nicht–metrische Merkmale A und B mit $q_1$ bzw. $q_2$ Ausprägungen. Liegen für die Kombinationen beider Merkmale A*B Beobachtungen mit den Ausprägungen $A_1$*$B_1$, $A_1$*$B_2$,..., $A_1$*$B_{q2}$, $A_2$*$B_1$, $A_2$*$B_2$,..., $A_{q1}$*$B_{q2}$ vor, dann sprechen wir von einer sogenannten *Kreuzklassifikation*. Beispiele sind die üblichen mehrfaktoriellen Versuchspläne, Regressionsanalysen mit mehreren diskreten unabhängigen Merkmalen, aber auch jede multivariate Kreuztabelle. Wir verwenden unser Beispiel 2.2. Zu dem Merkmal Qualifikationstyp betrachten wir noch das Merkmal Wirtschaftszweig. Die systematische Komponente der abhängigen Variablen wird jetzt zusätzlich von den Ausprägungen I dieses zweiten erklärenden Merkmals $\beta_l$ und von dem gemeinsamen Auftreten beider Merkmale A und B $\beta_{jl}$ beeinflußt.

$$y_1 = \beta_0 + \beta_1^A + \beta_1^B + \beta_{11}^{AB} + e_1$$

$$y_2 = \beta_0 + \beta_1^A + \beta_2^B + \beta_{12}^{AB} + e_2$$

$$y_3 = \beta_0 + \beta_2^A + \beta_1^B + \beta_{21}^{AB} + e_3$$

$$y_4 = \beta_0 + \beta_2^A + \beta_2^B + \beta_{22}^{AB} + e_4$$

$$y_6 = \beta_0 + \beta_3^A + \beta_1^B + \beta_{31}^{AB} + e_6$$

$$y_7 = \beta_0 + \beta_3^A + \beta_2^B + \beta_{32}^{AB} + e_7$$

$\beta_j$ und $\beta_l$ werden – wie in der klassischen Varianzanalyse – als *Haupteffekte*, $\beta_{jl}$ als *Interaktionseffekt* (erster Ordnung) bezeichnet. Da jetzt mehrere Merkmale betrachtet werden, wurde die Bezeichnung etwas verfeinert. Die Buchstaben A, B und AB bedeuten nicht, daß die einzelnen Parameter mit den Merkmalen A und B potenziert werden. Sie dienen lediglich der besseren

Unterscheidung der Regressionsparameter. Und zwar wird das Merkmal/ die Merkmalskombination im Exponenten wiederholt, auf die sich der Parameter bezieht.

Bilden wir nun nach Gleichung (2.13) Dummy – Variablen für Haupt – und Interaktionseffekte, dann sieht die Designmatrix folgendermaßen aus (29):

$$
\underline{X} = 
\begin{array}{c}
\beta_0 \ \ \beta_1^A \ \ \beta_2^A \ \ \beta_3^A \ \ \beta_1^B \ \ \beta_2^B \ \ \beta_{11}^{AB} \ \ \beta_{12}^{AB} \ \ \beta_{21}^{AB} \ \ \beta_{22}^{AB} \ \ \beta_{31}^{AB} \ \ \beta_{32}^{AB} \\
\begin{bmatrix}
1 & 1 & 0 & 0 & 1 & 0 & 1 & 0 & 0 & 0 & 0 & 0 \\
1 & 1 & 0 & 0 & 0 & 1 & 0 & 1 & 0 & 0 & 0 & 0 \\
1 & 0 & 1 & 0 & 1 & 0 & 0 & 0 & 1 & 0 & 0 & 0 \\
1 & 0 & 1 & 0 & 0 & 1 & 0 & 0 & 0 & 1 & 0 & 0 \\
1 & 0 & 0 & 1 & 1 & 0 & 0 & 0 & 0 & 0 & 1 & 0 \\
1 & 0 & 0 & 1 & 0 & 1 & 0 & 0 & 0 & 0 & 0 & 1 
\end{bmatrix}
\end{array}
$$

Man erkennt sofort, daß in diesem Fall nicht genügend Beobachtungen vorliegen, um die 12 Parameter zu bestimmen. Aber selbst wenn wir alle 5188 Fälle berücksichtigen würden, ist eine LS – Schätzung nicht möglich, da die Matrix $\underline{X}$ keinen vollen Spaltenrang hat (30). Wir greifen daher auf die bekannten Reparametrisierungsbedingungen zurück und konstruieren die entsprechende Designmatrix $\underline{X}$:

a)  Zentrierte Effekte

$$
\sum_{j}^{3} \beta_j^A = 0; \quad \sum_{1}^{2} \beta_1^B = 0; \quad \sum_{j}^{3} \beta_{jl}^{AB} = 0 \quad \text{für } l=1,2; \quad \sum_{1}^{2} \beta_{jl}^{AB} = 0 \quad \text{für } j=1,2,3
$$

---

(29)  Der Übersichtlichkeit halber werden die Regressionsparameter über den Spalten der Matrix $\underline{X}$ wiederholt.

(30)  Die Summe der Spalten 2 – 4, 5 – 6 und 7 – 12 ist jeweils gleich der ersten Spalte.

$$
\underset{\underset{0}{\beta}}{} \quad \underset{\underset{1}{\beta}}{A} \quad \underset{\underset{2}{\beta}}{A} \quad \underset{\underset{1}{\beta}}{B} \quad \underset{\underset{11}{\beta}}{AB} \quad \underset{\underset{21}{\beta}}{AB}
$$

$$
\underline{X} = \begin{bmatrix}
1 & 1 & 0 & 1 & 1 & 0 \\
1 & 1 & 0 & -1 & -1 & 0 \\
1 & 0 & 1 & 1 & 0 & 1 \\
1 & 0 & 1 & -1 & 0 & -1 \\
1 & -1 & -1 & 1 & -1 & -1 \\
1 & -1 & -1 & -1 & 1 & 1
\end{bmatrix} \qquad \text{mit } Rg(\underline{X}) = 6
$$

b)  Auf eine Kategorie bezogene Effekte (hier: die erste)

$$
\underset{1}{\beta}^{A} = 0; \quad \underset{1}{\beta}^{B} = 0; \quad \underset{11}{\beta}^{AB} = \underset{12}{\beta}^{AB} = \underset{21}{\beta}^{AB} = \underset{31}{\beta}^{AB} = 0
$$

$$
\underset{\underset{0}{\beta}}{} \quad \underset{\underset{2}{\beta}}{A} \quad \underset{\underset{3}{\beta}}{A} \quad \underset{\underset{2}{\beta}}{B} \quad \underset{\underset{22}{\beta}}{AB} \quad \underset{\underset{32}{\beta}}{AB}
$$

$$
\underline{X} = \begin{bmatrix}
1 & 0 & 0 & 0 & 0 & 0 \\
1 & 0 & 0 & 1 & 0 & 0 \\
1 & 1 & 0 & 0 & 0 & 0 \\
1 & 1 & 0 & 1 & 1 & 0 \\
1 & 0 & 1 & 0 & 0 & 0 \\
1 & 0 & 1 & 1 & 0 & 1
\end{bmatrix} \qquad \text{mit } Rg(\underline{X}) = 6
$$

In beiden Fällen hat die Designmatrix vollen Spaltenrang und die geschätzten Effekte können wieder in der gewohnten Art und Weise als Abweichungen vom Gesamtdurchschnitt bzw. von der ersten Kategorie interpretiert werden. Wie wir jedoch gleich zeigen werden, ist im multivariaten Fall die erste Kategorie etwas komplizierter definiert.

Bei zentrierten Effekten mißt das Absolutglied wiederum den Gesamt-durchschnitt. Mit den 6 Fällen des Beispiels 2.2 ergibt sich für $b_0$ ein Wert von 57.3. An diesem Bezugsmaßstab werden nun alle Effekte gemessen. Die beiden Haupteffekte von A zeigen, wie die Personen mit den Ausprägungen

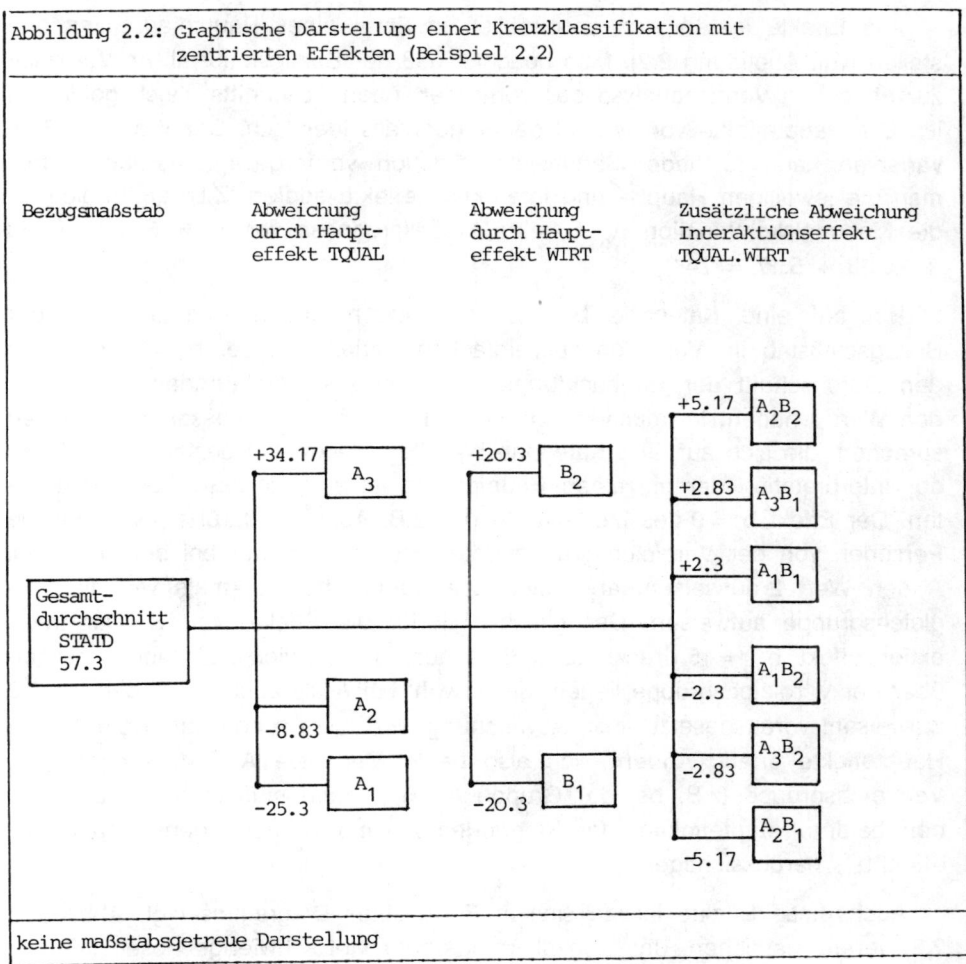

Abbildung 2.2: Graphische Darstellung einer Kreuzklassifikation mit
               zentrierten Effekten (Beispiel 2.2)

keine maßstabsgetreue Darstellung

$A_1$ und $A_2$ vom Gesamtdurchschnitt abweichen ($-25.3$ und $-8.83$). Die dritte Ausprägung $A_3$ ergibt sich unter Anwendung der Reparametrisierung (negative Summe der beiden anderen Effekte: 34.17). In ähnlicher Weise lassen sich die Effekte für B interpretieren ($b_1 = -20.3$, $b_2 = -b_1 = 20.3$). Die beiden Interaktionseffekte zeigen schließlich, ob das gemeinsame Auftreten von A und B noch einen zusätzlichen Einfluß hat, der über die Summe der jeweiligen Haupteffekte hinausgeht ($b_{11} = 2.3$, $b_{21} = -5.17$). Auch hier ergeben sich die anderen Interaktionseffekte durch Anwendung der Reparametrisierung.

Alle Effekte lassen sich anschaulich in Form eines Baumdiagramms darstellen (vgl. Abbildung 2.2). Man beachte, daß der Bezugsmaßstab im Vergleich zur einfachen Varianzanalyse des vorhergehenden Abschnitts gleich geblieben ist. Die Haupteffekte von A sind daher ebenfalls identisch. Der Wert der Zielvariablen kann für jede Merkmalskombination vorhergesagt werden, indem man die jeweiligen Haupt − und Interaktionseffekte addiert. Z.B. ergibt sich für die Merkmalskombination $A_2{}^*B_2$ eine Modellprognose von y = 57.33 − 8.83 + 20.33 + 5.17 = 74.

Bei auf eine Kategorie bezogenen Effekten ändert sich dagegen der Bezugsmaßstab im Vergleich zur einfachen Varianzanalyse. $b_0 = 14$ mißt hier den Durchschnitt der Beobachtungen, die bei <u>allen</u> erklärenden Merkmalen den Wert 1 haben. Im multivariaten Fall sollte man daher besser von Effekten sprechen, die sich auf eine Kategorie bei <u>allen</u> Merkmalen beziehen. Auch bei der Interpretation der einzelnen Haupteffekte ist eine gewisse Vorsicht geboten. Der Effekt $b_2 = 9$ des Merkmals A gibt z.B. Auskunft darüber, wie sich die Personen von der Vergleichsgruppe unterscheiden, die nur bei dem Merkmal A den Wert 2 aufweisen, ansonsten aber identische Merkmale wie die Vergleichsgruppe aufweisen. Das gleiche gilt für die Effekte von B. Der Interaktionseffekt $b_{22} = 15$ drückt schließlich aus, um wieviel die Beobachtungen über der Vergleichsgruppe liegen, die sowohl bei A als auch bei B den Wert 2 aufweisen, vorausgesetzt diese Abweichung wird nicht schon durch die beiden Haupteffekte erfaßt. Ändern sich also beide Merkmale A und B relativ zur Vergleichsgruppe (z.B. bei der Gruppe $A_2{}^*B_2$), dann muß man zusätzlich zu den beiden Haupteffekten der Kategorien $A_2$ und $B_2$ noch den Interaktionseffekt $b_{22}$ berücksichtigen.

Auch diese Effekte lassen sich in Form eines Diagramms (vgl. Abbildung 2.3) veranschaulichen, das sich allerdings sehr viel schwieriger lesen läßt, da man ganz genau darauf achten muß, welches Merkmal (relativ zur Vergleichsgruppe) variiert wird. Bei Modellprognosen werden daher nicht immer <u>alle</u> Haupt − und Interaktionseffekte addiert. Betrachtet man z.B. die Merkmalskombination $A_2{}^*B_2$, dann unterscheidet sie sich sowohl bezüglich A als auch bezüglich B von der Vergleichsgruppe. Folglich muß man in diesem Fall die Haupteffekte von A und B sowie den Interaktionseffekt berücksichtigen: y = 14 + 9 + 36 + 15 = 74. In den Kästchen des Schaubildes wurde daher vermerkt, für welche Gruppen die entsprechenden Effekte addiert werden müssen.

Wie man sieht, wird die Interpretation der Parameter im multivariaten Fall sehr viel komplizierter. Das gilt ganz besonders für auf eine Kategorie bezogene Effekte, da hier die Vergleichsgruppe mit der Zahl der beteiligten Merk-

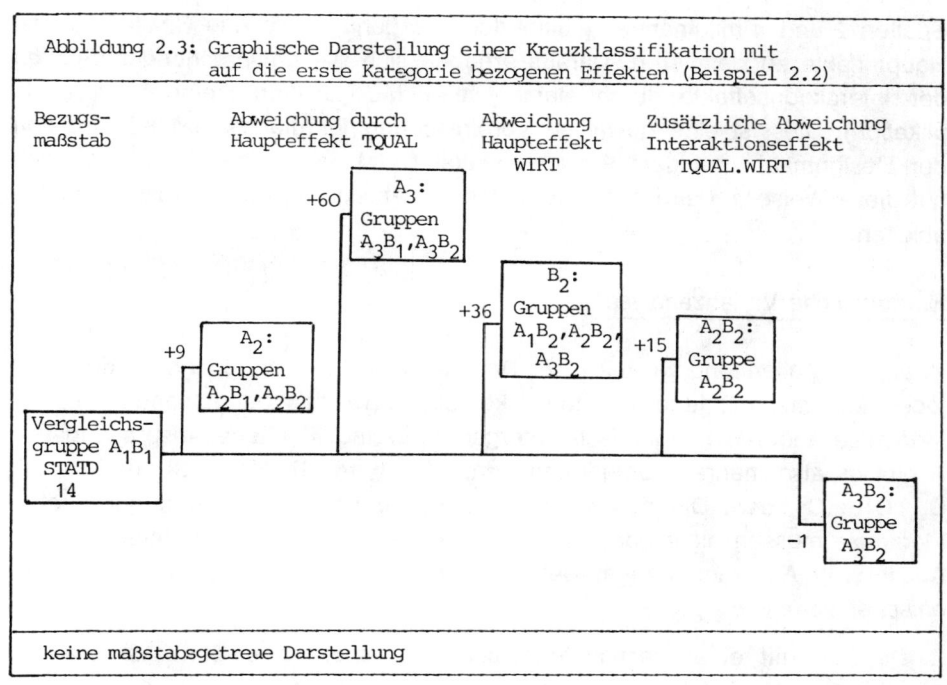

Abbildung 2.3: Graphische Darstellung einer Kreuzklassifikation mit
auf die erste Kategorie bezogenen Effekten (Beispiel 2.2)

keine maßstabsgetreue Darstellung

male variiert. Dagegen bleibt bei zentrierten Effekten der Bezugsmaßstab gleich. Von daher wären zentrierte Effekte vorzuziehen. Sie können aber nur dann auf einfache Art und Weise kodiert werden, wenn alle Ausprägungs-kombinationen gleich häufig auftreten (orthogonales Erhebungsdesign, vgl. Beispiel 2.2). Dies ist jedoch nicht immer der Fall, insbesonders wenn man Daten analysiert, die nicht experimentell gewonnen wurden.

Man beachte auch die Interpretationsprobleme bei Interaktionseffekten. Diese Effekte muß man immer im Zusammenhang mit den entsprechenden Haupteffekten betrachten. Sie messen quasi den Rest, der nicht schon durch die beiden Haupteffekte erfaßt wird. Auch hier wünscht man sich eine ein-fachere Darstellung und wie wir gleich sehen werden, ist das mit sogenannten konditionalen Effekten möglich.

Unabhängig von der Art der Reparametrisierung ergeben sich die Spalten der Matrix $\underline{X}$, die den Interaktionseffekten entsprechen, durch elementweise Multiplikation der Spalten der entsprechenden Haupteffekte. Spalte 5 der obigen Matrizen ergibt sich z.B., indem man die entsprechenden Elemente der

Spalten 2 und 4 miteinander multipliziert. Es genügt also, die Spalten für die Haupteffekte zu definieren. Daraus ergeben sich die entsprechenden Spalten der Interaktionseffekte durch elementweise Multiplikation (keine Vektormultiplikation). Dies ist eine gewaltige Vereinfachung für die spätere Konstruktion der Designmatrix mit dem Programmpaket GLIM. Im übrigen kann man sich auf diese Weise am einfachsten die Reparametrisierung der Interaktionseffekte ableiten.

## Hierarchische Varianzanalyse

In einigen Fällen sind wir mit einer Datenkonstellation konfrontiert, in der nicht jedes Merkmal mit jedem anderen kombiniert werden kann, sondern einige Merkmale anderen hierarchisch untergeordnet sind. Für jede Ausprägung von A gibt es also mehrere Unterkategorien, z.B. $A_1$ mit $B_1$, $B_2$,...,$B_{r1}$ und $A_2$ mit $C_1$, $C_2$,...,$C_{r2}$ usw. Die den einzelnen Ausprägungen von A untergeordneten Merkmale müssen nicht übereinstimmen und sie können eine unterschiedliche Anzahl von Ausprägungen aufweisen. In diesem Fall spricht man von *hierarchischer Varianzanalyse*.

Da sich mit einer bestimmten Ausbildung spezifische Berufskarrieren in verschiedenen Wirtschaftszweigen ergeben, könnte man die Variable WIRT auch als hierarchisch nachgeordnetes Merkmal der Variablen TQUAL auffassen. Betrachten wir daher folgendes *Beispiel 2.3* einer hierarchischen Varianzanalyse. Für das unabhängige Merkmal A = TQUAL mit den Unterkategorien B = WIRT liegt jeweils eine Beobachtung der abhängigen Variablen Y = STATD vor (31):

$A_1$ mit $B_1$ und $B_2$,

$A_2$ mit $B_1$, $B_2$ und $B_3$,

$A_3$ mit $B_1$ und $B_2$.

---

(31) Man beachte, daß im allgemeinen Fall die Unterkategorien $B_1$ von $A_1$ und $B_1$ von $A_2$ nicht identisch sein müssen. Angenommen man betrachtet das Merkmal A = Geschlecht. Bestimmte Unterkategorien, die für Männer sinnvoll sind (z.B. Wehrdienst in der BRD), kann es bei Frauen nicht geben und umgekehrt (z.B. Mutterschaftsurlaub). Aus programmtechnischen Gründen ist es jedoch sinnvoll, alle Unterkategorien in einer Supervariablen B abzuspeichern, die genauso viele Ausprägungen hat, wie maximal Subkategorien auftreten. Die Bedeutung der einzelnen Kategorien von B ergibt sich dann immer im Zusammenhang mit A.

Wir betrachten also alle 7 Personen des Beispieldatensatzes und können insgesamt 7 *konditionale Effekte* unterscheiden:

$$\beta_{11}^{AB}, \ \beta_{12}^{AB}, \ \beta_{21}^{AB}, \ \beta_{22}^{AB}, \ \beta_{23}^{AB}, \ \beta_{31}^{AB}, \ \beta_{32}^{AB}$$

Die systematische Komponente der abhängigen Variablen wird nun durch den jeweiligen Haupteffekt von A und die entsprechenden konditionalen Effekte erklärt. Die Haupteffekte von B fallen weg, da die Kategorien von B nur nach Eintritt von A auftreten können. Ohne zu berücksichtigen, daß unterschiedlich viele Unterkategorien auftreten, können wir unser Erklärungsmodell unter Verwendung der maximalen Subkategorienzahl r = 3 folgendermaßen formalisieren:

$$y_i = \beta_0 + \beta_j^A + \beta_{jr}^{AB} + e_i \quad \text{mit } i = 1, \ldots, 7; \ j=1,2,3; \ r=1,2,3$$

Die Designmatrix $\underline{X}$ sieht folgendermaßen aus:

$$\underline{X} = \begin{array}{c} \begin{array}{ccccccccccccc} \beta_0 & \beta_1^A & \beta_2^A & \beta_3^A & \beta_{11}^{AB} & \beta_{12}^{AB} & \beta_{13}^{AB} & \beta_{21}^{AB} & \beta_{22}^{AB} & \beta_{23}^{AB} & \beta_{31}^{AB} & \beta_{32}^{AB} & \beta_{33}^{AB} \end{array} \\ \left[ \begin{array}{ccccccccccccc} 1 & 1 & 0 & 0 & 1 & 0 & 0 & 0 & 0 & 0 & 0 & 0 & 0 \\ 1 & 1 & 0 & 0 & 0 & 1 & 0 & 0 & 0 & 0 & 0 & 0 & 0 \\ 1 & 0 & 1 & 0 & 0 & 0 & 0 & 1 & 0 & 0 & 0 & 0 & 0 \\ 1 & 0 & 1 & 0 & 0 & 0 & 0 & 0 & 1 & 0 & 0 & 0 & 0 \\ 1 & 0 & 1 & 0 & 0 & 0 & 0 & 0 & 0 & 1 & 0 & 0 & 0 \\ 1 & 0 & 0 & 1 & 0 & 0 & 0 & 0 & 0 & 0 & 1 & 0 & 0 \\ 1 & 0 & 0 & 1 & 0 & 0 & 0 & 0 & 0 & 0 & 0 & 1 & 0 \end{array} \right] \end{array}$$

Die beiden konditionalen Effekte $\beta_{13}$ und $\beta_{33}$ fallen wegen mangelnder Subkategorien weg. Die entsprechenden Spalten der Designmatrix bestehen nur aus Nullen (32). Damit hat die Matrix $\underline{X}$ aber immer noch nicht vollen Spaltenrang. Man muß daher das Gleichungssystem reparametrisieren. Da in

---

(32) Dadurch erkennt das Programm GLIM, daß hier Subkategorien fehlen. Sie werden wie fehlende Beobachtungen behandelt. Vgl. dazu Abschnitt 2.4.2.3.

Beispiel 2.3 die Ausprägungen von A ungleich besetzt sind, verwenden wir in diesem Fall auf eine Kategorie bezogene Effekte, d.h. jeder erste Haupteffekt und jeder erste konditionale Effekt (= jede erste Subkategorie) wird Null gesetzt. Wir erhalten wiederum eine Designmatrix mit vollem Spaltenrang:

$$
\underline{X} = \begin{array}{c}
\begin{array}{ccccccc}
 & A & A & AB & AB & AB & AB \\
\beta_0 & \beta_2 & \beta_3 & \beta_{12} & \beta_{22} & \beta_{23} & \beta_{32}
\end{array} \\
\begin{bmatrix}
1 & 0 & 0 & 0 & 0 & 0 & 0 \\
1 & 0 & 0 & 1 & 0 & 0 & 0 \\
1 & 1 & 0 & 0 & 0 & 0 & 0 \\
1 & 1 & 0 & 0 & 1 & 0 & 0 \\
1 & 1 & 0 & 0 & 0 & 1 & 0 \\
1 & 0 & 1 & 0 & 0 & 0 & 0 \\
1 & 0 & 1 & 0 & 0 & 0 & 1
\end{bmatrix}
\end{array} \quad \text{mit } Rg(\underline{X}) = 7
$$

Mit den 7 Fällen des Beispieldatensatzes ergeben sich folgende Parameterschätzungen: $b_0 = 14$, $b_2 = 9$, $b_3 = 60$, $b_{12} = 36$, $b_{22} = 51$, $b_{23} = 86$ und $b_{32} = 35$ (die Symbole A und AB wurden fortgelassen, da die Bezeichnung auch so eindeutig ist).

Die Interpretation konditionaler Effekte wollen wir erst später diskutieren. An dieser Stelle interessiert nur die formale Konstruktion einer Designmatrix mit konditionalen Effekten. Dabei geht man im Prinzip genauso vor wie bei kreuzklassifizierten Daten:

1) Zunächst einmal konstruiert man eine Designmatrix mit allen Haupteffekten, also auch mit den Haupteffekten von B, obwohl diese A hierarchisch untergeordnet sind.

2) Dann berechnet man die Interaktionsvariablen durch elementweise Multiplikation der zugehörigen Spalten.

3) Man löscht die Spalten (Haupteffekte) der hierarchisch untergeordneten Merkmale. Dadurch werden die Interaktionseffekte zu konditionalen Effekten.

4) Durch Einführung einer geeigneten Reparametrisierungsbedingung erzeugt man eine Designmatrix mit vollem Spaltenrang.

Schritt 1 – 3 haben wir bei der obigen Darstellung zunächst vernachlässigt, weil wir die hierarchische Varianzanalyse anwendungsbezogen eingeführt haben und dabei die Berechnung eines Haupteffekts von B keinen Sinn macht. Wie man sieht, ergeben sich jedoch gegenüber kreuzklassifizierten Daten keine neuen Aspekte. Wichtig ist nur, daß man die Reparametrisierung erst nach Schritt 3 vornimmt. Durch den Wegfall der Haupteffekte von B kann man jetzt auch den konditionalen Effekt $\beta_{12}$ schätzen (33).

## Zusammenhänge zwischen konditionalen Effekten und Interaktionseffekten

Zwischen konditionalen Effekten und Interaktionseffekten bestehen offenbar gewisse Zusammenhänge. Es ist daher möglich, die Ergebnisse einer hierarchischen Varianzanalyse aus den Ergebnissen einer Kreuzklassifikation zu errechnen und umgekehrt. Zu diesem Zweck betrachten wir ein *Beispiel 2.4*, das nur aus den ersten vier Personen des obigen Datensatzes besteht. Die beiden Merkmale A und B werden zunächst hierarchisch geordnet und dann als Kreuzklassifikation aufgefaßt. Sie haben jeweils 2 Ausprägungen und die beiden Erklärungsmodelle lauten:

a) Hierarchische Varianzanalyse

$$y_i = \beta_0 + \beta_j^A + \beta_{jl}^{AB} \quad \text{mit } i = 1, \ldots, 4; \ j=1,2; \ l=1,2$$

b) Kreuzklassifikation

$$y_i = \gamma_0 + \gamma_j^A + \gamma_l^B + \gamma_{jl}^{AB} \quad \text{mit } i = 1, \ldots, 4; \ j=1,2; \ l=1,2$$

---

(33) Bei kreuzklassifizierten Daten hätte man die Reparametrisierung schon nach Schritt 1 einführen können. Schritt 2 ergäbe dann immer noch die richtigen Interaktionsparameter.

Die Designmatrizen haben nach der Reparametrisierung folgendes Aussehen ($\underline{X}_z$ = zentrierte Effekte, $\underline{X}_c$ = auf eine Kategorie bezogene Effekte):

konditionale Effekte                    Interaktionseffekte

$$\underline{X}_z = \begin{array}{cccc} \overset{A}{\underset{\beta_0}{}} & \overset{AB}{\underset{\beta_1}{}} & \overset{AB}{\underset{\beta_{11}}{}} & \beta_{21} \\ \end{array} \begin{bmatrix} 1 & 1 & 1 & 0 \\ 1 & 1 & -1 & 0 \\ 1 & -1 & 0 & 1 \\ 1 & -1 & 0 & -1 \end{bmatrix} \qquad \underline{X}_z = \begin{array}{cccc} \overset{A}{\underset{\gamma_0}{}} & \overset{B}{\underset{\gamma_1}{}} & \overset{AB}{\underset{\gamma_1}{}} & \gamma_{11} \\ \end{array} \begin{bmatrix} 1 & 1 & 1 & 1 \\ 1 & 1 & -1 & -1 \\ 1 & -1 & 1 & -1 \\ 1 & -1 & -1 & 1 \end{bmatrix}$$

konditionale Effekte                    Interaktionseffekte

$$\underline{X}_c = \begin{array}{cccc} \overset{A}{\underset{\beta_0}{}} & \overset{AB}{\underset{\beta_2}{}} & \overset{AB}{\underset{\beta_{12}}{}} & \beta_{22} \\ \end{array} \begin{bmatrix} 1 & 0 & 0 & 0 \\ 1 & 0 & 1 & 0 \\ 1 & 1 & 0 & 0 \\ 1 & 1 & 0 & 1 \end{bmatrix} \qquad \underline{X}_c = \begin{array}{cccc} \overset{A}{\underset{\gamma_0}{}} & \overset{B}{\underset{\gamma_2}{}} & \overset{AB}{\underset{\gamma_1}{}} & \gamma_{22} \\ \end{array} \begin{bmatrix} 1 & 0 & 0 & 0 \\ 1 & 0 & 1 & 0 \\ 1 & 1 & 0 & 0 \\ 1 & 1 & 1 & 1 \end{bmatrix}$$

Man erkennt, daß bei zentrierten Effekten die Spalte des Interaktionseffektes der Differenz der beiden Spalten der konditionalen Effekte entspricht, während bei auf eine Kategorie bezogenen Effekten die Spalten des Interaktionseffektes und des zweiten konditionalen Effektes identisch sind. Konditionale und Interaktionseffekte hängen also miteinander zusammen, jedoch kann man leider aus dem Vergleich der Spalten noch keine genaueren Angaben machen.

Wir verallgemeinern dazu einen Satz, den wir schon einmal bei der Transformierung von auf eine Kategorie bezogenen Effekten in zentrierte Effekte verwendet haben (vgl. Gleichung 2.20ff.). Gegeben sei eine Matrix $\underline{X}$, in der die unabhängigen Merkmale hierarchisch angeordnet sind (konditionale Effekte) sowie eine Transformation $\underline{X}_t$ derselben Matrix, in der die gleichen Daten als Kreuzklassifikation aufgefaßt werden (Interaktionseffekte). $\underline{S}$ sei die Transformationsmatrix von $\underline{X}$ nach $\underline{X}_t$. Dann gilt für die Parameter $\underline{\beta}$ der Originaldaten und die Parameter $\underline{\gamma}$ der transformierten Daten:

(2.23)  $\underline{\beta} = \underline{S}\,\underline{\gamma}$  oder  $\underline{\gamma} = \underline{S}^{-1}\,\underline{\beta}$   mit  $\underline{S} = \underline{X}^{-1}\,\underline{X}_t$

Die Parameter $\underline{\beta}$ sind also in diesem Fall die Parameter der hierarchischen Varianzanalyse und die Parameter $\underline{\gamma}$ entsprechen den Parametern der Kreuzklassifikation.

Nach Einsetzen in (2.23) ergeben sich für Beispiel 2.4 folgende Identitäten:

a) zentrierte Effekte        b) auf eine Kategorie bezogene Effekte

$$
\begin{bmatrix} \beta_0 \\ \beta_1^A \\ \beta_{11}^{AB} \\ \beta_{21}^{AB} \end{bmatrix}
=
\begin{bmatrix} \gamma_0 \\ \gamma_1^A \\ \gamma_1^B + \gamma_{11}^{AB} \\ \gamma_1^B - \gamma_{11}^{AB} \end{bmatrix}
\qquad
\begin{bmatrix} \beta_0 \\ \beta_2^A \\ \beta_{12}^{AB} \\ \beta_{22}^{AB} \end{bmatrix}
=
\begin{bmatrix} \gamma_0 \\ \gamma_2^A \\ \gamma_2^B \\ \gamma_2^B + \gamma_{22}^{AB} \end{bmatrix}
$$

Unabhängig von der Art der Reparametrisierung sind Absolutglied und Haupteffekt von A bei Kreuzklassifikation und hierarchischer Varianzanalyse gleich. Bei Verwendung von auf eine Kategorie bezogenen Effekten sind darüber hinaus der erste konditionale Effekt der hierarchischen Varianzanalyse und der Haupteffekt B der Kreuzklassifikation identisch. Der zweite konditionale Effekt der hierarchischen Varianzanalyse faßt dagegen den Interaktionseffekt und den Haupteffekt B der Kreuzklassifikation zusammen. Anders bei zentrierten Effekten: Hier entsprechen die konditionalen Effekte der hierarchischen Varianzanalyse der Summe bzw. Differenz aus Haupteffekt B und Interaktionseffekt AB der Kreuzklassifikation. Wenn das gemeinsame Auftreten von A und B keinen Unterschied macht (Interaktionseffekt der Kreuzklassifikation = 0), dann sind bei beiden Reparametrisierungen die beiden konditionalen Effekte der hierarchischen Varianzanalyse identisch. Sie entsprechen dann jeweils dem Haupteffekt B der Kreuzklassifikation. Zusammenfassend kann man also feststellen, daß konditionale Effekte 1) Haupt- und Interaktionseffekte zusammenfassen und 2) immer dann identisch sind, wenn die erklärenden Merkmale nicht interagieren.

Unabhängig von der Tatsache, daß sich konditionale Effekte aus den Effekten einer Kreuzklassifikation ergeben, bleibt jedoch die Interpretation der beiden Reparametrisierungsbedingungen gleich. Man betrachtet jetzt bloß nicht

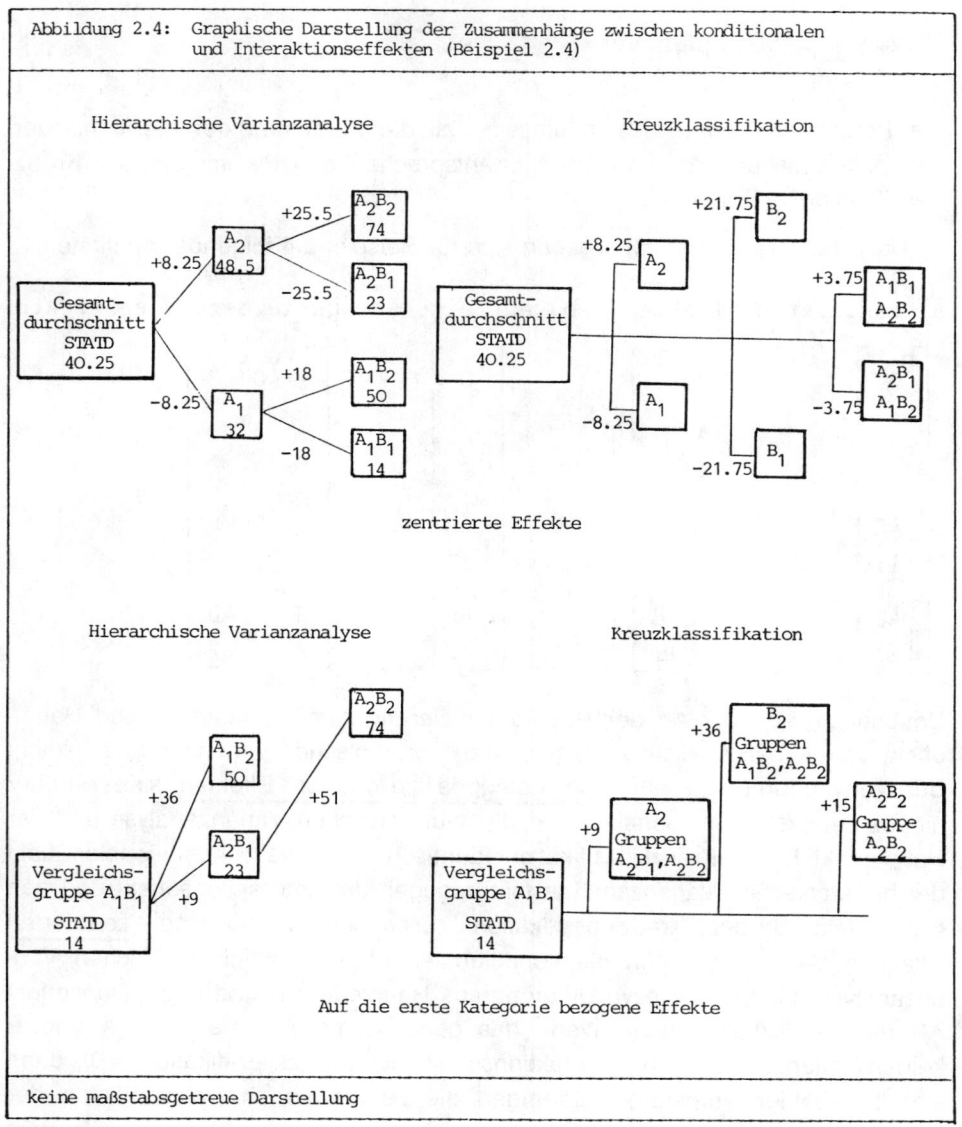

Abbildung 2.4:  Graphische Darstellung der Zusammenhänge zwischen konditionalen und Interaktionseffekten (Beispiel 2.4)

mehr die Gesamtgruppe sondern die Subgruppen, auf die sich die jeweiligen
Bedingungen beziehen. Das sind in Beispiel 2.4 die beiden Subgruppen, die
sich bezüglich A nicht mehr unterscheiden ($A_1$: Personen Nr. 1 und 2,
$A_2$: Personen Nr. 3 und 4). Innerhalb dieser homogenen Subgruppen werden
nun Abweichungen vom Subgruppenmittel (zentrierte Effekte) bzw. von einer
Kategorie innerhalb der Subgruppe (auf eine Kategorie bezogene Effekte)
betrachtet. Bei zentrierten Effekten ergeben sich also mit den beiden Mittel-
werten 32 für $A_1$ und 48.5 für $A_2$ die beiden konditionalen Effekte $b_{11} = -18$
und $b_{21} = -25.5$. Bei auf eine Kategorie bezogenen Effekten haben die jeweils
ersten Ausprägungen die Werte 14 ($A_1 {}^* B_1$) und 23 ($A_2 {}^* B_1$). Folglich lauten die
konditionalen Effekte $b_{12} = 36$ und $b_{22} = 51$. Absolutglied und Haupteffekt von
A ergeben sich wie bei der Kreuzklassifikation:

- zentrierte Effekte: $b_0 = 40.25$, $b_1 = -8.25$.
- auf eine Kategorie bezogene Effekte: $b_0 = 14$, $b_2 = 9$.

Alle Ergebnisse sind in der Abbildung 2.4 graphisch dargestellt.

Die Diagramme für kreuzklassifizierte Daten können in der gehabten Form
interpretiert werden (s.oben). Es sei nur noch einmal darauf hingewiesen, daß
die Modellprognosen nicht direkt aus dem Diagramm abgelesen werden
können. Man muß dazu erst die jeweiligen Haupt- und Interaktionseffekte
addieren. Dies ist bei einer hierarchischen Varianzanalyse nicht notwendig. Da
konditionale Effekte, wie der Name schon sagt, nur unter bestimmten Bedingungen wirken, ist es möglich, eine hierarchische Ordnung aller Effekte
anzugeben, die das Untersuchungsmaterial in immer differenziertere Teilgrup-
pen untergliedert. Auf jeder Stufe dieser Gliederung kann man dann die jeweiligen Modellprognosen angeben. Dies ist in Abbildung 2.4 in Form eines
Baumdiagrammes geschehen: In den Kästchen findet man die Prognose für
die jeweilige Gruppe und an den Verbindungslinien zwischen den Kästchen
wurden die jeweiligen Effekte abgetragen. Viele Anwender finden diese
Baumdarstellung der zentrierten Effekte am anschaulichsten.

## Geordnete Effekte

Abschließend noch ein kurzer Hinweis auf die Analysemöglichkeiten bei ordinalen erklärenden Merkmalen. A sei ein nicht-metrisches Merkmal mit q
Ausprägungen, die eine eindeutige Rangordnung der Beobachtungen definieren. Uns interessiert nun, um wieviel eine Ausprägung $A_j$ durchschnittlich
die abhängige Variable gegenüber allen rangniedrigeren Ausprägungen $A_l$
($l < j$) erhöht bzw. verringert. In dem folgenden *Beispiel 2.5* betrachten
wir die Variable A = TQUAL als ordinales Merkmal und untersuchen die Frage,
ob sich mit zunehmender Qualifikation dieselben Statusveränderungen erge-

ben wie bei rangniedrigeren Qualifikationstypen. Wir betrachten dazu jeweils eine Person aus jedem Qualifikationstyp (Personen Nr. 1, 3 und 6). Die folgende Designmatrix liefert das gewünschte Ergebnis:

$$
\begin{bmatrix} y_1 \\ y_3 \\ y_6 \end{bmatrix} = \begin{bmatrix} 1 & 0 & 0 \\ 1 & 1 & 0 \\ 1 & 1/2 & 1 \end{bmatrix} \begin{bmatrix} \beta_0 \\ \beta_1 \\ \beta_2 \end{bmatrix} + \begin{bmatrix} e_1 \\ e_3 \\ e_6 \end{bmatrix}
$$

Es ergeben sich folgende Schätzwerte für die Regressionsparameter:

$$
\begin{aligned}
y_1 &= \beta_0 & b_0 &= y_1 = 14 \\
y_3 &= \beta_0 + \beta_1 & b_1 &= y_3 - y_1 = 9 \\
y_6 &= \beta_0 + \beta_1/2 + \beta_2 & b_2 &= y_6 - (y_1 + y_3)/2 = 55.5
\end{aligned}
$$

Nach sukzessiver Substitution der Parameter $\beta$ erkennt man, daß der $j$-te Parameter mißt, um wieviel die $(j+1)$-te Beobachtung den Durchschnitt aller rangniedrigeren Beobachtungen übersteigt. Wenn die Erhöhung des erklärenden Merkmals A um eine Einheit jeweils zu einer Erhöhung der abhängigen Variablen Y um den gleichen Betrag $\Delta Y$ führt, dann kann man zeigen, daß bei der o.g. Designmatrix die Schätzwerte der Parameter $b_j$ ($j = 1,2,...,p-1$) ebenfalls um einen gleichen Betrag $\Delta b$ (= 0.5 $\Delta y$) anwachsen. Auf diese Weise kann man testen, ob Veränderungen des ordinalen Merkmals A lineare Änderungen der Zielvariablen ergeben. Der Phantasie des Anwenders sind keine Grenzen gesetzt, solche und andere Designmatrizen zu kodieren, um spezifische Effekte zu untersuchen.

### 2.4.2.3    Varianzanalyse und Kreuztabellenanalyse: Das Problem fehlender Beobachtungen

Varianzanalyse ist ein Submodell des linearen Modells, in dem ausschließlich nicht–metrische erklärende Variablen verwendet werden. Eine ähnliche Datenkonstellation liegt bei der Analyse multivariater Kreuztabellen vor. Die erklärenden Merkmale sind hier ebenfalls diskret, nur die Zielvariable unterscheidet sich. Von daher wäre bei Kreuztabellen eine Verallgemeinerung des Modells notwendig, um andere Fehlerstrukturen und Verbindungsfunktionen berücksichtigen zu können. Das ist innerhalb des GLM–Ansatzes leicht möglich. Wir werden auf diese Fragen im 4. Kapitel zurückkommen. An dieser Stelle interessiert nur die Konstruktion der Designmatrix und die ist in der Varianzanalyse wie in der multivariaten Kreuztabellenanalyse identisch. Für

Kreuztabellen kann man außerdem zeigen, daß alle Kombinationen der unabhängigen Merkmale gleich häufig auftreten (nämlich genau einmal), wenn alle Zellen der Kreuztabelle besetzt sind. Man kann also in der Regel von einem orthogonalen Design ausgehen und es bietet sich an, die klassische Reparametrisierung der Varianzanalyse zu übernehmen. Man verwendet daher die − 1/ + 1 − Kodierung für die erklärenden Merkmale, die in diesem Fall zentrierte Effekte ergibt (34).

Bei allen diesen Kreuzklassifikationen (oder allgemeiner: bei der Betrachtung mehrerer unabhängiger nicht − metrischer Variablen) tritt jedoch häufig eine Datenkonstellation auf, die erneut dazu führt, daß einzelne Parameter des Modells nicht geschätzt werden können. Und zwar ist es manchmal der Fall, daß einzelne Merkmalskombinationen nicht besetzt sind. Das gilt für Anwendungen der Varianzanalyse (mehrfaktorielle Versuchspläne) aber auch ganz besonders für die eben diskutierten Kreuztabellen.

Solche fehlenden Beobachtungen können aus zwei Gründen auftreten: Einmal kann die Stichprobe nicht groß genug sein, so daß alle Merkmalskombinationen ausreichend besetzt sind. Diese Situation ist bei einem Experiment eher unwahrscheinlich, da man den Versuchsaufbau so planen wird, daß für alle Einflußfaktoren genügend Informationen zur Verfügung stehen. Bei Felddaten hingegen, die kreuztabelliert werden, ist das schon eher möglich. Man bezeichnet diese Art fehlender Beobachtungen als sogenannte *Stichprobennullen*. Fehlende Beobachtungen können aber auch auftreten, weil bestimmte Merkmalskombinationen inhaltlich nicht sinnvoll sind (35). Man spricht daher von sogenannten *strukturellen Nullen*. Strukturelle Nullen sind sowohl bei experimentellen als auch bei Felddaten gleich wahrscheinlich. Bei experimentellen Daten spricht man auch von einem *unvollständigen Design*. In beiden Fällen können die fehlenden Beobachtungen dazu führen, daß trotz Reparametrisierung die Matrix $\underline{X}$ keinen vollen Spaltenrang hat.

---

(34) Das ist die Standardoption in den meisten Programmen zur multivariaten Kreuztabellenanalyse (NONMET, ECTA, FUNCAT (SAS), P4F (BMDP), LOGLIN (SPSSX)).

(35) In der BRD gibt es z.B. keine weiblichen Soldaten, so daß eine Kreuztabellierung von Geschlecht und (beruflicher) Tätigkeit an dieser Stelle eine strukturelle Null aufweist.

Wir wollen diese Behauptung an Hand der obigen Kreuzklassifikation demonstrieren. Wir verwenden die Daten aus Beispiel 2.2 und als Reparametrisierung auf die erste Kategorie bezogene Effekte:

$$
\begin{bmatrix} y_1 \\ y_2 \\ y_3 \\ y_4 \\ y_6 \\ y_7 \end{bmatrix} =
\begin{bmatrix}
1 & 0 & 0 & 0 & 0 & 0 \\
1 & 0 & 0 & 1 & 0 & 0 \\
1 & 1 & 0 & 0 & 0 & 0 \\
1 & 1 & 0 & 1 & 1 & 0 \\
1 & 0 & 1 & 0 & 0 & 0 \\
1 & 0 & 1 & 1 & 0 & 1
\end{bmatrix}
\begin{bmatrix} \beta_0 \\ \beta_2^A \\ \beta_3^A \\ \beta_2^B \\ \beta_{22}^{AB} \\ \beta_{32}^{AB} \end{bmatrix} +
\begin{bmatrix} e_1 \\ e_2 \\ e_3 \\ e_4 \\ e_6 \\ e_7 \end{bmatrix}
$$

Angenommen wir können keine Person in der Merkmalskombination $A_2 * B_1$ (nicht – manuelle Fachqualifikation, Landwirtschaft) beobachten. Die Ursache dieser fehlenden Beobachtung (Stichproben – oder strukturelle Null) ist zunächst nebensächlich. An dieser Stelle interessiert nur ihre Wirkung. Wenn die Person Nr.3 fehlt, sieht die Matrix $\underline{X}$ folgendermaßen aus (3. Zeile gestrichen):

$$
\begin{array}{cccccc}
\beta_0 & \beta_2^A & \beta_3^A & \beta_2^B & \beta_{22}^{AB} & \beta_{32}^{AB}
\end{array}
$$

$$
\underline{X} =
\begin{bmatrix}
1 & 0 & 0 & 0 & 0 & 0 \\
1 & 0 & 0 & 1 & 0 & 0 \\
1 & 1 & 0 & 1 & 1 & 0 \\
1 & 0 & 1 & 0 & 0 & 0 \\
1 & 0 & 1 & 1 & 0 & 1
\end{bmatrix}
\qquad \text{mit } Rg(\underline{X}) = 5 < p = 6
$$

Zweite und fünfte Spalte sind nun identisch und der Rang der Matrix ist kleiner als die Anzahl zu schätzender Parameter. Die beiden zu diesen Spalten gehörenden Parameter sind nicht mehr unabhängig voneinander zu schätzen. Was ist zu tun?

In der Kreuztabellenanalyse verfährt man häufig so, daß man fehlende Beobachtungen durch künstliche Werte ergänzt (vgl. Kapitel 4). Damit entsteht das eben diskutierte Problem erst gar nicht, denn die entsprechenden Zeilen der Datenmatrix bleiben erhalten. Dieses Vorgehen ist jedoch unbefriedigend, weil hier künstlich Daten generiert werden, wo eigentlich gar keine sind.

Sinnvoller ist es daher, den Parameter einfach Null zu setzen, den man auf Grund fehlender Beobachtungen nicht mehr schätzen kann. Damit fällt zusätzlich zu der fehlenden Zeile eine Spalte der Matrix $\underline{X}$ fort und die Matrix hat wieder vollen Spaltenrang.

Die Nullsetzung von Parametern ist das Standardvorgehen in GLIM , wenn die entsprechenden Häufigkeiten fehlen. Die nicht berechenbaren Parameter werden als *"aliased"* ausgewiesen (36). Technisch funktioniert das so, daß für jede Spalte der Matrix geprüft wird (und zwar von links nach rechts), ob sie von den vorhergehenden Spalten linear abhängig ist. Ist das der Fall, dann wird diese Spalte weggelassen und der entsprechende Parameter Null gesetzt. In unserem Beispiel wäre das also der Parameter $\beta_{22}$.

Man beachte außerdem, daß nach dem Wegfall der dritten Zeile der Datenmatrix das Design nicht mehr orthogonal ist. Eine $-1/+1$–Kodierung der Dummy–Variablen ergäbe keine zentrierten Effekte. Von daher war es sinnvoll, von Anfang an auf eine Kategorie bezogene Effekte zu verwenden. Bei unvollständigen Designs oder Daten mit Stichprobennullen ist daher die 0/1–Kodierung vorteilhafter.

## 2.4.3 Kovarianzanalyse

Varianz– und Regressionsanalyse lassen sich nun verbinden, indem wir in $\underline{X}$ sowohl Dummy–Variablen als auch metrische Variablen zulassen. Dazu betrachten wir die Personen 1–5 und statt des diskreten Merkmals B verwenden wir die metrische Variable $Z = $ BESCH (*Beispiel 2.6*). Unsere Zielvariable sei weiterhin das metrische, normalverteilte Merkmal $Y = $ STATD. Mit A unterscheiden wir praktisch zwei Gruppen. Die Frage ist, ob der Zusammenhang von Y und Z zwischen den Gruppen differiert, und wenn ja, auf welche Weise dieser Unterschied sich bemerkbar macht. Dazu gibt es drei Hypothesen.

---

(36) Genauer gesagt handelt es sich hierbei um *"extrinsically aliased parameters"*, die auf Grund externer Einflüsse (Datenkonstellation) nachträglich Null gesetzt werden. Sie sind von sogenannten *"intrinsically aliased parameters"* zu unterscheiden, die das Programm a priori auf Grund der verwendeten Reparametrisierung Null setzt. Dabei handelt es sich jeweils um die erste Kategorie einer nicht–metrischen Variablen (für Interaktionen und konditionale Effekte vgl. Kapitel 2.4.2.2).

**a) Es gibt keinerlei Gruppenunterschiede, Y verändert sich lediglich linear mit Z.**

$$y_i = \beta_0 + \beta^Z z_i + e_i$$

**b) Y verändert sich linear mit Z, jedoch ist das Niveau von Y verschieden, je nachdem welche Gruppe wir betrachten.**

$$y_i = \beta_0 + \beta_2^A + \beta^Z z_i + e_i$$

**c) Es gibt nicht nur Niveauunterschiede zwischen den beiden Gruppen, die Art des Zusammenhangs zwischen Y und Z variiert auch zwischen den Gruppen.**

$$y_i = \beta_0 + \beta_2^A + \beta^Z z_i + \beta_2^{AZ} z_i + e_i$$

Die zugehörigen Matrizen der unabhängigen Variablen sehen folgendermaßen aus:

a) keine Gruppen-          b) Niveau-               c) Niveau- und Richtungs-
   unterschiede               unterschiede             unterschiede

$$
\begin{array}{cc}
\beta_0 & \beta^Z \\
\end{array}
\qquad
\begin{array}{ccc}
\beta_0 & \beta_2^A & \beta^Z \\
\end{array}
\qquad
\begin{array}{cccc}
\beta_0 & \beta_2^A & \beta^Z & \beta_2^{AZ} \\
\end{array}
$$

$$
\begin{bmatrix}
1 & z_1 \\
1 & z_2 \\
1 & z_3 \\
1 & z_4 \\
1 & z_5
\end{bmatrix}
\qquad
\begin{bmatrix}
1 & 0 & z_1 \\
1 & 0 & z_2 \\
1 & 1 & z_3 \\
1 & 1 & z_4 \\
1 & 1 & z_5
\end{bmatrix}
\qquad
\begin{bmatrix}
1 & 0 & z_1 & 0 \\
1 & 0 & z_2 & 0 \\
1 & 1 & z_3 & z_3 \\
1 & 1 & z_4 & z_4 \\
1 & 1 & z_5 & z_5
\end{bmatrix}
$$

Damit die Matrizen b und c vollen Spaltenrang haben, wurde eine Reparametrisierung mit auf die erste Kategorie bezogenen Effekten eingeführt. Hypothese a entspricht dem Modell der einfachen bivariaten Regressionsanalyse. Für $b_0$ und $b_Z$ ergeben sich in Beispiel 2.6 die Werte $-24.96$ und $0.6257$.

Hypothese b ist eine Kombination von Varianz- und Regressionsanalyse, bei der jeweils nur die Haupteffekte von A und Z untersucht werden. Die Niveauunterschiede zwischen den Gruppen werden durch den Haupteffekt von A gemessen, während der über alle Gruppen gleiche Zusammenhang zwischen Y und Z weiterhin durch den Haupteffekt von Z quantifiziert wird. Für Gruppe $A_1$ lautet die Regressionsgleichung $y_i = \beta_0 + \beta_Z * z_i + e_i$, für die Gruppe $A_2$ hingegen $y_i = (\beta_0 + \beta_{2A}) + \beta_Z * z_i + e_i$. Der Niveauunterschied zwischen den beiden Gruppen drückt sich im Absolutglied der Regressionsgleichung aus: $(\beta_0 + \beta_{2A}) - \beta_0 = \beta_{2A}$. In Beispiel 2.6 ergeben sich die Werte $b_0 = -30.52$, $b_{2A} = 19.67$ und $b_Z = 0.5762$.

Hypothese c enthält zusätzlich noch einen Interaktionseffekt zwischen A und Z. Die zugehörige (vierte) Spalte der Matrix $\underline{X}$ ergibt sich wieder durch elementweise Multiplikation. In diesem weitestgehenden Modell mißt $\beta_{2A}$ wieder den Niveauunterschied, während der Interaktionsparameter angibt, um wieviel der Regressionseffekt in der zweiten Gruppe zunimmt. Für die Gruppe $A_1$ lautet die Regressionsgleichung $y_i = \beta_0 + \beta_Z * z_i + e_i$, für die Gruppe $A_2$ hingegen $y_i = (\beta_0 + \beta_{2A}) + (\beta_Z + \beta_{2AZ}) * z_i + e_i$. Der Niveauunterschied beträgt wie gesagt $\beta_{2A}$. Außerdem variiert die Richtung des Zusammenhangs von Y und Z zwischen den Gruppen, und zwar genau um den Betrag $(\beta_Z + \beta_{2AZ}) - \beta_Z = \beta_{2AZ}$. In Beispiel 2.6 ergaben sich die Werte $b_0 = -21.51$, $b_{2A} = 7.711$, $b_Z = 0.4932$ und $b_{2AZ} = 0.1044$. Die beiden letzten Modelle b und c bezeichnet man auch als Kovarianzanalyse.

### 2.4.4 Konstruktion der Matrix der unabhängigen Variablen innerhalb des Programmpakets GLIM

Die Matrix $\underline{X}$ wird mit Hilfe des $FIT-Befehls aufgebaut. Mit diesem Befehl wird das Programm gleichzeitig aufgefordert, das spezifizierte Erklärungsmodell mit Hilfe der Daten zu schätzen. Dieses Erklärungsmodell besteht mindestens aus dem o.g. Nullmodell. Folgen daher keine weiteren Angaben nach dem $FIT-Befehl, dann konstruiert GLIM eine Prädiktorgleichung mit zugehöriger Matrix $\underline{X}$, die lediglich das Absolutglied enthält. Dieses Absolutglied wird auch als *Grand Mean* bezeichnet. Die zugehörige Variable (= 1. Spalte der Matrix $\underline{X}$) hat den Namen %GM und besteht aus lauter Einsen. Die beiden Befehle $FIT (ohne Spezifikation) und $FIT %GM haben daher zur Folge, daß das gleiche Nullmodell geschätzt wird.

Wie lassen sich jedoch kompliziertere Erklärungsmodelle konstruieren? Dazu wollen wir uns noch einmal die wesentlichen Schritte aus den vorhergehenden Abschnitten vergegenwärtigen:

1) Zunächst einmal müssen die Variablen benannt werden, die zumindest als Haupteffekte in die Prädiktorgleichung aufgenommen werden sollen. GLIM trägt dann die Werte dieser erklärenden Merkmale in die Spalten der Matrix $\underline{X}$ ein. Dabei können metrische Variablen direkt übernommen werden, während nicht – metrische Variablen erst in Dummies transformiert werden. GLIM kann diese unterschiedlichen Meßniveaus an Hand der Variablendefinition mit dem \$VARIATE – oder \$FACTOR – Befehl unterscheiden.

2) Bei der Transformation nicht – metrischer Variablen ist zu beachten, daß die Matrix $\underline{X}$ vollen Spaltenrang behält. Weniger formal ausgedrückt bedeutet das, ein diskretes Merkmal mit q Ausprägungen kann lediglich in (q – 1) Dummies transformiert werden. Daher ist eine geeignete Reparametrisierung vorzunehmen. GLIM verwendet hier standardmäßig auf die erste Kategorie bezogene Effekte.

Angenommen uns stehen mehrere diskrete (A,B,C,...) und metrische (Z1,Z2,...) erklärende Variablen zur Verfügung. Wir haben das Meßniveau dieser Daten bei der Variablendefinition berücksichtigt, indem wir A, B, C,... als Faktoren und Z1, Z2,... als (Ko)Variate deklariert haben:

    \$FACTOR A 3 B 2 C 4 ... \$VARIATE Z1 Z2 ...

Durch die Zahl hinter dem Variablennamen beim \$FACTOR – Befehl wird dem Programm mitgeteilt, wieviel Ausprägungen das jeweilige Merkmal hat. Z.B. hat Variable A 3 Ausprägungen und GLIM wird dementsprechend (3 – 1) = 2 Dummy – Variablen konstruieren.

Mit Hilfe des ' + ' – Operators läßt sich nun ein Erklärungsmodell spezifizieren, das lediglich Haupteffekte dieser Merkmale enthält, z.B.:

    \$FIT A + B + Z1

GLIM konstruiert die entsprechende Prädiktorgleichung mit 5 Parametern – die ersten Kategorien von A und B werden intern Null gesetzt (intrinsically aliased parameters) –, und trägt die Werte der erklärenden Variablen in die entsprechenden Spalten der Matrix $\underline{X}$ (Dimension: N * 5) ein. Formal gilt mit dem obigen \$FIT – Befehl folgendes Erklärungsmodell:

$$\eta_i = \beta_0 + \beta_2^A + \beta_3^A + \beta_2^B + \beta^{Z1} \, z_{i1}$$

3) Im nächsten Schritt ist zu prüfen, ob bestimmte erklärende Variablen miteinander interagieren sollen. Hat also das kombinierte Auftreten verschiedener Merkmale einen Einfluß auf die Zielvariable? Wie unsere Diskussion der Kovarianzanalyse gezeigt hat, sind Interaktionen von Variablen unterschiedlichen Meßniveaus zugelassen.

4) Weiterhin muß entschieden werden, wie dieser kombinierte Einfluß gemessen werden soll, ob als Interaktionseffekt oder als konditionaler Effekt. Erst danach können im

5) Schritt die entsprechenden Spalten der Matrix $\underline{X}$ durch elementweise Multiplikation der Spalten der interagierenden Merkmale aufgebaut werden.

6) Für diese Interaktionseffekte oder konditionalen Effekte muß erneut eine Reparametrisierung vorgenommen werden. GLIM verwendet auch hier auf die erste Kategorie bezogene Effekte, was zur Folge hat, daß die Interaktionseffekte der jeweils ersten Ausprägung bzw. die konditionalen Effekte der jeweils ersten Subkategorie intern Null gesetzt werden (intrinsically aliased parameters).

7) Schließlich muß noch untersucht werden, ob möglicherweise durch fehlende Beobachtungen einzelne Parameter nicht geschätzt werden können. Diese wären dann ebenfalls Null zu setzen, jetzt jedoch auf Grund externer Einflüsse (extrinsically aliased parameters). Wie das im einzelnen geschieht, wurde in Abschnitt 2.4.2.3 beschrieben.

Die elementweise Multiplikation der Spalten interagierender Merkmale wird mit Hilfe des '.'-Operators vorgenommen. Je nachdem, ob die entsprechenden Haupteffekte schon im Modell vorhanden sind oder nicht, wird ein interagierendes Merkmal als Kreuzklassifikation oder als Subkategorie aufgefaßt und es ergeben sich Interaktions- oder konditionale Effekte. Mit Hilfe des folgenden Befehls läßt sich z.B. das obige Beispiel 2.2 einer Kreuzklassifikation umsetzen.

$FIT A + B + A.B

Da beide Haupteffekte im Modell enthalten sind, wird A.B als Interaktionseffekt interpretiert. Formal sieht das zugehörige Erklärungsmodell mit 6 Parametern so aus:

$$\eta_i = \beta_0 + \beta_2^A + \beta_3^A + \beta_2^B + \beta_{22}^{AB} + \beta_{32}^{AB}$$

Das obige Beispiel 2.3 einer hierarchischen Varianzanalyse wird mit folgendem Befehl berechnet:

$FIT A + A.B

Da der Haupteffekt von B fehlt, wird B als hierarchisch untergeordnetes Merkmal betrachtet und A.B entspricht einem konditionalen Effekt. Formal:

$$\eta_i = \beta_0 + \beta_2^A + \beta_3^A + \beta_{12}^{AB} + \beta_{13}^{AB} + \beta_{22}^{AB} + \beta_{23}^{AB} + \beta_{32}^{AB} + \beta_{33}^{AB}$$

Da die Subkategorie $B_3$ nur bei $A_2$ vorliegt, für $A_1$ und $A_3$ also sozusagen Beobachtungen fehlen, werden nachträglich die entsprechenden Parameter Null gesetzt:

$$\beta_{13}^{AB} = \beta_{33}^{AB} = 0 \quad \text{(extrinsically aliased parameters)}$$

Natürlich kann man auch Interaktionen von Merkmalen unterschiedlicher Meßniveaus berücksichtigen. Für Beispiel 2.6 (Hypothese c) verwendet man folgenden $FIT – Befehl:

$FACTOR A 2 $VARIATE Z2... $FIT A + Z2 + A.Z2

Es ist allerdings nicht möglich, Interaktionseffekte zwischen metrischen Variablen durch den ".″ – Operator zu spezifizieren (z.B. $FIT Z1.Z2). In diesem Fall antwortet GLIM mit einer Fehlermeldung. Man kann jedoch das Produkt der beiden Variablen mit dem $CALCULATE – Befehl berechnen ($CALCULATE Z1Z2 = Z1*Z2) und diese neue Variable in die Regressionsgleichung aufnehmen ($FIT Z1Z2).

In vielen Fällen will man nicht Haupt – und Interaktionseffekte einzeln spezifizieren, sondern weiß von vornherein, daß man ein Modell mit mehreren Variablen schätzen will, das alle möglichen Haupt – und Interaktionseffekte enthält. Das läßt sich relativ komfortabel mit dem '*' – Operator umsetzen:

$FIT A*B*C entspricht $FIT A + B + C + A.B + A.C + B.C + A.B.C.

Eine ähnliche Vereinfachung gibt es auch für konditionale Effekte. Hier verwendet man den '/' – Operator:

$FIT A/B/C entspricht $FIT A + A.B + A.B.C.

Es sind beliebig viele Kombinationen dieser Operatoren '+, ., *, /' zugelassen, um eine Modellformel zu konstruieren. Außerdem kann man mit den Operatoren rechnen:

$FIT (A + B).C entspricht $FIT A.C + B.C.

Man kann einzelne Modellterme hinzufügen:

$FIT + A.B schätzt das gleiche Modell wie vorher inkl. der Interaktion A.B.

Genauso kann man andere Terme entfernen:

$FIT – B.C

Über die Einzelheiten der "Rechenregeln" informiert das GLIM – Manual (Abschnitt 13).

In einigen Fällen möchte man das gleiche Modell noch einmal schätzen, z.B. wenn sich lediglich die Zielvariable oder deren Verteilungsannahmen verändert haben. Das erzielt man durch einen $FIT – Befehl, bei dem lediglich ein Operator (z.B. .) aber keine Variablen genannt werden:

$FIT .

kombiniert die vorgehende Modellformel mit nichts, schätzt also noch einmal dasselbe Modell.

Manchmal ist auch der Einfluß verschiedener Merkmale a priori bekannt. Angenommen man wüßte, daß der sozio – ökonomische Status mit jedem Jahr weiterer Ausbildung um 2 Punktwerte zunimmt. Für jede Person läßt sich also dieser Einfluß a priori bestimmen ($CALCULATE AUSB = 2*DQUAL). Dadurch, daß man diese neu berechnete Variable als OFFSET deklariert ($OFFSET AUSB), wird der Einfluß der anderen erklärenden Merkmale nur noch auf die um diesen OFFSET bereinigte Zielvariable berechnet. Die individuellen Werte des OFFSET sind übrigens in dem Systemvektor %OS abgelegt.

Es kann jedoch nicht jede Matrix $\underline{X}$ mit den genannten Operatoren konstruiert werden. Z.B. müssen für das Beispiel 2.5 (geordnete Effekte) erst entsprechend kodierte Variablen geschaffen werden (per Hand oder mit Hilfe des $CALCULATE – Befehls), deren Haupteffekte dann mit einem $FIT – Befehl geschätzt werden können. Ähnlich ist es bei Erklärungsmodellen mit metrischen Merkmalen. Hier will man in einigen Fällen Transformationen der ursprünglichen Merkmale (quadratische, kubische, logarithmierte Effekte oder Interaktionen zwischen metrischen Variablen) berücksichtigen, welche auch erst mit Hilfe des $CALCULATE – Befehls berechnet werden müssen und dann als eigenständige Variablen in die Modellgleichung aufgenommen werden können.

## 2.5 Spezifikation verallgemeinerter linearer Modelle – Zusammenfassung an Hand des Beispiels

In diesem Abschnitt sollen noch einmal die wesentlichen Befehle im Zusammenhang besprochen werden, die zur Spezifikation eines verallgemeinerten linearen Modells notwendig sind. Wir beschränken uns dabei (wie in dem gesamten Kapitel) auf das Beispiel des klassischen linearen Modells (normalverteilte Zielvariable). Wie wir später sehen werden, muß man für andere Verteilungsannahmen und Verbindungsfunktionen nur wenige Programmbefehle ändern.

Vor der eigentlichen Datenanalyse muß man zunächst die beteiligten Merkmale, ihr Meßniveau und die Anzahl der Ausprägungen bei diskreten Merkmalen benennen (Variablendefinition). Man verwendet dazu den $VARIATE− bzw. $FACTOR−Befehl:

$VARIATE STATD DQUAL BESCH $FACTOR ART 4 TQUAL 4 WIRT 10

Vorher muß man dem Programm nur mitteilen, wieviel Fälle insgesamt untersucht werden sollen, damit GLIM die Standardlänge der Vektoren festlegen kann:

$UNITS 2594

Dann werden die Daten eingelesen. Das geschieht bei einem so großen Datensatz am besten von einer externen Einheit (Platte). Hier verwenden wir den Eingabekanal 10:

$DATA STATD ART DQUAL TQUAL BESCH WIRT $FORMAT
(2F5.0,5X,4F5.0/1X)
$DINPUT 10

Die Befehle entsprechen in etwa den VARIABLE LIST, INPUT FORMAT und READ INPUT DATA Befehlen im SPSS. Die Einzelheiten der Dateneingabe werden wir in Kapitel 5 näher besprechen. Alle folgenden Befehle beziehen sich auf das eigentliche Erklärungsmodell.

Wir beginnen mit der Spezifikation des abhängigen Merkmals und unterstellen normalverteilte Statusveränderungen, d.h. viele "kleine" und voneinander unabhängige Fehler. Außerdem werden keine Transformationen der Zielvariablen vorgenommen, sondern direkt die empirischen Werte erklärt (identische Verbindungsfunktion). Egal welche unabhängigen Merkmale verwendet werden, lautet also die Modellstruktur des klassischen linearen Modells:

$YVARIATE STATD $ERROR N $LINK I

Je nachdem, welches Meßniveau die erklärenden Variablen haben, ergeben sich die bekannten Modelle der Regressions−, Varianz− und Kovarianzanalyse. Die jeweiligen Merkmale werden durch einen $FIT−Befehl in die Matrix der unabhängigen Variablen eingetragen und gleichzeitig wird das Modell geschätzt:

a)   Ausschließlich metrische Variablen (Regressionsanalyse)
      $FIT DQUAL + BESCH.

b)   Ausschließlich diskrete Variablen (Varianzanalyse)
      $FIT TQUAL * WIRT.

c)   Metrische und diskrete Variablen (Kovarianzanalyse)
     $FIT TQUAL * BESCH

Der GLM – Ansatz ist in diesem Fall identisch mit üblichen LS – Schätzungen. Da GLIM standardmäßig die 0/1 – Kodierung für diskrete Variablen verwendet, sind die berechneten Effekte nicht mit denen identisch, die sich bei Varianz – oder Kovarianzanalyseprogrammen ergeben. Dort wird in der Regel die sogenannte Effektkodierung (1/ – 1) verwendet, die Abweichungen vom Mittelwert mißt. Die GLIM – Defaults entsprechen eher einer üblichen Regressionsanalyse mit Dummy – Variablen. Sie sind dann vorzuziehen, wenn die Voraussetzungen für die Effektinterpretation der 1/ – 1 – Kodierung nicht gegeben sind, d.h. ungleiche Zellenbesetzungen, fehlende Werte etc.

Wie wir in Abschnitt 2.4.2.2 zeigen konnten, lassen sich Interaktionseffekte auch als konditionale Effekte darstellen. Da sich letztere erheblich besser interpretieren lassen, kann man bei Verwendung diskreter Variablen auch Modelle mit konditionalen Effekten überprüfen:

d)   Konditionale Effekte

     $FIT TQUAL + TQUAL.WIRT bzw. $FIT TQUAL + TQUAL.BESCH

Für die Wahl des Qualifikationstyps (TQUAL) als übergeordneter Variablen, der die anderen (WIRT bzw. BESCH) hierarchisch untergeordnet sind, sprachen zwei mehr inhaltliche Gründe:

– Einmal ist der Erwerb der Qualifikation, die durch TQUAL gemessen wird, der späteren beruflichen Tätigkeit zeitlich vorgelagert.

– Zum anderen wurde diese Variable so operationalisiert, daß sie deutlich unterschiedliche Karrierelinien auf dem Arbeitsmarkt unterscheidet, innerhalb (!) derer sich bestimmte Berufschancen ergeben.

Diese Wahl ist jedoch nicht zwingend.

Schließlich ist es aus Gründen der Modellüberprüfung sinnvoll, ein Erklärungsmodell zu schätzen, das lediglich aus dem Absolutglied besteht. Wie wir in Abschnitt 3.3 zeigen werden, ist dieses Nullmodell die Basis, auf der wir die Erklärungskraft komplexerer Modelle einschätzen. Der entsprechende $FIT – Befehl enthält daher nur den Systemvektor %GM:

e)   Nullmodell $FIT %GM

Dieser Grand Mean ist in den obigen $FIT – Befehlen automatisch impliziert, d.h. die obigen (komplexeren) Erklärungsmodelle enthalten natürlich auch ein Absolutglied.

Zusammengefaßt sieht unser GLIM – Programm folgendermaßen aus:

```
$UNITS 2594
$VARIATE STATD DQUAL BESCH $FACTOR ART 4 TQUAL 4 WIRT 10
$DATA STATD ART DQUAL TQUAL BESCH WIRT $FORMAT
(2F5.0,5X,4F5.0/1X)
$DINPUT 10
$YVARIATE STATD $ERROR N $LINK I
$FIT %GM $DISPLAY ME
$FIT DQUAL + BESCH $DISPLAY ME
$FIT TQUAL*WIRT $DISPLAY ME
$FIT ...... usw. ....
$STOP
```

Wie man sieht, kann man, nachdem die Zielvariable spezifiziert ist, beliebig viele Regressionsmodelle mit unterschiedlichen erklärenden Variablen schätzen. Der $DISPLAY – Befehl nach jedem $FIT – Statement dient dazu, die Modellergebnisse auszugeben (Option E: Parameterschätzungen, Option M: Wiederholung der Modellstruktur). Schließlich beendet man die GLIM – Sitzung mit dem Befehl $STOP. Möchte man danach weiter mit GLIM arbeiten (z.B. um einen anderen Datensatz zu analysieren), verwendet man am besten den $END – Befehl. GLIM eröffnet einen neuen Job und man muß nicht das Programm neu starten.

Mit diesen wenigen Programmbefehlen kann man also ohne größere Kenntnisse des Schätzverfahrens beginnen und verschiedene Anwendungen des *klassischen linearen Modells* programmieren. Für alle Verallgemeinerungen dieses Modells muß man lediglich einige Befehle abändern. Konkret muß man lediglich die Spezifikation der Zielvariablen festlegen.

a)   Betrachtet man den Anteil PR der Absteiger in verschiedenen Subgruppen, die sich nach Qualifikationstyp und Wirtschaftszweig unterscheiden, bietet sich folgende Modellstruktur an:

$YVARIATE P $WEIGHT U $ERROR N $LINK I $SCALE 1

Es handelt sich um eine gewichtete Regression, wobei die Gewichte X den inversen Varianzen der Anteilswerte PR entsprechen. Es handelt sich dabei um den sogenannten *GSK – Ansatz*.

b)   Der GSK – Ansatz setzt immer eine Gruppierung (Kreuztabellierung) der Ausgangsdaten voraus. Dieser Nachteil kann durch ein allgemeineres Schätzverfahren (ML – Schätzung) umgangen werden. Man betrachtet jetzt die Anzahl der Abstiege N2JK, die man bei Personen mit gleichen (exogenen) Merkmalen beobachten kann. Das seien pro Merkmalskombination insgesamt N:

$YVARIATE N2JK $ERROR B N $LINK G

Diese Anzahl N kann im Extremfall nur aus einer Person bestehen, bei der man einen Abstieg beobachtet (N2JK = 1) oder nicht (N2JK = 0). Es ergibt sich das *logistische Regressionsmodell*, das sich natürlich auch auf gruppierte Daten übertragen läßt. Neben einer adäquaten Behandlung von Individualdaten hat es noch eine Reihe weiterer statistischer Vorteile gegenüber dem linear – additiven Modell mit WLS – Schätzung.

c)  Möchte man schließlich verschiedene Arten beruflicher Wechsel und nicht nur Abstiege betrachten, dann bieten sich die sogenannten *log – linearen Modelle* an. Hier betrachtet man die Häufigkeiten NIJK verschiedener Wechsel i (i = 1,2,3) in verschiedenen Subgruppen, die sich nach Qualifikationstyp j (j = 1,...,4) und Wirtschaftszweig (k = 1,...,10) unterscheiden:

$YVARIATE NIJK $ERROR P $LINK L

Damit man zwischen den verschiedenen Wechseln unterscheiden kann, berücksichtigt man bei den erklärenden Variablen zusätzlich das Merkmal ART.

Wir wollen die Details dieser weitergehenden Modelle in Kapitel 4 an Hand eines empirischen Beispiels besprechen.

An dieser Stelle interessiert nur die Tatsache, daß man für die Berechnung mit GLIM im wesentlichen nur den $YVARIATE –, $ERROR – und $LINK – Befehl ändern muß. Natürlich müssen auch die Häufigkeiten (N2JK, NIJK, N), Anteilswerte (PR) und Gewichte (X) bekannt sein. Sie können jedoch sehr schnell aus den Daten berechnet werden. Die Definition der erklärenden Merkmale bleibt jedoch für alle Modelle gleich (ausgenommen die Variable ART bei log – linearen Modellen). Hier wird deutlich, welche große Vereinfachung die Zusammenfassung der unabhängigen Merkmale in einem linearen Prädiktor $\eta$ bedeutet. Auf diese Weise muß man sich bei der Festlegung der Modellstruktur nicht um die einzelnen Effekte kümmern. Man muß lediglich durch die Link – Funktion festlegen, wie der summarische Einfluß aller unabhängigen Merkmale im Modell berücksichtigt werden soll.

# 3 ÜBERPRÜFUNG VERALLGEMEINERTER LINEARER MODELLE: THEORETISCHE GRUNDLAGEN

Nachdem wir im letzten Kapitel die theoretischen Grundlagen erarbeitet haben, um ein konkretes GL Modell zu spezifizieren, beschäftigen wir uns in diesem Abschnitt mit der Frage, wie dieses Modell mit Hilfe empirischer Daten überprüft werden kann. Bekannt sind uns also:

a) das abhängige Merkmal $y_i$ (vgl. Gleichung 2.1), dessen systematische Komponente wir erklären möchten und über dessen Fehlerkomponente wir

b) eine Verteilungsannahme machen (vgl. Gleichung 2.6).

c) Die unabhängigen Merkmale $x_{ij}$, die wir zur Erklärung heranziehen möchten (vgl. linearer Prädiktor 2.3) und schließlich

d) das Abhängigkeitsmodell, das die systematische Komponente $\mu_i$ des abhängigen Merkmals mit den unabhängigen Merkmalen verknüpft (vgl. Verbindungsfunktion 2.4).

Bei der Überprüfung dieses Modells an Hand eines konkreten Datensatzes geht es nun um folgende Fragen:

– Wie groß ist der Einfluß der einzelnen unabhängigen Merkmale auf das abhängige Merkmal?

– Kann man nach statistischen Kriterien davon ausgehen, daß diese berechneten Effekte mit großer Sicherheit einen wahren Einfluß messen, der von Null (kein Einfluß) verschieden ist?

– Lassen sich spezifische Hypothesen über die berechneten Effekte testen, z.B. die Frage, ob der Einfluß eines unabhängigen Merkmals stärker ist als der eines anderen oder ob beide Einflüsse gleich groß sind?

– Welche Beobachtungen lassen sich nicht so gut durch das Modell erklären und sind die Annahmen über die Fehlerkomponente realistisch?

– Schließlich möchte man eine zusammenfassende Aussage darüber machen, wie gut das gesamte Modell die analysierten Daten abbildet.

Diese Probleme der Modellüberprüfung wollen wir in den folgenden Abschnitten etwas genauer diskutieren. Im einzelnen werden folgende Themen besprochen:

a) Schätzung der Regressionsparameter (Abschnitt 3.1),

b)   Konfidenzintervalle der Regressionsparameter und Hypothesentests (Abschnitt 3.2),

c)   Modellanpassung (Abschnitt 3.3 und 3.5),

d)   Residuenanalyse (Abschnitt 3.6).

In einem getrennten Abschnitt 3.4 werden schließlich die Eigenschaften der verschiedenen Testverfahren und ihre Anwendung auf verallgemeinerte lineare Modelle diskutiert.

## 3.1 Schätzung der Regressionsparameter

GL Modelle benötigen auf Grund ihres Allgemeinheitsgrades ein entsprechend universelles Schätzverfahren. Ein solches allgemeines Schätzverfahren ist die *Maximum – Likelihood – Methode* oder auch Methode der größten Mutmaßlichkeit. Ohne auf die Einzelheiten des Algorithmus von GLIM einzugehen, wollen wir in diesem Abschnitt die wesentlichen Strukturprinzipien von ML – Schätzungen und ihre Anwendung in GLIM darstellen. Die mathematischen Grundlagen findet man dazu im Anhang. An dieser Stelle interessieren lediglich die Ergebnisse dieser Ableitungen.

ML – Schätzung ist ein ganz allgemeines Schätzprinzip, dessen Eigenschaften z.B. bei KENDALL/STUART (1979) diskutiert werden. Die Grundidee ist folgende: Man verwendet die Parameterwerte als Schätzer für die wahren Effekte, die die gegebenen Stichprobenbeobachtungen unter den jeweiligen Modellannahmen am wahrscheinlichsten erscheinen lassen. Die Aufgabe, die dabei zu lösen ist, besteht im Prinzip aus zwei Teilen:

a)   Man benötigt ein Kalkül, mit Hilfe dessen man die Wahrscheinlichkeit berechnen kann, eine konkrete Stichprobe mit N Beobachtungen des abhängigen Merkmals $y_i$ zu erheben. Man verwendet dazu die sogenannte *Likelihood – Funktion.* Da das abhängige Merkmal, genauer gesagt dessen systematische Komponente, eine Funktion der erklärenden Variablen ist, wird die Likelihood – Funktion ebenfalls von diesen Merkmalen bzw. deren unbekannten Effekten abhängen.

b)   Der zweite Teil der Aufgabe ist nun mathematisch mehr oder weniger trivial, obwohl er rechentechnisch sehr aufwendig sein kann. Man wählt verschiedene Werte für die unbekannten Regressionsparameter und setzt diese in die Likelihood – Funktion ein. Jedesmal läßt sich die Wahr-

scheinlichkeit des Stichprobenergebnisses berechnen. Man verwendet die
Parameterwerte als ML – Schätzer, bei denen die Likelihood – Funktion
maximal wird.

Soweit zunächst einmal das Prinzip von ML – Schätzungen. Wie im Anhang
gezeigt wird, ist die Definition der Likelihood – Funktion für GL Modelle und
insbesonders die Lösung des Maximierungsproblems eine mathematisch recht
komplizierte Angelegenheit. Der Nicht – Mathematiker sollte daher die Details
den Spezialisten überlassen und sich mit einer Rezeption der o.g. Grundprinzipien begnügen. Generell läßt sich jedenfalls sagen, daß eine einfache Lösung
des Schätzproblems nur in wenigen Fällen existiert, so daß in der Regel,
insbesonders im multivariaten Fall mit vielen Regressionsparametern, eine
Lösung durch gezieltes Probieren (iterative Verfahren der numerischen Opti-
mierung) gefunden werden muß. Für die natürlichen Verbindungsfunktionen
kann jedoch gezeigt werden, daß die Likelihood – Funktion ein eindeutiges
Maximum hat (WEDDERBURN 1976) (37). Wir wollen das iterative Schätzverfahren, das GLIM verwendet, kurz darstellen und für zwei Spezialfälle des
GLM – Ansatzes zeigen, welche Ergebnisse dieser Algorithmus hat.

Zur numerischen Berechnung der Regressionsparameter $b_j$ verwendet
GLIM die *Scoring – Methode von Fisher*. Dieses Verfahren läßt sich auch als
*iterative gewichtete Regression* mit einer modifizierten Zielvariablen interpretieren, denn der Vektor der geschätzten Parameter $\underline{b}$ nach der q – ten Iteration
entspricht einem Ausdruck, der bis auf eine Gewichtsmatrix weitgehend der
bekannten LS – Schätzung (2.11) entspricht:

$$(3.1) \quad \underline{b}_{q+1} = (\underline{X}' \ \underline{W}_q \ \underline{X})^{-1} \ \underline{X}' \ \underline{W}_q \ \underline{y}_q \quad \text{mit} \ \underline{y}_q = \underline{\eta}_q + \underline{r}_q$$

Diese Schätzwerte werden von GLIM in dem Systemvektor %PE (parameter
estimates) (38) abgelegt und können je nach Bedarf mit Hilfe des
$EXTRACT – Befehls abgerufen und benutzerspezifisch weiterverarbeitet
werden. Doch schauen wir uns den komplizierten Ausdruck (3.1) einmal im
Detail an.

---

(37) Daraus ergibt sich, daß der Schätzalgorithmus in allen praktischen Anwendungsfällen relativ rasch
konvergiert. Für einige Ausnahmefälle bei extremen Datenkonstellationen findet man im
GLIM – Manual (Abschnitt 6.6) weitere Hinweise.

(38) Dieser Vektor hat die Länge p, die programmintern durch den Systemskalar %PL (parameter
length) gemessen wird.

Zunächst einmal handelt es sich um ein iteratives Rechenverfahren, das solange wiederholt wird, bis ein Abbruchkriterium erfüllt ist. q = 0,1... beschreibt daher den Laufindex der Iteration. Die modifizierte Zielvariable $\underline{y}_q$ setzt sich aus dem *linearen Prädiktor* $\underline{\eta}_q$ und dem sogenannten *Arbeitsvektor* $\underline{r}_q$ zusammen. Der lineare Prädiktor ergibt sich nach Gleichung (2.3):

$$(3.2) \quad \underline{\eta}_q = \underline{Xb}_q \qquad \text{Systemvektor \%LP (\underline{l}inear \underline{p}redictor)}$$

Die Elemente $r_{qi}$ des Arbeitsvektors sind folgendermaßen definiert:

$$(3.3) \quad r_{qi} = (y_i - \mu_{qi}) \; \frac{d\eta_{qi}}{d\mu_{qi}} \qquad \begin{array}{l}\text{Systemvektor \%WV} \\[4pt] \text{(\underline{w}orking \underline{v}ector)}\end{array}$$

In beiden Fällen handelt es sich um Spaltenvektoren der Länge N (= Anzahl der Beobachtungen). Man kann auf sie über die Systemvektoren %LP (linear predictor) bzw. %WV (working vector) zugreifen, die beide die Länge %NU (number of units) haben.

Der Arbeitsvektor mißt praktisch, wie stark die systematische Komponente $\mu_{qi}$ von den empirischen Beobachtungen $y_i$ abweicht und wie stark sich erstere ändern würde, wenn man die Regressionskoeffizienten minimal ändert. Im einzelnen berechnet sich der Arbeitsvektor für jede Beobachtung i durch das *abhängige Merkmal* $y_i$, die *systematische Komponente* $\mu_{qi}$ und die Ableitung von $\eta_{qi}$ nach $\mu_{qi}$ (*Ableitung der Verbindungsfunktion*). Letztere ist natürlich von der gewählten Verbindungsfunktion abhängig. Alle drei Komponenten sind ebenfalls über Systemvektoren ansprechbar, die jeweils die Länge %NU haben:

$$(3.4) \quad y_i \qquad\qquad \text{Systemvektor \%YV (\underline{y}\underline{v}ariate)}$$

$$(3.5) \quad \mu_{qi} = g^{-1}(\eta_{qi}) \qquad \text{Systemvektor \%FV (\underline{f}itted \underline{v}alue)}$$

$$(3.6) \quad \frac{d\eta_{qi}}{d\mu_{qi}} \qquad \text{Systemvektor \%DR (\underline{de}\underline{r}ivate)}$$

Schließlich werden in Gleichung (3.1) die Kreuzprodukte der unabhängigen Merkmale $\underline{X}'\underline{X}$ bzw. die Kreuzprodukte der unabhängigen Merkmale mit der modifizierten Zielvariablen $\underline{X}'\underline{y}$ unterschiedlich gewichtet (daher: gewichtete Regression). Diese Gewichte sind formal folgendermaßen definiert:

$$
(3.7) \quad w_{qi} = \frac{1}{V_q(y_i)} \left[ \frac{d\mu_{qi}}{d\eta_{qi}} \right]^2 = \frac{u_i}{\phi \tau_{qi}} \left[ \frac{d\mu_{qi}}{d\eta_{qi}} \right]^2
$$

Systemvektor %WT  (<u>weigh</u>t)

Um sie von den a priori definierten Gewichten $u_i$ zu unterscheiden (vgl. Gleichung 2.6), bezeichnet man sie auch als *iterative Gewichte*. $V_q(y_i)$ ist dabei die Varianz des abhängigen Merkmals, die sich nach (2.8) aus der *Varianzfunktion* $\tau_{qi}$, den *bekannten Gewichten* $u_i$ und dem *Skalenparameter* $\phi$ ergibt (39). Der Wert der Varianzfunktion ist für jede Beobachtung in dem Systemvektor %VA (<u>va</u>riance function, Länge %NU) abgelegt. Der Ausdruck in Klammern enthält die Ableitung von $\mu_{qi}$ nach $\eta_{qi}$ (40). Insgesamt existieren N Gewichte, die im Systemvektor %WT (<u>weigh</u>t, Länge %NU) abgespeichert sind. Damit sie sich in die obige Gleichung (3.1) einpassen lassen, werden sie in der Diagonalen der Matrix $\underline{W}$ abgelegt. Diese Gewichtung hat zur Folge, daß fehlerhafte Beobachtungen (solche mit hoher Varianz) weniger berücksichtigt werden als Beobachtungen, die eine geringe Varianz aufweisen.

Man beginnt den iterativen Schätzalgorithmus, indem man als *Anfangswerte* für die systematische Komponente $\mu_{0i}$ die jeweiligen empirischen Werte $y_i$ verwendet:

$$
(3.8) \quad \underline{\mu}_q = \underline{y} \quad \text{für } q = 0
$$

---

(39) Wie sich durch Einsetzen in Gleichung (3.1) leicht nachrechnen läßt, ist der Skalenparameter für die Schätzung irrelevant. Dort wird nämlich die Gewichtsmatrix $\underline{W}$ und ihre Inverse $\underline{W}^{-1}$ verwendet. Dadurch kann man den Skalenparameter kürzen.

(40) Diese Ableitung muß nicht extra berechnet werden, denn sie entspricht dem reziproken Wert 1/%DR der Ableitung der Verbindungsfunktion, weil Gleichung (3.5) die Umkehrfunktion der Verbindungsfunktion (2.4) ist.

Durch Einsetzen in (3.1) ergibt sich eine erste Schätzung der unbekannten Regressionsparameter (41). Unter Verwendung von (3.2) und (3.5) erhält man einen neuen Wert für die systematische Komponente, den man in einem zweiten Durchlauf des Algorithmus für eine neue, "verbesserte" Schätzung der Regressionsparameter verwenden kann. Dieser Prozeß wird so lange wiederholt, bis das Abbruchkriterium erfüllt ist.

Auf diese Art und Weise tastet sich GLIM an die besten Schätzwerte für die unbekannten Regressionsparameter heran. In jeder Phase des Iterationsprozesses sind alle Zwischenergebnisse über Systemvektoren abrufbar und für den Benutzer zugänglich (42). Umgekehrt ergibt sich damit auch die Möglichkeit, *benutzereigene GL – Modelle* zu implementieren, die nicht auf die $ERROR – und $LINK – Vorgaben des Programmpakets zurückgreifen. Der Benutzer muß dazu dem Programm mitteilen, wie in seinem Modell folgende Größen berechnet werden sollen:

a)  die systematische Komponente %FV auf Grund des linearen
    Prädiktors %LP (Gleichung 3.5),

b)  die Ableitung %DR von $\eta_i$ nach $\mu_i$ (Gleichung 3.6),

c)  die Varianzfunktion %VA (nicht die Varianz !) (Gleichung 2.8),

d)  den Beitrag %DI einer Beobachtung zur Devianz des Gesamtmodells (vgl.
    Abschnitt 3.3).

---

(41) Um Gleichung 3.1 lösen zu können, muß sichergestellt sein, daß die Inverse $(\underline{X}'\underline{W_q}\underline{X})^{-1}$ existiert. Damit das der Fall ist, muß die Matrix der unabhängigen Variablen $\underline{X}$ vollen Spaltenrang haben (vgl. Abschnitt 2.4).

(42) Das iterative Schätzverfahren hat zwei EDV – technische Implikationen, die die Rechenkapazität des Programms in der hier beschriebenen Version 3 einschränken: a) Das Programm hält alle Daten gleichzeitig im Speicher. b) Zusätzlich wird noch Platz für mindestens 2 (Normalverteilung: %WT und %FV) und maximal 4 Systemvektoren (alle anderen Verteilungsmodelle: %WT, %FV, %WV, %LP) benötigt. Die gesamte Datenmatrix besteht daher aus ((Zahl der Variablen + Zahl der Systemvektoren) * Fallzahl) Elementen, so daß bei umfangreichen Modellen (Zahl der Variablen hoch) oder großen Datensätzen (Fallzahl hoch) der gesamte *verfügbare Datenspeicher* (DATA SPACE) sehr schnell ausgeschöpft sein kann. Für derartige Analysen wäre es wünschenswert, daß Daten ( + Systemvektoren), die nicht mehr in den Datenspeicher passen, vom Programm auf eine externe Einheit geschrieben und von dort, je nach Bedarf, abgerufen werden. Durch die wiederholten Schreib – und Lesevorgänge würde das Programm natürlich sehr viel langsamer, was die Möglichkeiten interaktiven Arbeitens einschränken würde. Da das den Intentionen der Programmautoren widersprach, wurde diese Alternative bisher nicht berücksichtigt. Denkbar wäre jedoch eine derartige GLIM – Version für den Stapelbetrieb, die auch größere Datenmengen und Modelle verarbeiten kann.

Mit Hilfe des $OWN – Befehls werden dem Programm vier benutzereigene Unterprogramme (Macros) benannt, die genau diese Berechnungen vornehmen (vgl. dazu Abschnitt 18 des Manuals).

Soweit die allgemeine Beschreibung des Schätzalgorithmus. Wir wollen jetzt an zwei Submodellen des GLM – Ansatzes demonstrieren, wie das Schätzverfahren konkret aussieht. Wir betrachten einmal das für eine metrische abhängige Variable adäquate Modell der Normalverteilung mit identischer Verbindungsfunktion und zum anderen das für ein dichotomes abhängiges Merkmal adäquate Modell der Binomialverteilung mit logistischer Verbindungsfunktion.

### a) Normalverteilung

Bei identischer Verbindungsfunktion ergeben sich für jede Beobachtung i folgende Beziehungen (die Formel für die Varianz $V_q(y_i)$ entnehmen wir Spalte 4 in Tabelle 2.1):

$$\eta_{qi} = \mu_{qi}, \ \mu_{0i} = y_i, \ \frac{d\eta_{qi}}{d\mu_{qi}} = 1, \ V_q(y_i) = \sigma^2, \ \frac{d\mu_{qi}}{d\eta_{qi}} = 1$$

Nach Einsetzen in (3.2), (3.3) und (3.7) erhalten wir den linearen Prädiktor %LP, den Arbeitsvektor %WV und die Gewichte %WT:

$$\%LP + \%WV = (\eta_{qi} + r_{qi}) = \mu_{qi} + (y_i - \mu_{qi}) * 1 = y_i$$

$$\%WT = \frac{1}{\sigma^2} * 1^2 = \frac{1}{\sigma^2}$$

Alle Größen sind unabhängig vom jeweiligen Iterationsindex, so daß das Schätzverfahren nach einem Durchlauf beendet ist und sich die Regressionsparameter $\underline{b}$ nach (3.1) folgendermaßen berechnen:

$$\underline{b} = (\underline{X}' \sigma^{-2} \underline{X})^{-1} \ \underline{X}' \sigma^{-2} \underline{y} = (\underline{X}' \underline{X})^{-1} \ \underline{X}' \underline{y}$$

In diesem Fall ist die ML – Schätzung von GLIM mit der bekannten LS – Schätzung (2.11) identisch.

## b) Binomialverteilung

Bei logistischer Verbindungsfunktion ergeben sich dagegen folgende Gleichungen (die Formel für die Varianz $V_q(y_i)$ entnehmen wir wieder Spalte 4 in Tabelle 2.1):

$$\eta_{qi} = \ln \frac{\mu_{qi}/n_i}{1-\mu_{qi}/n_i} \quad , \quad \mu_{0i} = y_i \quad , \quad \frac{d\eta_{qi}}{d\mu_{qi}} = \frac{1}{\mu_{qi}(1-\mu_{qi}/n_i)} \quad ,$$

$$V_q(y_i) = \mu_{qi}(1-\mu_{qi}/n_i) \quad , \quad \frac{d\mu_{qi}}{d\eta_{qi}} = \mu_{qi}(1-\mu_{qi}/n_i)$$

Linearer Prädiktor %LP, Arbeitsvektor %WV und Gewichte %WT verändern sich im Gegensatz zu Fall a mit jedem Iterationsschritt:

$$\%LP + \%WV = \eta_{qi} + r_{qi} = \ln \frac{\mu_{qi}/n_i}{1-\mu_{qi}/n_i} + (y_i - \mu_{qi}) \frac{1}{\mu_{qi}(1-\mu_{qi}/n_i)}$$

$$\%WT = \frac{1}{\mu_{qi}(1-\mu_{qi}/n_i)} [\mu_{qi}(1-\mu_{qi}/n_i)]^2 = \mu_{qi}(1-\mu_{qi}/n_i)$$

Die Regressionsparameter $\underline{b}$ lassen sich daher mit Gleichung (3.1) nur nach mehreren Iterationsschritten (in der Regel 3 – 5) berechnen.

Zusammengefaßt kann man daher sagen, im Falle normalverteilter Zielvariablen reduziert sich der Schätzalgorithmus auf einen nicht – iterativen Fit, dessen Ergebnis mit LS – Schätzungen identisch ist. Bei allen anderen GL Modellen sind hingegen mehrere Iterationsschritte notwendig (43).

---

(43) Bei normalverteilten Zielvariablen entspricht die Summe aus linearem Prädiktor %LP und Arbeitsvektor %WV immer den Beobachtungen der Zielvariablen %YV. Von daher sind diese beiden Systemvektoren für den Schätzalgorithmus überflüssig. Bei allen anderen Verteilungsmodellen verändern sich %LP und %WV mit jedem Iterationsschritt und es sind zwei zusätzliche Systemvektoren zur Zwischenspeicherung der Ergebnisse notwendig (vgl. Anm. 42).

## 3.2 Konfidenzintervalle der Regressionsparameter und Hypothesentests

Ein weiterer allgemeiner Satz von ML – Schätzungen besagt, daß die solchermaßen berechneten Schätzer $\underline{b}$ (asymptotisch) normalverteilt sind und im Mittel (d.h wenn wir unendlich viele Stichproben ziehen) den wahren Parametern $\beta$ entsprechen. Ihre Varianzen bzw. Kovarianzen ergeben sich als Nebenprodukt der obigen Schätzgleichung (3.1). Sie werden in einer Matrix $\Sigma$ abgelegt (*Varianz – Kovarianz – Matrix*), die auch als *inverse Informationsmatrix* bezeichnet wird (44). Formal läßt sich dieser Satz auch folgendermaßen darstellen:

$$(3.9) \quad \underline{b} \approx N(\underline{\beta}, \underline{\Sigma}) \quad \text{mit} \quad \underline{\Sigma} = (\underline{X}'\underline{W}\underline{X})^{-1}$$

Man beachte, daß für die Berechnung der Matrix $\Sigma$ die Gewichtsmatrix $\underline{W}$ notwendig ist, die eine Funktion des Skalenparameters $\phi$ ist (hier kann man $\phi$ nicht kürzen). Um daher die Varianz – Kovarianz – Matrix der Regressionskoeffizienten berechnen zu können, benötigt man für die *Zwei – Parameter – Verteilungen* (Normal – und Gammaverteilung) eine zusätzliche Schätzung für $\phi$. Dieses Problem soll in Abschnitt 3.3.3 diskutiert werden. An dieser Stelle begnügen wir uns mit der Feststellung, daß eine solche Schätzung möglich ist.

Was kann man nun mit diesem allgemeinen Satz anfangen? Zunächst einmal gelten alle Eigenschaften nur asymptotisch, d.h. mit relativ großem Stichprobenumfang. Was als großer Stichprobenumfang zu bezeichnen ist, hängt von dem jeweiligen Modell ab. Gehen wir einmal von der Gültigkeit ieser Annahme aus, dann läßt sich aus der Matrix $\Sigma$ die Varianz jedes Schätzers $b_j$ ablesen: $V(b_j)$ ist nämlich genau der $j$ – te Wert in der Diagonalen dieser Matrix. $V(b_j)$ ist eine Maßzahl für die Genauigkeit der Schätzung und kann dazu benutzt werden, ein *Konfidenzintervall* für den Parameter $b_j$ zu berechnen, innerhalb dessen der wahre Parameter $\beta_i$ mit einer bestimmten Wahrscheinlichkeit zu erwarten ist. Ein solches (zweiseitiges) Konfidenzintervall, in dem

---

(44)  Genauer gesagt handelt es sich um die beobachtete (inverse) Informationsmatrix, denn für die Schätzung der Varianzen und Kovarianzen werden ja nicht die wahren Parameter sondern deren Schätzwerte verwendet.
Innerhalb des Programmpakets GLIM kann man diese Matrix mit Hilfe des $EXTRACT – Befehls abrufen. Sie wird dann in dem Systemvektor %VC abgelegt, der die Länge %ML hat ( = Anzahl der Modellparameter, die nicht a priori Null gesetzt wurden). Wenn man nicht mit der Varianz – Kovarianz – Matrix weiterrechnen möchte, genügt es auch, sie nur mit dem Befehl $DISPLAY V auszudrucken.

der Parameter $\beta_j$ mit Wahrscheinlichkeit $(1-\alpha)$ zu erwarten ist, wird formal folgendermaßen definiert:

$$(3.10) \quad P(b_j - Z_{1-\alpha/2} \sqrt{V(b_j)} \leq \beta_j \leq b_j + Z_{1-\alpha/2} \sqrt{V(b_j)}\,) = 1-\alpha$$

$Z$ ist dabei die standardnormalverteilte Zufallsvariable, die man aus entsprechenden Tafeln der Normalverteilung im Anhang von Statistiklehrbüchern ablesen kann.

Will man beispielsweise überprüfen, ob eine unabhängige Variable $x_j$ überhaupt einen Einfluß auf die Zielvariable hat, dann muß man mit einer bestimmten, vorher festzulegenden Sicherheit ausschließen, daß der Wert $\beta_j = 0$ (Nullhypothese) in dem obigen Intervall (3.10) enthalten ist. Bei der praktischen Durchführung dieses Hypothesentests braucht man lediglich den folgenden Bruch zu berechnen, der häufig auch als $t-Wert$ (45) bezeichnet wird:

$$(3.11a) \quad t = \frac{|b_j|}{\sqrt{V(b_j)}} \qquad \sqrt{V(b_j)} := \text{Standardfehler } b_j$$

Ist dieser Bruch größer als der entsprechende Wert der standardnormalverteilten Zufallsvariablen $Z$:

$$(3.11b) \quad t \geq Z_{1-\alpha/2}$$

dann wird die Nullhypothese (kein Einfluß: $\beta_j = 0$) verworfen und man kann (innerhalb der gewählten Sicherheitsgrenzen) davon ausgehen, daß die genannte Variable einen Einfluß hat. Da GLIM nach entsprechender Anweisung ($DISPLAY E) die Schätzwerte der Parameter (estimates) sowie ihre Standardfehler (s.e. = standard errors) ausdruckt, ist dieser Test leicht möglich. Wenn der Schätzwert in etwa das zweifache des entsprechenden Standardfehlers

---

(45) Man verwendet die Bezeichnung $t-Wert$, weil die Testverteilung bei kleinen Stichproben eigentlich einer $t-Verteilung$ mit $df = N-p$ Freiheitsgraden entspricht ($p$ = Anzahl der Modellparameter). Bei mehr als 30 Beobachtungen kann die $t-Verteilung$ jedoch durch die Normalverteilung angenähert werden.

beträgt, kann man mit 95% – iger Wahrscheinlichkeit davon ausgehen, daß ein Einfluß des jeweiligen Merkmals besteht (46).

Bei diesem einfachen Hypothesentest haben wir die Signifikanz eines konkreten Parameters untersucht. Häufig will man jedoch kompliziertere Hypothesen überprüfen:

– Man will z.B. mehrere Parameter miteinander vergleichen.

– Man möchte mehrere Hypothesen gleichzeitig überprüfen.

Um solche komplizierteren Hypothesentests durchzuführen, verwendet man die *Methode der linearen Kontraste*. Dazu wird eine Matrix $\underline{C}$ gebildet, die multipliziert mit dem Parametervektor $\underline{\beta}$ genau das Hypothesensystem in Gleichungsform ergibt. Diese Matrix $\underline{C}$ wird auch als *Kontrastmatrix* bezeichnet und hat genauso viele Zeilen und Spalten wie Hypothesen und Parameter auftreten. Wird nur eine Hypothese getestet, dann hat diese Matrix $\underline{C}$ eine Zeile, entspricht also einem Zeilenvektor. Für die Elemente einer Kontrastmatrix gilt daher:

$$(3.12) \quad \underline{C} = (c_{j\,l}) \qquad j=1, \ldots, k \quad \text{Hypothesen}$$
$$l=1, \ldots, p \quad \text{Parameter}$$

$$\text{mit} \quad \sum_{l=1}^{p} c_{j\,l} = 0 \quad \text{für } j=1, \ldots, k$$

Das folgende Matrixprodukt ergibt dann das Hypothesensystem in Gleichungsform:

$$(3.13) \quad \underline{C}\underline{\beta} = \underline{0}$$

Dabei ist $\underline{0}$ der Nullvektor. Wir wollen uns diese Methode an Hand von drei Beispielen verdeutlichen.

a) *Beispiel 3.1*: Es soll geprüft werden, ob sich die zwei Parameter $\beta_1$ und $\beta_2$ nur zufällig unterscheiden. Wir testen also, ob der Einfluß der Merkmale $x_1$ und $x_2$ gleich groß ist. Da wir nur eine Hypothese untersuchen, verwenden wir einen Kontrastvektor, der folgendermaßen aussieht:

$$\underline{C} = (1, -1, 0, \ldots, 0)$$

---

(46)   Der genaue Z – Wert lautet 1.96, denn es gilt:
P( – 1.96 $\leq$ t $\leq$ 1.96) = 0.95.

Eingesetzt in (3.13) ergibt sich unsere Nullhypothese:

$$\underline{C}\underline{\beta} = (\beta_1 - \beta_2) = 0 \quad \text{oder} \quad \beta_1 = \beta_2$$

b) *Beispiel 3.2*: Es soll geprüft werden, ob der Einfluß des dritten Merkmals $x_3$ dem durchschnittlichen Einfluß der beiden ersten Merkmale $x_1$ und $x_2$ entspricht. Wieder verwenden wir einen Kontrastvektor:

$$\underline{C} = (0.5, \ 0.5, \ -1, \ 0, \ \ldots, \ 0)$$

Unter Verwendung von (3.13) ergibt sich unsere Nullhypothese:

$$\underline{C}\underline{\beta} = (0.5\beta_1 + 0.5\beta_2 - \beta_3) = 0 \quad \text{oder} \quad \beta_3 = (\beta_1 + \beta_2)/2$$

c) *Beispiel 3.3*: Dieses Beispiel entspricht in der Struktur dem ersten, jedoch sollen jetzt zwei Parametervergleiche durchgeführt werden. Es soll getestet werden, ob die Parameter $\beta_1$ und $\beta_2$ bzw. $\beta_3$ und $\beta_4$ identisch sind. Da zwei Hypothesen simultan untersucht werden, muß man jetzt eine Kontrastmatrix verwenden, die folgendermaßen aussieht:

$$\underline{C} = \begin{bmatrix} 1 & -1 & 0 & 0 & 0 & \ldots & 0 \\ 0 & 0 & 1 & -1 & 0 & \ldots & 0 \end{bmatrix}$$

Unter Verwendung von (3.13) ergeben sich unsere zwei Parametervergleiche:

$$\underline{C}\underline{b} = \begin{bmatrix} \beta_1 - \beta_2 \\ \beta_3 - \beta_4 \end{bmatrix} = \begin{bmatrix} 0 \\ 0 \end{bmatrix} \quad \text{oder} \quad \begin{bmatrix} \beta_1 \\ \beta_3 \end{bmatrix} = \begin{bmatrix} \beta_2 \\ \beta_4 \end{bmatrix}$$

Man beachte, daß der Rang der Kontrastmatrix der Anzahl der Hypothesen entspricht:

$$\text{Rg}(\underline{C}) = 2$$

Durch die Beispiele wird hoffentlich hinreichend deutlich, wie man die Hypothesen einer Untersuchung mit Hilfe einer Kontrastmatrix formalisieren kann. Der eigentliche Vorteil dieser Methode liegt darin, daß man für die folgenden Hypothesentests gar keine neuen Berechnungen durchführen muß, sondern nur die Varianz – Kovarianz – Matrix $\Sigma$ geeignet mit der Kontrastmatrix $\underline{C}$ multiplizieren muß. Dazu macht man sich folgenden allgemeinen Satz zunutze: Sind die Schätzwerte der unbekannten Regressionsparameter normalverteilt (vgl. Gleichung 3.9), dann gilt für die Linearkombination $\underline{Cb}$ ebenfalls:

$$(3.14) \quad \underline{Cb} \approx N\,(\underline{C\beta},\ \underline{C\Sigma C'})$$

Indem man also die Varianz – Kovarianzmatrix $\Sigma$ entsprechend mit der Kontrastmatrix multipliziert, kann man gleichzeitig Aussagen über die Genauigkeit (Varianz) der jeweiligen linearen Kontraste (z.B. Parameterunterschiede in Beispiel 3.1) machen.

Wir wollen dieses Vorgehen wiederum an einem einfachen *Beispiel 3.4* deutlichen: Gegeben sei ein Datensatz mit zwei unabhängigen Merkmalen, so daß inkl. Absolutglied drei Parameter zu schätzen sind. Es soll nun überprüft werden, ob alle Parameter gleich sind. Wir testen also drei Hypothesen ($\beta_1 = \beta_2$, $\beta_1 = \beta_3$ und $\beta_2 = \beta_3$) und verwenden dazu folgende Kontrastmatrix $\underline{C}$:

$$\underline{C} = \begin{bmatrix} 1 & -1 & 0 \\ 1 & 0 & -1 \\ 0 & 1 & -1 \end{bmatrix} \quad \text{mit} \quad \underline{C\beta} = \begin{bmatrix} \beta_1 - \beta_2 \\ \beta_1 - \beta_3 \\ \beta_2 - \beta_3 \end{bmatrix} = \begin{bmatrix} 0 \\ 0 \\ 0 \end{bmatrix}$$

Die ML – Schätzung der Parameter habe folgende Varianz – Kovarianz – Matrix ergeben:

$$\underline{\Sigma} = \begin{bmatrix} V_{11} & C_{12} & C_{13} \\ C_{12} & V_{22} & C_{23} \\ C_{13} & C_{23} & V_{33} \end{bmatrix}$$

Man beachte, daß es sich dabei um eine symmetrische Matrix handelt. Die Elemente ober – und unterhalb der Diagonalen (Kovarianzen) sind also identisch. Die Varianzen und Kovarianzen der Parameterdifferenzen $\underline{\Sigma}_c$ lassen sich nun mit Hilfe der Kontrastmatrix schnell berechnen:

$$\underline{\Sigma}_c = \underline{C\Sigma C'} = \begin{bmatrix} 1 & -1 & 0 \\ 1 & 0 & -1 \\ 0 & 1 & -1 \end{bmatrix} \begin{bmatrix} V_{11} & C_{12} & C_{13} \\ C_{12} & V_{22} & C_{23} \\ C_{13} & C_{23} & V_{33} \end{bmatrix} \begin{bmatrix} 1 & 1 & 0 \\ -1 & 0 & 1 \\ 0 & -1 & -1 \end{bmatrix}$$

Wenn man diese Matrizengleichung ausrechnet, erhält man für die Varianz der Parameterdifferenzen (= Diagonale von $\underline{\Sigma}_c$) die bekannten Resultate:

$$V(b_1 - b_2) = V_{11} + V_{22} - 2C_{12}$$
$$V(b_1 - b_3) = V_{11} + V_{33} - 2C_{13}$$
$$V(b_2 - b_3) = V_{22} + V_{33} - 2C_{23}$$

Diese Varianzen lassen sich nun verwenden, um in der gehabten Form (vgl. Gleichung 3.11) zu überprüfen, ob die Parameterdifferenz signifikant von Null verschieden ist:

$$t = \frac{|b_i - b_j|}{\sqrt{V(b_i - b_j)}}$$

Immer wenn dieser t–Wert kleiner als ein kritischer Z–Wert ist, kann man mit der (vorher gewählten) Sicherheit davon ausgehen, daß beide Parameter $b_i$ und $b_j$ sich nicht signifikant unterscheiden bzw. die Einflüsse der beiden Merkmale $x_i$ und $x_j$ gleich groß sind.

Da man innerhalb des Programmpakets GLIM über den Systemvektor %VC jederzeit auf die Varianz–Kovarianzmatrix $\Sigma$ zugreifen kann, lassen sich beliebige lineare Kontraste durch Berechnung von $\underline{\Sigma}_c$ überprüfen. In dem einfachen Beispiel 3.4 ist das nicht nötig, denn diese spezifische Matrix $\underline{\Sigma}_c$ läßt sich durch den Befehl $DISPLAY S abrufen (47).

Man beachte, daß in dem Beispiel 3.4 nur jede Differenz einzeln getestet wird. Will man alle Differenzen gleichzeitig überprüfen, d.h. die Hypothese testen, alle (!) Differenzen sind Null, dann verwendet man einen Chi–Quadrat–Test. Unter der Nullhypothese $C\beta = 0$ ist nämlich der folgende Ausdruck Chi–Quadrat–verteilt mit df = k Freiheitsgraden:

$$(3.15) \quad \chi^2(k) \approx \underline{b}'\underline{C}' \; (\underline{C}\underline{\Sigma}\underline{C}')^{-1} \; \underline{C}\underline{b} \qquad k = Rg(\underline{C})$$

k ist dabei die Anzahl der Hypothesen, die man simultan testen möchte. Für normalverteilte Zufallsvariablen mit $u_i = \tau_i = 1$ reduziert sich Gleichung (3.15) auf:

---

(47) Genauer gesagt, werden hier nur die Diagonalelemente bzw. deren Quadratwurzeln (s.e. of differences) ausgedruckt.

$$\chi^2(k) \approx \underline{b}'\underline{C}' \; (\underline{C}(\underline{X}'\underline{X})^{-1}\underline{C}') \; \underline{C}\underline{b}/\phi$$

Bei speziellen Kontrastmatrizen entspricht der Zähler dieses Bruches der Zunahme der quadrierten Residuen SSX, die dadurch entsteht, daß bestimmte Parameter (Variablen) aus dem Modell entfernt werden. Genauer gesagt handelt es sich um die Kontrastmatrizen, die die Hypothese testen, daß k von p Parametern eines Modells Null sind. Sie bestehen aus k Zeilen, in denen jeweils eine 1 und sonst nur Nullen stehen. Falls die Gewichte $u_i$ ungleich 1 sind (gewichtete Regression), dann ergibt sich die entsprechend gewichtete Variation SSX.

## 3.3 Modellanpassung

Unser Ziel ist es, die N Beobachtungen unserer Zielvariablen $y_i$ durch möglichst wenige unabhängige Merkmale $x_{ij}$ zu erklären. Das Modell soll die wesentlichen Datenstrukturen berücksichtigen, ohne wichtige Details zu übersehen. Wie bei jeder statistischen Analyse geht es also auch hier um eine angemessene Informationsreduktion bei hinreichendem Detaillierungsgrad. Das "passende" Modell wird irgendwo zwischen den beiden folgenden Extremen liegen (48).

a) *Nullmodell* $c_0$: Verwenden wir ein Erklärungsmodell, das mangels besserer Alternativen den Mittelwert der Zielvariablen als beste Prognose verwendet, dann sprechen wir von einem sogenannten Nullmodell. Hier ist die systematische Komponente des Modells (2.1) eine zu schätzende Konstante:

$$(3.16) \quad \hat{\mu}_i = b_0$$

Dieses Nullmodell besteht lediglich aus einem Parameter (Absolutglied, Grand Mean) und wird sehr viele Details des Datenmaterials unberück-

---

(48) In einigen Fällen kann es sinnvoll sein, zwei weniger extreme Grenzfälle zu betrachten, weil entweder bestimmte Effekte im Modell berücksichtigt werden müssen oder nicht berücksichtigt werden können (vgl. Kapitel 4). Wir bezeichnen sie als *Minimal*– und *Maximalmodell*.

sichtigt lassen. Die Fehlerkomponente ist daher maximal und die Modellanpassung minimal.

b) *Saturiertes Modell* f: Das andere Extrem ist ein Modell, in dem jede konkrete Beobachtung für relevant erachtet wird. Hier sind empirische Werte
   und systematische Komponente identisch. Man verwendet praktisch alle
   Informationen des Datenmaterials, ohne wesentliche Strukturen aufzudecken:

$$(3.17) \quad \hat{\mu}_i = y_i \quad \text{mit} \quad \underline{b} = \underline{X}^{-1}\underline{\eta} \quad \text{und} \quad \eta_i = g(y_i)$$

Dieses Modell hat genauso viele Parameter wie Beobachtungen vorliegen
(p = N). Es wird daher häufig als saturiertes oder volles Modell bezeichnet.
Hier existiert kein Schätzproblem, denn die Parameter $\underline{b}$ lassen sich
eindeutig unter Verwendung von (3.17) berechnen. Hier werden alle
Details des Datenmaterials berücksichtigt, die Fehlerkomponente ist daher
Null und die Modellanpassung perfekt.

Wollen wir beispielsweise die Mathematikleistungen einer Schulklasse
beschreiben, dann entsprächen die beiden Modelle folgenden Aussagen:

a) Die Leistungen aller Schüler sind befriedigend.

b) Die Klasse besteht aus den Schülern A, B, C,... usw. Schüler A hat die
   Note 1, Schüler B hat die Note 3, Schüler C hat...

Die erste Beschreibung ist sicherlich zu pauschal, während die zweite so differenziert ist, daß der Zuhörer auch gleich im Klassenbuch nachschauen kann.
Eine angemessene Beschreibung der Klasse, die den Zuhörer über alle wesentlichen Details kurz informiert, wird irgendwo zwischen diesen beiden
Extremen liegen.

Ähnlich verhält es sich bei einer statistischen Analyse: Das "optimale"
Modell mit hoher Erklärungskraft und wenigen Parametern wird irgendwo
zwischen dem Null – und dem saturierten Modell liegen. Es obliegt der Entscheidung des einzelnen Forschers, welches Modell (zwischen diesen beiden
Extremen) als optimal zu gelten hat. Er wird dabei substanzwissenschaftliche
Argumente und statistische Kriterien berücksichtigen. In diesem Zusammenhang ist es sinnvoll, die Modellanpassung zu quantifizieren. Bei LS – Schätzungen argumentiert man üblicherweise mit der erklärten Varianz $R^2$. Diese
Zahl gibt Auskunft darüber, wie gut das in Frage stehende Modell die Daten
beschreibt. Welche Maßzahlen stehen uns jedoch für ML – Schätzungen zur
Verfügung?

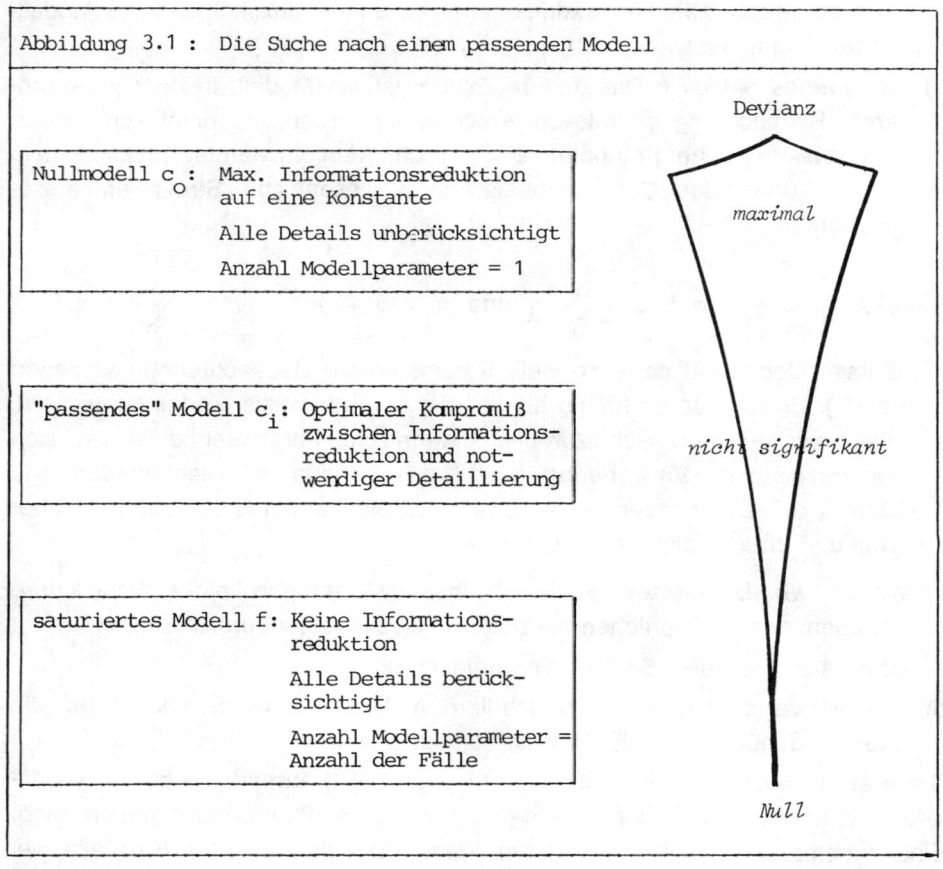

Abbildung 3.1 : Die Suche nach einem passenden Modell

Nullmodell $c_o$ :  Max. Informationsreduktion
                    auf eine Konstante

                    Alle Details unberücksichtigt

                    Anzahl Modellparameter = 1

"passendes" Modell $c_i$:  Optimaler Kompromiß
                           zwischen Informations-
                           reduktion und not-
                           wendiger Detaillierung

saturiertes Modell f:  Keine Informations-
                       reduktion

                       Alle Details berück-
                       sichtigt

                       Anzahl Modellparameter =
                       Anzahl der Fälle

Devianz

*maximal*

*nicht signifikant*

*Null*

Zur Berechnung des Bestimmtheitsmaßes $R^2$ benötigt man Angaben über die Variation der Daten. Man unterscheidet die Variation, die durch das Modell erklärt wird, von der nicht – erklärten Variation (Quadratsumme der Residuen). Bei GL Modellen quantifiziert man die Abweichungen der Modellprognosen von den Daten durch eine entsprechend verallgemeinerte Maßzahl, die wir als *Devianz* bezeichnen. Für den Spezialfall einer normalverteilten Zielvariablen entspricht sie exakt der Quadratsumme der Residuen (vgl. Abschnitt 3.3.1). Diese Devianz verhält sich umgekehrt proportional zur Anzahl der geschätzten Parameter (vgl. Abbildung 3.1). Je mehr Details berücksichtigt werden, um so weniger Abweichungen gibt es zwischen dem Modell und den Daten. Beim saturierten Modell ist die Devianz schließlich Null. Es soll jedoch eine gewisse Informationsreduktion stattfinden und in dem Maße, in dem einzelne Parameter weggelassen werden, nimmt die Devianz zu. Man wird die Informationsreduktion dann abbrechen, wenn die Devianzen signifikant werden und das entsprechende *eingeschränkte Modell* $c_i$ als passend akzeptieren (49). Die Frage ist nur, ab welchem Punkt Devianzen signifikant sind.

Für diese Entscheidung verwendet man die Theorie des *Likelihood – Verhältnis – Testes*. Dabei werden ein eingeschränktes und ein weitergehendes Modell miteinander verglichen (50) und mit Hilfe einer Chi – Quadrat – verteilten Teststatistik entschieden, ob die zusätzlichen Parameter, die im weitergehenden Modell geschätzt werden, eine signifikant bessere Datenerklärung liefern. Ehe wir die Anwendung dieses Likelihood – Verhältnis – Tests auf GL Modelle diskutieren, wollen wir zunächst einmal die Voraussetzungen dieses Vergleichs benennen.

– Zunächst einmal werden in dem weitergehenden Modell $\Omega$ mehr Parameter geschätzt als in dem eingeschränkten Modell $\omega$. Es werden also in $\Omega$ die Einflüsse von mehr unabhängigen Merkmalen überprüft.

– Um diesen Vergleich durchzuführen, müssen aber alle Einflüsse, die im eingeschränkten Modell $\omega$ untersucht werden, auch im weitergehenden Modell $\Omega$ enthalten sein. Ist dieses weitergehende Modell das saturierte Modell, dann sind notwendigerweise alle eingeschränkten Modelle darin enthalten. Die zu vergleichenden Modelle müssen also *hierarchisch* angeordnet sein, was bei Verwendung des saturierten Modells für $\Omega$ immer der Fall ist.

Für den Vergleich der Modelle $\omega$ mit p Parametern und $\Omega$ mit s Parametern gelten daher folgende formale Voraussetzungen:

(3.18) p < s mit s-p=q und $\omega$ Submodell von $\Omega$

Unter der Nullhypothese, die q Parameter, die im weitergehenden Modell $\Omega$ zusätzlich geschätzt werden, sind in Wahrheit Null (kurz gesagt: Modell $\Omega$ erbringt keine signifikante Modellverbesserung), ist der folgende Ausdruck

---

(49) Man beachte, daß die Suche nach dem passenden Modell in der klassischen Regressionsanalyse genau umgekehrt verläuft. Dort beginnt man mit dem Nullmodell und reduziert Schritt für Schritt die Quadratsumme der Residuen, indem man weitere erklärende Variablen berücksichtigt. Ab einem gewissen Punkt ist keine signifikante Reduktion der Quadratsumme der Residuen mehr möglich und man bricht die Modellsuche ab.

(50) Genauer gesagt wird das Verhältnis der maximierten Likelihood – Funktionen der beiden Modelle betrachtet, daher Likelihood – Verhältnis – Test.

asymptotisch Chi – Quadrat – verteilt mit q Freiheitsgraden:

$$(3.19)\quad \chi^2(q) \approx -2\ln\frac{L(\omega)}{L(\Omega)} = 2[\ln(\Omega)-\ln(\omega)]$$

Diese Zahl ist nichts anderes als die doppelte Differenz der beiden logarithmierten Likelihood – Funktionen.

Wie man sich leicht überlegen kann, ist diese Differenz um so größer, je unwahrscheinlicher das eingeschränkte Modell $\omega$ relativ zum weitergehenden Modell $\Omega$ ist: Die Likelihood – Funktion beschreibt die Wahrscheinlichkeit der Stichprobe unter den Modellannahmen. Sie betrachtet dazu das Produkt aller N Einzelwahrscheinlichkeiten (für jede Beobachtung eine), d.h. das Produkt vieler Zahlen zwischen 0 und 1. Sie wird daher ebenfalls einen Wert zwischen 0 und 1 haben, der um so kleiner wird, je unwahrscheinlicher das jeweilige Modell ist. Jedes weitergehende Modell $\Omega$ wird eine größere Wahrscheinlichkeit als ein eingeschränktes Modell $\omega$ haben, da es mehr Details in den Daten berücksichtigt. Es gilt daher: $0 < L(\omega) < L(\Omega) < 1$. Bei Betrachtung der logarithmierten Likelihood – Funktionen (was für die Maximierung dieser Funktion sinnvoll ist) verschieben sich diese Relationen in den negativen Zahlenbereich, denn Zahlen zwischen 0 und 1 ergeben negative Logarithmen: $-\infty < \ln L(\omega) < \ln L(\Omega) < 0$. Die Differenz $[\ln L(\Omega) - \ln L(\omega)]$ ergibt aber wiederum eine positive Zahl, die um so größer ist, je unwahrscheinlicher das Modell $\omega$ relativ zum Modell $\Omega$ ist.

Bei GL Modellen werden nun alle Vergleiche relativ zum saturierten Modell durchgeführt. Es wird also getestet, ob die zusätzlichen Parameter irrelevant sind, die das *saturierte Modell* f (full model) gegenüber einem *eingeschränkten Modell* c (constrained model) berücksichtigt. Wenn dem so ist, dann darf die Testgröße (3.19) verglichen mit einer Chi – Quadrat – Verteilung keine signifikanten Ergebnisse liefern. Wenn man in Gleichung (3.19) für $L(\Omega)$ und $L(\omega)$ die Likelihood – Funktionen des saturierten f und des eingeschränkten Modells c einsetzt (vgl. dazu den statistischen Anhang), ergibt sich der folgende Ausdruck:

$$(3.20)\quad S(c,f) = 2[\ln L(f) - \ln L(c)]$$

$$= 2 \sum_{i=1}^{N} [y_i(\theta_{fi}-\theta_{ci}) + b(\theta_{ci}) - b(\theta_{fi})] / a_i(\phi)$$

Diese Gleichung kann weiter vereinfacht werden, wenn man berücksichtigt, daß $a_i(\phi)$ nur aus den bekannten Gewichten $u_i$ und dem für alle Beobachtungen gleichen Skalenparameter $\phi$ besteht (vgl. Gleichung 2.6):

(3.21) $S(c,f) = D(c,f) \, / \, \phi$

$$\text{mit } D(c,f) = \sum_{i=1}^{N} 2u_i [y_i(\theta_{fi} - \theta_{ci}) + b(\theta_{ci}) - b(\theta_{fi})]$$

$$= \sum_{i=1}^{N} D_i(c,f)$$

Wir bezeichnen den Term D(c,f) als *(globale) Devianz* und die eigentliche Testgröße S(c,f) als *skalierte (globale) Devianz*, weil hier noch der Skalenparameter $\phi$ berücksichtigt wird. Die Abkürzung D(c,f) bezeichnet die Devianz ("Abweichung") des eingeschränkten Modells c gegenüber dem saturierten Modell f. $D_i(c,f)$ ist der Beitrag einer Beobachtung i zur Gesamtdevianz.

Für binomial – und poissonverteilte Zufallsvariablen sind S und D identisch, da der Skalenparameter gleich 1 ist. Für die Zwei – Parameter – Verteilungen (Normal – und Gamma – Verteilung) muß $\phi$ zusätzlich geschätzt werden. Die Devianz D kann jedoch für alle Submodelle direkt auf Grund der Schätzergebnisse berechnet werden, denn sowohl $\theta$ als auch $b(\theta)$ sind eine Funktion des linearen Prädiktors $\eta$ (vgl. Abschnitt 2.3). Wie wir in dem folgenden Exkurs zeigen werden, ist die Devianz D eine weit verbreitete Teststatistik. Bei normalverteilten Zufallsvariablen entspricht sie der Quadratsumme der Residuen und bei poissonverteilten Zufallsvariablen ergibt sich die Teststatistik $G^2$ der log – linearen Modelle.

Nach jedem Modellfit ($FIT – Befehl) wird von GLIM automatisch die Anzahl der Freiheitsgrade und die (skalierte) Devianz S oder D (je nach Modell) ausgedruckt (51). So kann der Benutzer auf einen Blick entscheiden, ob das Modell insgesamt gesehen eine angemessene Beschreibung der Daten liefert, ohne sich die Parameterschätzungen im einzelnen durch entsprechende $DISPLAY – Befehle anschauen zu müssen. Die *Anzahl der Freiheitsgrade* entspricht der Anzahl q der Parameter, die in dem weitergehenden Modell (hier:

---

(51) In den Fällen, wo skalierte Devianz S und Devianz D identisch sind, wird S ausgedruckt: Das ist bei poisson – und binomialverteilten Zufallsvariablen der Fall.

das saturierte Modell) zusätzlich geschätzt werden. Da das saturierte Modell N (= Anzahl der Beobachtungen) Parameter hat, während das eingeschränkte Modell p Variablen $x_{ij}$ überprüft, gilt (52):

$$(3.22) \quad \chi^2(N-p) \approx S(c,f) \quad \text{mit df=N-p Freiheitsgraden}$$

Bevor wir jedoch die konkrete Anwendung dieses Testes diskutieren, wollen wir die Devianz für zwei Submodelle des GLM – Ansatzes ausrechnen und zeigen, daß sie mit bekannten Testkriterien identisch ist.

### 3.3.1 Exkurs: Berechnung der Devianz für zwei Submodelle des GLM – Ansatzes

Der kanonische Parameter θ läßt sich auf die systematische Komponente μ zurückführen (vgl. Tabelle 2.2). Die systematische Komponente μ ist durch die Link – Funktion mit dem linearen Prädiktor η verbunden und kann daher mit Hilfe der Regressionskoeffizienten $\underline{b}$ bzw. der unabhängigen Variablen $\underline{X}$ bestimmt werden. Damit sind alle Größen bekannt, die für die Berechnung der Devianz D notwendig sind (53). $\mu_{fi}$ und $\mu_{ci}$ seien die systematische Komponente des saturierten und des eingeschränkten Modells:

$$\mu_{fi} = y_i, \quad \mu_{ci} = g^{-1}(\eta_{ci})$$

Für zwei Submodelle des GLM – Ansatzes ergeben sich damit folgende Devianzen. Der Einfachheit halber gehen wir davon aus, daß die Gewichte $u_i$ für alle Beobachtungen den Wert 1 haben.

---

(52) Aus den in Abschnitt 2.4 diskutierten Gründen lautet eine genaue Definition für die Anzahl p der in c geschätzten Parameter p = Rg($\underline{X}$).

(53) Falls der Benutzer ein eigenes GL Modell definieren will, muß er dem Programm auch mitteilen, wie in seinem Modell die Devianz zu berechnen ist. Über den $OWN – Befehl (vgl. Abschnitt 3.1) wird GLIM ein Unterprogramm (Macro) genannt, in dem der Beitrag $D_i(c,f)$ jeder Beobachtung zur Gesamtdevianz berechnet und in dem Systemvektor %DI (Länge %NU) abgespeichert wird. Bei der Berechnung verwendet man sinnvollerweise die empirischen und prognostizierten Werte %YV und %FV. Das Programm berechnet dann die Gesamtdevianz D durch Summation aller Einträge in %DI und speichert diese Summe in dem Systemskalar %DV ab.

## a) Normalverteilung

Wir entnehmen den Tabellen 2.1 und 2.2 folgende Angaben:

$$a_i(\phi) = \sigma^2, \quad \theta_i = \mu_i, \quad b_i(\theta) = 0.5\mu_i^2$$

Nach Einsetzen in Gleichung (3.20) und einigen Umformungen ergibt sich:

$$(3.23) \quad S(c,f) = \frac{1}{\sigma^2} \sum_{i=1}^{N} (y_i - \mu_{ci})^2$$

Die Devianz einer normalverteilten Zielvariablen ist danach:

$$(3.24) \quad D(c,f) = \sum_{i=1}^{N} (y_i - \mu_{ci})^2 = SSE$$

Dieser Ausdruck ist aus der Regressionsanalyse wohlbekannt: Es ist die Summe der quadrierten Abweichungen der empirischen $y_i$ von den prognostizierten Werten $\mu_{ci}$ (*Summe der Abweichungsquadrate/ quadrierten Residuen SSE*).

## b) Poissonverteilung

Die entsprechenden Angaben für poissonverteilte Zufallsvariablen findet man ebenfalls in den Tabellen 2.1 und 2.2:

$$a_i(\phi) = 1, \quad \theta_i = \ln\mu_i, \quad b_i(\theta) = \exp(\ln\mu_i) = \mu_i$$

Devianz D und skalierte Devianz S sind hier identisch, da der Skalenparameter $\phi$ gleich 1 ist. Bei diesem Submodell des GLM–Ansatzes wird die Devianz daher wie folgt berechnet:

(3.25) $S(c,f) = D(c,f)$

$$= 2 \sum_{i=1}^{N} (y_i \ln \frac{y_i}{\mu_{ci}} + \mu_{ci} - y_i)$$

$$= 2 \sum_{i}^{N} y_i \ln \frac{y_i}{\mu_{ci}} + \sum_{i}^{N} \mu_{ci} - \sum_{i}^{N} y_i$$

Dieser Ausdruck läßt sich weiter vereinfachen, wenn man die Maximierungsbedingung berücksichtigt, daß die Summe der empirischen Werte $y_i$ der
Summe der prognostizierten Werte $\mu_{ci}$ entsprechen muß (54):

$$(3.26) \quad S(c,f) = D(c,f) = 2 \sum_{i=1}^{N} y_i \ln \frac{y_i}{\mu_{ci}}$$

Auch dieser Ausdruck ist dem Anwender log–linearer Modelle für multivariate Kreuztabellen bekannt: Es handelt sich hierbei um das bekannte *Testkriterium $G^2$*.

Man kann also feststellen, daß die abstrakte Maßzahl "Devianz" mit bekannten Anpassungsmaßen in speziellen multivariaten Analyseverfahren identisch ist. Auch wenn je nach Submodell spezifische Testkriterien resultieren, ist
die Interpretation der Devianz als Abweichung der empirischen von den prognostizierten Werten doch ein nützliches Denkmodell. Wir wollen uns nun der
Frage zuwenden, wie man mit dieser generalisierten Maßzahl Modellanpassungstests durchführt.

---

(54) Bei der multivariaten Kreuztabellenanalyse lautet diese Maximierungsbedingung: Die Randverteilungen der beobachteten und erwarteten Häufigkeiten in Kontingenztabellen müssen gleich
sein.

### 3.3.2 Modellanpassungstests

Da die skalierte Devianz S Chi – Quadrat – verteilt ist, können wir mit ihr einen *Anpassungstest* durchführen. Wichtig bei Anpassungstests ist, daß man hier (im Gegensatz zu Signifikanztests) keine signifikanten Ergebnisse erzielen möchte. Da dieser Punkt Anwendern häufig Schwierigkeiten bereitet, wollen wir auf die Logik dieses Tests noch einmal eingehen (vgl. auch Abb. 3.1).

Zur Erinnerung: Die Devianz ist genau dann Null, wenn das eingeschränkte Modell c mit dem saturierten Modell f identisch ist ($S(f,f) = 0$). Sie ist dann am größten, wenn wir das Nullmodell $c_0$ mit dem saturierten Modell vergleichen ($S(c,f)$ = max, wenn c = Nullmodell $c_0$). Wir beginnen unsere Modellsuche mit dem Modell, das alle Informationen des Datenmaterials berücksichtigt (das saturierte Modell). Schrittweise reduzieren wir Komplexität, d.h. wir halten bestimmte Einflüsse (Parameter) für belanglos und lassen sie weg, wodurch die Devianz dieser reduzierten (eingeschränkten) Modelle gegenüber dem saturierten Modell zunimmt. Ab einem bestimmten kritischen Wert sind wir nicht mehr bereit, weitere Abweichungen zuzulassen. Dieses letzte Modell wird als passendes Modell akzeptiert, das nur wenige Parameter aufweist, aber nicht zu sehr von den Daten abweicht, so daß noch alle wesentlichen Details erfaßt werden.

Die Modellsuche wird also immer dann abgebrochen, wenn das Testkriterium (hier: Devianz) einen bestimmten kritischen Wert übersteigt. Diese Analysestrategie verläuft damit umgekehrt wie die Suche nach signifikanten Variableneffekten (vgl. Abschnitt 3.2): Dort akzeptiert man nur die Parameter, bei denen das Testkriterium (dort: t – Wert) größer als ein bestimmter kritischer Wert ist. Den kritischen Wert, den wir mit der Devianz vergleichen, entnehmen wir einer Chi – Quadrat – Tabelle, wobei Freiheitsgrade q und Signifikanzniveau α berücksichtigt werden müssen. Man beendet also die Modellsuche, wenn gilt:

$$(3.27) \quad S(c,f) > \chi^2_{q,1-\alpha}$$

Welches Signifikanzniveau sollte man jedoch in diesem Fall verwenden? Ist hier auch ein möglichst kleiner Wert (z.B. 0.05) wie bei Signifikanztests sinnvoll? Je kleiner α gewählt wird, um so größer ist der entsprechende Chi – Quadrat – Wert und um so länger kann die Modellsuche fortgesetzt werden. Bei kleinen Signifikanzniveaus wären also Modelle mit großen Devianzen noch akzeptabel. Da das nicht Ziel der Modellsuche sein kann, sollte man α nicht zu klein wählen (55). Als Faustregel kann man alle die Modelle als passend akzeptieren, bei denen die Devianz ungefähr den Freiheitsgraden entspricht, sie aber nicht wesentlich überschreitet.

Hat man ein eingeschränktes Modell gefunden, das einen akzeptablen Datenfit aufweist, kann man die Frage der Modellanpassung differenzierter stellen:

– Man kann z.B. fragen, ob die Hinzunahme einiger zusätzlicher Parameter (also ein weitergehendes Modell) einen signifikant besseren Modellfit ergibt.

– Man kann aber auch untersuchen, ob die Weglassung einiger Parameter (also ein reduziertes Modell) einen signifikant schlechteren Modellfit zur Folge hat.

Jetzt wird nicht mehr ein eingeschränktes Modell c mit dem saturierten Modell f verglichen sondern zwei eingeschränkte Modelle $c_1$ und $c_2$. Dementsprechend verwendet man in dem Likelihood – Verhältnis – Test (3.19) die Likelihood – Funktionen der Modelle $c_1$ und $c_2$. Glücklicherweise muß man diese Berechnung nicht extra durchführen. Man bildet einfach die Differenz der (globalen, skalierten) Devianzen der beiden Modelle, die GLIM nach dem jeweiligen $FIT – Befehl ausdruckt. Da beide Modelle hierarchisch angeordnet sind ($c_2$ sei das weitergehende Modell), erhält man exakt die gesuchte Likelihood – Verhältnis – Statistik:

$$(3.28)\quad \chi^2(p-k) \approx S(c_1,c_2) = S(c_1,f) - S(c_2,f)$$

$$\text{wegen } S(c_1,c_2) = 2[\ln L(f)-\ln L(c_1)] - 2[\ln L(f)-\ln L(c_2)]$$
$$= 2[\ln L(c_2)-\ln L(c_1)]$$

---

(55) Wir hatten schon darauf hingewiesen, daß die Analysestrategie bei Anpassungstests umgekehrt verläuft wie bei üblichen Signifikanztests. Bei Signifikanztests will man die Nullhypothese (Parameter = Null) verwerfen. Daher wählt man das Signifikanzniveau so, daß die Wahrscheinlichkeit, die Nullhypothese fälschlicherweise zu verwerfen (Fehler 1. Art), sehr gering ist. Man will also ganz sichergehen und den Fehler 1. Art minimieren. Dagegen möchte man bei Anpassungstests die Nullhypothese (Devianz = 0) bestätigen. Hier will man verhindern, daß die Nullhypothese akzeptiert wird, obwohl sie gar nicht richtig ist. Die Wahrscheinlichkeit, diesen Fehler 2. Art zu begehen, wird nicht durch das Signifikanzniveau gemessen. Sie verhält sich jedoch komplementär zum Signifikanzniveau, so daß bei Anpassungstests eher größere Irrtumswahrscheinlichkeiten sinnvoll sind. Natürlich ist es nicht sinnvoll, ein Signifikanzniveau von 1.0 zu wählen, denn dann wird nur das saturierte Modell als passendes akzeptiert. FORTHOFER und LEHNEN (1981) haben z.B. vorgeschlagen, ein Signifikanzniveau zu wählen, das es erlaubt, schon kleine Abweichungen vom wahren Modell festzustellen, z.B. den Wert 0.25.

Die Differenz der (globalen, skalierten) Devianzen zweier hierarchischer Modelle ist daher ebenfalls Chi – Quadrat – verteilt mit $df = p - k$ Freiheitsgraden. Wir bezeichnen sie als *partielle Devianz*. Man liest die Abkürzung $S(c_1, c_2)$ als partielle (skalierte) Devianz ("Abweichung") des reduzierten Modells $c_1$ gegenüber dem weitergehenden Modell $c_2$.

Die *Anzahl der Freiheitsgrade* für diesen Chi – Quadrat – Test entspricht der Anzahl der im weitergehenden Modell zusätzlich geschätzten Parameter. Man erhält auch diese Zahl, indem man die Differenz der (globalen) Freiheitsgrade bildet, die GLIM nach jedem $FIT – Befehl zusammen mit der globalen Devianz ausdruckt.

Das Signifikanzniveau $\alpha$ hängt schließlich von dem Ziel des jeweiligen Tests ab. Angenommen wir sind der Meinung, daß wir das passende Modell gefunden haben und erwarten daher, daß die Weglassung jedes Effektes eine signifikante Modellverschlechterung zur Folge hat. Das läßt sich mit einem klassischen Signifikanztest prüfen. Wenn die partielle Devianz des reduzierten Modells gegenüber dem Ausgangsmodell einen bestimmten kritischen Wert überschreitet, kann man davon ausgehen, daß der jeweilige Parameter auf jeden Fall im Modell verbleiben sollte. Umgekehrt erwarten wir, daß die Hinzufügung zusätzlicher Effekte keine wesentlichen Verbesserungen ergibt. Diese Hypothese läßt sich mit einem klassischen Anpassungstest überprüfen. Wenn die partielle Devianz des Ausgangsmodells gegenüber dem weitergehenden Modell den kritischen Wert nicht überschreitet, dann hat sich gezeigt, daß der in Frage stehende Parameter das Modell nicht verbessert. Je nachdem ob es sich um einen Signifikanz – oder einen Anpassungstest handelt, wird man das entsprechende Signifikanzniveau eher niedrig oder eher etwas höher wählen.

Abschließend sei noch einmal darauf hingewiesen, daß auch diese Tests nur asymptotisch gelten. D.h. nur bei einem genügend großen Stichprobenumfang ist die Chi – Quadrat – Verteilung die angemessene Testverteilung. Man sollte daher die Frage der Modellanpassung nicht nur inferenzstatistisch prüfen sondern auch deskriptive Maße sowie die Residuen des Modells berücksichtigen. Diese Fragen werden in den folgenden Abschnitten näher diskutiert. Zuvor wollen wir jedoch auf die Frage eingehen, was man macht, wenn man den Skalenparameter $\phi$, der für die Teststatistiken (3.9) und (3.20) zentral ist, nicht kennt.

### 3.3.3 Schätzung des Skalenparameters und Signifikanztests für Zwei – Parameter – Verteilungen

Da sowohl die Matrix der iterativen Gewichte $\underline{W}$ als auch die skalierte Devianz S eine Funktion des Skalenparameters ist, kann man die in den Abschnitten 3.2 und 3.3.2 vorgestellten Testverfahren nicht ohne weiteres für normal – und gammaverteilte Zielvariablen anwenden. Beide Verteilungen hängen bekanntweise von dem Skalenparameter $\phi$ ab. Für die Berechnung der Matrix $\underline{W}$ muß $\phi$ bekannt sein. Wir werden daher ein Schätzverfahren für $\phi$ vorstellen, das auf den Ergebnissen der ML – Schätzung aufbaut. Für die im vorhergehenden Abschnitt besprochenen Anpassungstests ist die Kenntnis von $\phi$ nicht unbedingt notwendig, wenn man eine etwas andere Testverteilung betrachtet. Wir werden diese F – Tests am Schluß des Abschnitts erläutern.

Nach Gleichung (3.21) entspricht der Skalenparameter $\phi$ dem Verhältnis von Devianz D(c,f) und skalierter Devianz S(c,f). S(c,f) ist bekanntlich Chi – Quadrat – verteilt mit $q = N - p$ Freiheitsgraden. Der Erwartungswert einer Chi – Quadrat – verteilten Zufallsvariablen entspricht der Anzahl der Freiheitsgrade. Angenommen man hat ein passendes Modell gefunden, dann kann man für S(c,f) auch den Erwartungswert (N – p) einsetzen und erhält folgenden Schätzer für den Skalenparameter:

$$(3.29) \quad \hat{\phi} = D(c,f)/(N-p)$$

Diesen Schätzer kann man auch als *durchschnittliche Devianz* (Devianz dividiert durch die Anzahl der Freiheitsgrade) bezeichnen. Man beachte, daß bei normalverteilten Zielvariablen die Devianz D(c,f) der Quadratsumme der Residuen entspricht. Von daher ergibt Wurzel aus (3.29) den *Standardfehler der Residuen* (standard error of estimate SEE).

Immer wenn man in GLIM auf die Varianz – Kovarianz – Matrix $\underline{\Sigma}$ zugreift (z.B. wenn man die Standardfehler der Regressionskoeffizienten durch \$DISPLAY E ausdruckt), dann gibt GLIM eine Meldung mit dem Schätzer (3.29) aus ("scale parameter taken as ..."). Der Benutzer kann aber auch mit dem \$SCALE – Befehl einen anderen Wert vorgeben. Man beachte, daß GLIM bei den Ein – Parameter – Verteilungen (Binomial –, Poissonverteilung) von vornherein den Wert 1 verwendet ("scale parameter taken as 1.000"). Aber auch diese Vorgabe kann durch den \$SCALE – Befehl überschrieben werden.

Für die im vorherigen Abschnitt beschriebenen globalen und partiellen Anpassungstests benötigt man ebenfalls den Skalenparameter. $\phi$ läßt sich jedoch eliminieren, wenn man statt den absoluten skalierten Devianzen die

Verhältnisse der skalierten Devianzen betrachtet:

$$(3.30) \quad \frac{S(v,c)/(p-k)}{S(c,f)/(N-p)} = \frac{\frac{1}{\phi}D(v,c)/(p-k)}{\frac{1}{\phi}D(c,f)/(N-p)} = \frac{D(v,c)/(p-k)}{D(c,f)/(N-p)}$$

In diesem Fall kann man den unbekannten Skalenparameter kürzen.

Genauer gesagt betrachtet man das Verhältnis zweier skalierter Devianzen S(v,c) und S(c,f), die jeweils durch die Anzahl der Freiheitsgrade (p – k) und (N – p) geteilt wurden (durchschnittliche skalierte Devianz). c ist dabei das (aktuelle) Modell mit p Parametern, dessen Anpassung man testen möchte. f ist das saturierte Modell mit N Parametern und v ist ein geeignetes *Vergleichs-modell* mit k<p Parametern. Diese auf den ersten Blick etwas umständlich anmutende Berechnung hat etwas damit zu tun, daß genau dieser Quotient wieder eine bekannte Testverteilung aufweist. Ein allgemeiner Satz der Statistik besagt nämlich, daß der Quotient zweier Chi – Quadrat – verteilter Größen, die jeweils durch ihre Freiheitsgrade geteilt wurden, einer F – Verteilung genügt:

$$(3.31) \quad F(p-k,N-p) \approx \frac{D(v,c)/(p-k)}{D(c,f)/(N-p)}$$

Für die F – Verteilung müssen zwei verschiedene Freiheitsgrade $df_1$ und $df_2$ berücksichtigt werden, die den Freiheitsgraden (p – k) und (N – p) der beiden Chi – Quadrat – Werte entsprechen.

Mit der F – Verteilung kann man testen, ob sich zwei Varianzen signifikant voneinander unterscheiden. Diesen Umstand macht man sich in der Varianzanalyse zunutze: Man untersucht die Frage, ob die Variation der Gruppenmittelwerte signifikant größer ist als die Variation, die ohnehin in den Daten vorhanden ist. Ist das der Fall, dann kann man die Nullhypothese verwerfen, daß es keine Unterschiede zwischen den Gruppen (z.B. Experimental – versus Kontrollgruppe) gibt. Anders ausgedrückt, das Treatment hat offenbar einen Einfluß.

Den gleichen Test verwendet man in der klassischen Regressionsanalyse: Hier prüft man mit Hilfe eines F – Testes, ob die durch die Regression erklärte Variation SSR signifikant von der gesamten Fehlervariation (Summe der quadrierten Residuen SSE) abweicht:

$$(3.32a) \quad F(p-1,N-p) \approx \frac{SSR/(p-1)}{SSE/(N-p)}$$

Ist das der Fall, dann kann man die Nullhypothese verwerfen, daß das gesamte Regressionsmodell keinen wesentlichen Beitrag zur Erklärung der Daten liefert. Da hier die Signifikanz aller im Modell enthaltenen Parameter überprüft wird, bezeichnet man diesen Test auch als *multiplen F – Test*.

Durch eine kleine Verallgemeinerung kann man den F – Test aber auch zur Überprüfung einzelner Variablen/ Variablengruppen heranziehen. In diesem Fall betrachtet man nicht die Gesamtvariation SSR sondern den Teil SSX der Gesamtvariation, der durch das/ die in Frage stehende(n) Merkmal(e) erklärt wird. Diese Variation SSX erhält man am besten dadurch, daß man ein weiteres Regressionsmodell (Vergleichsmodell) schätzt, das diese(s) Merkmal(e) nicht enthält, ansonsten aber identische Parameter aufweist. SSX entspricht jetzt der Differenz der SSR – Werte oder, anders ausgedrückt, der Zunahme erklärter Variation, wenn man das Vergleichsmodell um die in Frage stehenden Variablen erweitert. Diese Variation SSX wird jetzt wieder ins Verhältnis gesetzt zur Gesamtvariation SSE:

$$(3.32b) \quad F(p-k,N-p) \approx \frac{SSX/(p-k)}{SSE/(N-p)}$$

Wenn diese Variation signifikant von der Gesamtvariation verschieden ist, dann kann man davon ausgehen, daß die in Frage stehenden Merkmale einen bedeutsamen Beitrag zur Gesamterklärung liefern. Da hier nur der Einfluß bestimmter Merkmale getestet wird, spricht man auch von einem *partiellen F – Test*.

Im Prinzip ist der F – Test ein Test auf Weglassung von erklärenden Variablen: Es wird untersucht, ob durch die Vernachlässigung bestimmter Merkmale ein signifikanter Anstieg unerklärter Variation zu verzeichnen ist. Das wird beim partiellen F – Test unmittelbar deutlich. Hier werden in einem *Vergleichsmodell* die Merkmale vernachlässigt, deren Einfluß untersucht werden soll. Beim multiplen F – Test werden im Prinzip alle Merkmale fortgelassen, denn die erklärte Gesamtvariation SSR erhält man auch dadurch, daß man wie bei SSX ein Vergleichsmodell schätzt, das jetzt nur aus einer Regressionskonstanten besteht (Nullmodell). Beim partiellen F – Test hat das Vergleichsmodell $k < p$ Parameter. Beim multiplen F – Test besteht es dagegen nur aus $k = 1$ Parameter (Absolutglied). Dementsprechend berechnen sich die *Freiheitsgrade beim multiplen und partiellen F – Test*:

a)    multipler F – Test: $df_1 = p - k = p - 1$ und $df_2 = N - p$,

b)   partieller F – Test: $df_1 = p - k$ (= 1, wenn eine Variable getestet wird) und $df_2 = N - p$.

Der Genauigkeit halber sei noch darauf hingewiesen, daß in den Teststatistiken (3.32a,b) natürlich nicht nur das Verhältnis der erklärten zur nicht – erklärten Variation betrachtet wird, sondern daß beide Zahlen noch durch die jeweiligen Freiheitsgrade dividiert werden (durchschnittliche Variation).

Die Hypothese, daß einer oder mehrere Parameter eines Modells Null sind, läßt sich auch in einer Kontrastmatrix zusammenfassen (vgl. Abschnitt 3.2). Gleichung (3.32) entspricht daher folgendem Ausdruck:

$$(3.32c) \quad F \approx \frac{b'C'(C(X'X)^{-1}C')^{-1}Cb/Rg(C)}{SSE / (N-p)}$$

Für den Spezialfall, daß nur ein Parameter j getestet wird (Kontrastvektor), reduziert sich dieser Ausdruck weiter:

$$F \approx b_j^2 / V(b_j) = (b_j / \sqrt{V(b_j)})^2 \qquad \sqrt{V(b_j)} := \text{Standardfehler } b_j$$

Anders ausgedrückt, der F – Test eines Parameters entspricht dem Quotienten aus dem quadrierten Parameter und seiner Varianz.

Wie kann man diese F – Tests aus dem klassischen linearen Modell auf verallgemeinerte lineare Modelle übertragen? Bleiben wir zunächst bei einer normalverteilten Zielvariablen. Hier wissen wir, daß die Devianz D(c,f) der nicht – erklärten Variation SSE (Summe der quadrierten Residuen) entspricht (vgl. Abschnitt 3.3.1). Bei Verwendung des Nullmodells $c_0$ wird die Devianz maximal (vgl. Abbildung 3.1). Folglich gibt die Devianz $D(c_0,f)$ Auskunft über die (erklärte und nicht – erklärte) Gesamtvariation SST der Daten. Die Variation SSR, die insgesamt durch das aktuelle Modell c erklärt wird, entspricht dann der Differenz $D(c_0,f) - D(c,f)$ (= partielle Devianz $D(c_0,c)$). SSR mißt also, wieviel weniger Devianz das aktuelle Modell c gegenüber dem Nullmodell hat. Das Vergleichsmodell v entspricht also dem Nullmodell $c_0$. Anders dagegen, wenn man die Erklärungskraft bestimmter Variablen untersuchen möchte: In diesem Fall besteht das Vergleichsmodell v aus dem um die in Frage stehenden Parameter *reduzierten Modell* r (reduced model). Die partielle Devianz D(r,c) mißt, wieviel weniger Devianz entsteht, wenn man die genannten Merkmale berücksichtigt. Sie entspricht also der durch diese Merkmale erklärten Variation SSX.

Zusammengefaßt gelten also für normalverteilte Zielvariablen folgende *Beziehungen zwischen Devianzen und Summen quadrierter Abweichungen*:

$$(3.33) \quad D(c_0, f) = SST$$
$$D(c_0, c) = SSR$$
$$D(c, f) = SSE$$
$$D(r, c) = SSX$$

Durch Einsetzen in (3.32) erhält man die F–Tests des klassischen linearen Modells in der Schreibweise des GLM–Ansatzes:

$$(3.34) \quad F(p-1, N-p) \approx \frac{D(c_0, c)/(p-1)}{D(c, f)/(N-p)} \qquad \text{(multipler F-Test)}$$

$$F(p-k, N-p) \approx \frac{D(r, c)/(p-k)}{D(c, f)/(N-p)} \qquad \text{(partieller F-Test)}$$

Dabei handelt es sich jedoch nur um Spezialfälle des allgemeinen F–Testes (3.31). In dem einen Fall gilt $v = c_0$ und in dem anderen $v = r$.

Neben den in Abschnitt 3.3.2 beschriebenen Anpassungstests kann man daher für beliebige Verteilungsmodelle auch den F–Test (3.31) verwenden, um den Einfluß aller oder einzelner im Modell befindlicher Merkmale zu testen. Für Zwei–Parameter–Verteilungen hat dieser Test den Vorteil, daß er von dem Skalenparameter $\phi$ unabhängig ist. Je nachdem welches Vergleichsmodell $v$ gewählt wird, kann man entweder den Einfluß aller oder einzelner Parameter überprüfen. Im ersten Fall entspricht $v$ dem Nullmodell $c_0$ mit $k = 1$ Parametern (multipler F–Test). Im zweiten Fall ist $v$ ein geeignet reduziertes Modell $r$ mit $k < p$ Parametern (partieller F–Test). Dementsprechend errechnen sich die Freiheitsgrade $df_1 = p - k$ und $df_2 = N - p$ (s. oben). Man beachte jedoch, daß der F–Test im klassischen linearen Modell immer als Signifikanz– und nicht als Anpassungstest verwendet wird (signifikante Abweichung der erklärten von der nicht–erklärten Variation).

## 3.4 Eigenschaften der Testverfahren

Nach dieser Vielzahl unterschiedlicher Tests soll in diesem Abschnitt noch einmal zusammenfassend auf die Eigenschaften dieser Prüfverfahren eingegangen werden. Z.B. wurde an mehreren Stellen im Text darauf hingewiesen, daß die genannten Testverteilungen (Normal –, Chi – Quadrat –, F – Verteilung) nur asymptotisch gelten. Hier möchte man natürlich wissen, welche Einschränkungen sich aus dieser Formulierung ergeben.

Zunächst kann man feststellen, daß alle Testverfahren für normalverteilte Zufallsvariablen exakt sind, vorausgesetzt die Standardannahmen der klassischen linearen Regression (u.a. Varianzhomogenität, keine Autokorrelation, s. Gleichung 2.2) treffen zu. Für alle anderen Verteilungsmodelle (u.a. Binomial –, Poisson –, Gammaverteilung) gelten diese Testverteilungen nur bei hinreichend großen Stichproben.

Man muß sich das ähnlich wie bei den theoretischen Verteilungen der Inferenzstatistik vorstellen: In dem Maße, in dem der Stichprobenumfang größer wird, nähert sich die Binomialverteilung der Normalverteilung. Als Approximationsregel verwendet man das Produkt $np(1-p)$: Wenn es größer oder gleich 9 ist, kann man statt der Binomialverteilung auch die Normalverteilung verwenden. Die Unterschiede zwischen beiden Verteilungen sind dann nur noch marginal, die Normalverteilung ist jedoch sehr viel einfacher zu berechnen.

Für verallgemeinerte lineare Modelle gibt es leider keine Faustregeln. Von daher muß man von Fall zu Fall entscheiden, was ein hinreichend großer Stichprobenumfang ist. Das ist übrigens einer der Gründe, warum GLIM im Gegensatz zu einigen anderen sozialwissenschaftlichen Programmpaketen keine Signifikanzen ausdruckt. Der Benutzer muß selbst entscheiden, ob er ein Ergebnis für bedeutsam hält oder nicht. Praktische Erfahrungen zeigen jedoch, daß ML – Schätzungen ab einem Stichprobenumfang von 50 zuverlässige Ergebnisse liefern (56). Es sind jedoch weitere Forschungen notwendig, um

---

(56) Näherungsprobleme existieren übrigens nicht nur bei kleinen Stichproben. Praktische Erfahrungen zeigen außerdem, daß auch bei großen Stichproben die Chi – Quadrat – Näherung für binomialverteilte Zufallsvariablen nicht gegeben ist. Generell kann man sagen, daß die skalierte Devianz bei kleinen (großen) Stichproben sehr viel kleiner (größer) ist als der Erwartungswert, der sich auf Grund der asymptotischen Theorie ergibt. Weitere Hinweise findet man bei CORDEIRO (1983). Schließlich sei auch darauf hingewiesen, daß bei diskreten Zielvariablen (z.B. Häufigkeiten) eigentlich eine Stetigkeitskorrektur der Devianz notwendig wäre.

auch dem Forschungspraktiker verläßliche Regeln an die Hand geben zu können.

Ein Vergleich der einzelnen Testverfahren zeigt, daß die *asymptotischen Eigenschaften* des Likelihood – Verhältnis – Testes sehr viel besser sind als die asymptotischen Eigenschaften der t – Tests mit der Varianz – Kovarianz – Matrix der Schätzer. Das gilt ganz besonders, wenn man nicht die globale sondern die partielle Devianz betrachtet. Bei verallgemeinerten linearen Modellen liefert also die partielle Devianz die zuverlässigsten Testergebnisse, weil hier die Annäherung durch die Chi – Quadrat – Verteilung noch am ehesten gegeben ist. Bei den t – Tests ist darüber hinaus noch die Korrelation der Schätzer zu berücksichtigen (Multikollinearität, vgl. Abschnitt 2.4.1). Gering korrelierende Schätzer sind weitaus stabiler und die entsprechenden t – Tests sind daher um so aussagekräftiger.

Da die genannten Testverfahren im allgemeinen Fall nur näherungsweise zutreffen, möchte man die Ergebnisse eines GL Modells auf eine mehr qualitative Weise beurteilen. Aus diesem Grund wollen wir in den beiden letzten Abschnitten auf die Residuen eines GL Modells eingehen und einige mehr deskriptive Maße der Modellanpassung vorstellen.

## 3.5  Multiple und partielle Bestimmtheitsmaße für verallgemeinerte lineare Modelle

In der klassischen Regressionsanalyse verwendet man den Anteil erklärter Varianz $R^2$ als deskriptives Maß der Modellanpassung. $R^2$ ist folgendermaßen definiert:

$$(3.35) \quad R^2 = \frac{SSR}{SSE + SSR} = \frac{SSR}{SST}$$

Wenn man die Erklärungskraft einzelner Variablen oder von Subsets von Variablen untersucht, betrachtet man häufig den Anteil der durch die in Frage stehenden Merkmale erklärten Variation SSX an der Gesamtvariation SST:

$$(3.36) \quad \Delta R^2 = SSX \,/\, SST$$

Diese Maßzahl bezeichnet man auch als Zunahme erklärter Varianz $\Delta R^2$ (RSQ CHANGE). Schließlich kann man auch das partielle Bestimmtheitsmaß $\partial R^2$ betrachten:

$$(3.37)\quad \partial R^2 = SSX \,/\, (SST-SSR-SSX)$$

Es mißt den Anteil der durch die in Frage stehenden Merkmale zusätzlich erklärten Variation SSX an der durch die im Modell verbleibenden Merkmale nicht erklärten Restvariation (SST − SSR − SSX). Da hier die zusätzlich erklärte Variation auf die nicht − erklärte Restvariation bezogen wird, ist die Maßzahl (3.37) immer größer als die Zahl (3.36).

Mit den Beziehungen in Gleichung (3.33) kann man diese multiplen und partiellen Bestimmtheitsmaße jederzeit auf verallgemeinerte lineare Modelle übertragen. Unter Verwendung der Devianzen des aktuellen Modells D(c,f), des Nullmodells $D(c_0,f)$, eines geeignet reduzierten Modells D(r,f) sowie der partiellen Devianz zwischen Null − und aktuellem Modell $D(c_0,c)$ ergibt sich:

$$(3.38a)\quad B = \frac{D(c_0,c)}{D(c_0,f)}$$

$$(3.39)\quad \Delta B = \frac{D(r,c)}{D(c_0,f)}$$

$$(3.40)\quad PRD = \frac{D(r,c)}{D(c_0,f)-D(c_0,c)-D(r,c)} = \frac{D(r,c)}{D(r,f)}$$

Das *Bestimmtheitsmaß* B mißt jetzt den Anteil erklärter Devianz. $\Delta B$ entspricht dem *Zuwachs erklärter Devianz*, der auf die getesteten Merkmale zurückzuführen ist. PRD gibt schließlich an, um welchen Anteil die Devianz abnimmt, wenn man die getesteten Merkmale berücksichtigt (*proportional reduction in deviance*). Man beachte außerdem, daß sich das multiple Bestimmtheitsmaß B auch folgendermaßen schreiben läßt:

$$(3.38b)\quad B = \frac{D(c_0,f)-D(c,f)}{D(c_0,f)} = 1 - D(c,f)/D(c_0,f)$$

Da partielle Devianzen wie z.B. $D(c_0,c)$ (vgl. Gleichung 3.38a) immer die Schätzung von zwei Modellen außer dem Nullmodell voraussetzen, ist diese

Formel zwar komplizierter im Aussehen aber einfacher in der Berechnung: Man teilt einfach die Devianz des aktuellen Modells durch die Devianz des Nullmodells und subtrahiert diesen Bruch von 1.

Modellanpassung und Parametertests sind die entscheidenden Kriterien zur Beurteilung eines Erklärungsmodells. An Hand der Modellanpassung wird man zunächst entscheiden, ob das Modell insgesamt angemessen ist. Dabei spielen die soeben diskutierten deskriptiven Bestimmtheitsmaße genauso eine Rolle wie die in den vorherigen Abschnitten besprochenen Chi – Quadrat – und F – Tests. Nach der Auswahl eines konkreten Modells wird man sich mit den Details beschäftigen und entscheiden, welche Effekte des Modells relevant sind. Dazu kann man entweder die partiellen Devianzen bzw. F – Tests verwenden oder die klassischen Parametertests anwenden, die auf der Varianz – Kovarianz – Matrix der Schätzer beruhen. Auf Grund ihrer besseren asymptotischen Eigenschaften sind die partiellen Devianzen vorzuziehen. Natürlich kann man auch diese Modellverfeinerung durch entsprechende partielle Bestimmtheitsmaße unterstützen.

Insgesamt ergibt sich eine stark *explorativ orientierte Datenanalyse*, die sowohl aus globalen Suchstrategien als auch aus lokalen Verbesserungen des passenden Modells besteht. Wenn man sehr konkrete Hypothesen über den untersuchten Gegenstandsbereich hat, bietet sich natürlich eine mehr *konfirmatorische Datenanalyse* an, bei der man konkrete Modelle gegeneinander testet. Hier spielt die Suche nach dem passenden Modell keine Rolle. Man untersucht lediglich, ob bestimmte Parameter im Modell enthalten sind und welchen Effekt sie haben. Dazu verwendet man alle die Methoden, die oben unter dem Thema Modellverfeinerung subsumiert wurden, also im wesentlichen partielle Bestimmtheitsmaße und Modelltests.

## 3.6 Analyse der Residuen

Für eine abschließende Evaluation des gewählten Erklärungsmodells ist es häufig sinnvoll, die Teile des Datenmaterials näher zu untersuchen, die nicht so gut erklärt werden. Man betrachtet dazu die *Residuen*, d.h. die Abweichungen der empirischen Werte von den Modellprognosen. Für verallgemeinerte lineare Modelle muß man zusätzlich berücksichtigen, daß diese Abweichungen auch von den bekannten Gewichten $u_i$ und dem Skalenparameter $\phi$ abhängen. Außerdem variiert bei allen Verteilungsmodellen außer der Normalverteilung die Varianz der Zielvariablen mit ihrem Erwartungswert. GLIM standardisiert daher die Abweichungen zwischen empirischen Beobachtungen und Modellprognosen nach folgender Formel:

$$(3.41) \quad e_{pi} = \frac{y_i - \hat{\mu}_i}{\sqrt{V(y_i)}} \quad \text{mit } V(y_i) = k\tau_i / u_i$$

Wenn der Skalenparameter mit dem $SCALE – Befehl gesetzt wurde, dann entspricht k diesem Wert. Ansonsten hat k den Wert 1 (= $\phi$ bei binomial – und poissonverteilten Zielvariablen).

Da die Varianzfunktion $\tau_i$ für normalverteilte Zielvariablen 1 ist (vgl. Tabelle 2.1), werden in diesem Fall nur die einfachen Abweichungen ausgedruckt (vorausgesetzt es wurden keine Gewichte $u_i$ deklariert):

$$e_{pi} = y_i - \hat{\mu}_i$$

Auch wenn GLIM die Meldung ausgibt, "scale parameter taken as ...", findet keine Standardisierung statt. Die Meldung bezieht sich nur auf die Schätzung der Varianz – Kovarianz – Matrix, für die der Skalenparameter $\phi$ notwendig ist (vgl. Abschnitt 3.3.3). Möchte man dennoch eine Standardisierung der Residuen vornehmen, dann muß man den Skalenparameter explizit mit dem $SCALE – Befehl setzen. Dazu verwendet man entweder den Schätzer (3.29) oder direkt die Zahl, die GLIM bei der Schätzung der Varianz – Kovarianz – Matrix verwendet hat und danach ausdruckt (s. obige Meldung).

Bei allen anderen Verteilungsmodellen (57) ist die Varianzfunktion ungleich 1 und es findet daher <u>automatisch</u> eine Standardisierung der Residuen statt. Für die drei wesentlichen Modelle seien daher noch einmal die entsprechenden Formeln für die Varianz der Zielvariablen genannt, die für die obige Standardisierung verwendet werden bzw. verwendet werden können (bei der Normalverteilung).

---

(57) Soll bei der Gammaverteilung der Skalenparameter berücksichtigt werden, dann müßte er auch explizit mit dem $SCALE – Befehl gesetzt werden. Es findet aber ohnehin eine gewisse Standardisierung statt, da die Varianzfunktion ungleich 1 ist.

$$(3.42) \text{ Normalverteilung} \quad V(y_i) = \frac{1}{N-p} \sum_{i=1}^{N} (y_i - \hat{\mu}_i) = \frac{1}{N-p} D(c,f)$$

$$\text{Poissonverteilung} \quad V(y_i) = \hat{\mu}_i$$

$$\text{Binominalverteilung} \quad V(y_i) = \hat{\mu}_i (1-\hat{\mu}_i /n_i )$$

Man bezeichnet die standardisierten Residuen auch als sogenannte *Pearson – Residuen*. Der Name kommt daher, weil die Summe der quadrierten (standardisierten) Residuen bei poissonverteilten Zielvariablen der bekannten (Pearson –) Chi – Quadrat – Statistik entspricht:

$$(3.43) \quad \chi^2_g = \sum_{i=1}^{N} (e_{pi})^2 = \sum_{i=1}^{N} \frac{(y_i - \hat{\mu}_i)^2}{\hat{\mu}_i}$$

Die Summe der quadrierten Pearson – Residuen ist für alle GL Modelle in dem Systemskalar %X2 abgespeichert (generalisiertes Chi – Quadrat). Für Modellprognosen kann man auch die *Varianz des linearen Prädiktors* abrufen (Systemvektor %VL, Länge %NU):

$$(3.44) \quad V(\underline{\eta}) = \underline{X}\underline{\Sigma}\underline{X}' \quad \text{mit} \quad \underline{\Sigma} = (\underline{X}'\underline{W}\underline{X})^{-1}$$

Für normalverteilte Zielvariablen entspricht %VL der *Varianz des individuellen Prognosewerts*.

Als Faustregel kann man annehmen, daß die standardisierten Residuen in etwa normalverteilt sind. Abweichungen, die größer als $\pm$ 2 sind, dürfen daher bei einem gut angepaßten Modell nur mit einer Wahrscheinlichkeit von ca. 5 % auftreten, so daß auf N = 100 Beobachtungen nicht mehr als 5 große Abweichungen kommen sollen. Diese großen Abweichungen geben gleichzeitig Aufschluß darüber, wo das Modell nicht besonders gut paßt. Man kann versuchen, diese Ausreißer zu identifizieren, und gegebenenfalls das Modell verbessern.

Eine nützliche Diagnose ist in diesem Zusammenhang ein *Streudiagramm* ($PLOT – Befehl). Eine Möglichkeit ist z.B. ein Plot der Pearson – Residuen (y – Achse) gegen die Modellprognosen %FV (x – Achse). Ausreißer sind die Beobachtungen, die weit ober – oder unterhalb der x – Achse liegen. Genauer gesagt handelt es sich um die Beobachtungen mit Ordinatenwerten größer oder kleiner als 2. Außerdem kann man aus diesem Plot erkennen, ob mit bestimmten Modellprognosen große oder kleine Residuen verbunden sind. Sollten die Residuen mit den Modellprognosen %FV zunehmen, dann ist die Annahme der *Varianzhomogenität* (2.2b) verletzt.

Da bei dieser Art von Residuenplot Ausreißer nur sehr schwer konkreten Beobachtungen zugeordnet werden können (man muß die entsprechende Prognose %FV für die Beobachtung kennen), ist es häufig sinnvoll, alle Beobachtungen durchzunumerieren und diese Nummer in einer Variablen (z.B. mit dem Namen NO) abzulegen. Aus einem Plot der Pearson – Residuen (y – Achse) gegen diese Variable NO (x – Achse) kann man sehr viel schneller extreme Beobachtungen identifizieren. Handelt es sich darüber hinaus um Zeitreihendaten (NO = Zeitpunkt der Erhebung), dann ergibt dieser Plot zusätzliche Hinweise auf *autokorrelierte Residuen.*

Schließlich kann man Pearson – Residuen auch mit einzelnen exogenen Merkmalen plotten. Dabei interessieren ganz besonders die Merkmale, die sich noch nicht im Modell befinden. Variieren die Residuen systematisch mit den Werten dieser Variablen, dann sollte man sie in das Modell aufnehmen, denn sie können einen Teil der unbekannten Variation "erklären". Ergeben sich ähnliche Trends bei den schon im Modell befindlichen Variablen, dann ist das ein Hinweis auf mögliche nicht – lineare Zusammenhänge. Weitere Hinweise für Modelltests findet man bei McCULLAGH und NELDER (1983: 209ff.).

Leider kann man Pearson – Residuen nur durch das Programm ausdrucken lassen ($DISPLAY R). Es gibt keinen Systemvektor, in dem sie abgespeichert sind. Für weitere Analysen muß man sie daher nach der Formel (3.41) selbst berechnen und in einer Variablen (z.B. mit dem Namen RES) abspeichern. Die o.g. drei Plots erhält man dann durch folgende drei Befehle: a) $PLOT RES %FV, b) $PLOT RES NO, c) $PLOT RES X. Pearson – Residuen sind leider sehr schief verteilt, wenn man Zielvariablen betrachtet, die nicht normalverteilt sind. Bei McCULLAGH und NELDER (1983: 28ff.) findet man daher weitere Vorschläge, Residuen zu berechnen (*Anscombe – und Devianzresiduen*).

# 4 ANWENDUNG VERALLGEMEINERTER LINEARER MODELLE: EINE EMPIRISCHE ANALYSE BERUFLICHER WECHSEL

Nachdem wir in den beiden vorhergehenden Kapiteln die theoretischen Grundlagen des GLM – Ansatzes erarbeitet haben, wollen wir in diesem Kapitel diese Kenntnisse auf unser empirisches Beispiel anwenden. In Tabelle 1.5 haben wir schon die unterschiedlichen Analysestrategien angedeutet, die mit den Daten des Beispiels möglich sind. Wir beginnen mit Anwendungen des klassischen linearen Modells, das metrische Zielvariablen voraussetzt (Abschnitt 4.1). Die folgenden Abschnitte beschäftigen sich dann mit der Analyse diskreter Zielvariablen. Dabei unterscheiden wir dichotome (Abschnitt 4.2) und polytome Zielvariablen (Abschnitt 4.3). Für die praktische Auswertung verwenden wir sowohl die aggregierte Datenbasis (Abschnitt 4.2, 4.3) als auch die ursprünglichen Individualdaten (Abschnitt 4.4). Letztere erlauben die Berücksichtigung metrischer erklärender Merkmale ohne Informationsverluste. Es ergeben sich die bekannten Verfahren multivariater Kreuztabellenanalyse (Abschnitt 4.2, 4.3) sowie die logistische Regressions – und Kovarianzanalyse (Abschnitt 4.4).

Die folgenden Abschnitte 4.1 – 4.4 unterscheiden sich im wesentlichen durch ihre Annahmen über die Zielvariable, während bei den unabhängigen Merkmalen immer wieder die gleichen Variablenkonstellationen betrachtet werden. Das gibt uns die Möglichkeit, unabhängig von den allgemeinen Fragen in einzelnen Abschnitten spezielle Probleme der Modellierung der unabhängigen Merkmale zu besprechen:

- Abschnitt 4.1.1 beschäftigt sich mit der Frage, wie man das Modell findet, das mit möglichst wenigen Parametern eine angemessene Beschreibung der Daten erlaubt.

- In Abschnitt 4.1.2 geht es um die Interpretation von Dummy – Variablen und unterschiedliche Effektkodierungen.

- Abschnitt 4.1.3 diskutiert die Frage, wie man den relativen Einfluß verschiedener Merkmale mit unterschiedlichen Maßeinheiten bestimmt.

- Abschnitt 4.2.2.2 beschäftigt sich mit der Analyse von Interaktionseffekten und ihrer Auflösung in konditionale Effekte.

- Abschnitt 4.2.3.2 diskutiert schließlich die Interpretationsprobleme, die dann entstehen, wenn man das klassische linear – additive Regressionsmodell verläßt und multiplikative Effekte der unabhängigen Merkmale unterstellt.

## 4.1 Metrische Zielvariablen: Statusänderungen bei Berufswechseln

Auf Grund unserer Daten können wir Aussagen über die mit einem Berufs-wechsel verbundenen Statusänderungen machen. Dabei handelt es sich um eine metrische Größe, die man mit den allseits bekannten klassischen Re-gressionsmodellen auswerten kann. Wie wir in Kapitel 3 zeigen konnten, ist das allgemeine Schätzverfahren in GLIM mit üblichen OLS – Schätzungen iden-tisch, wenn wir eine normalverteilte Zielvariable mit identischer Verbindungs-funktion unterstellen ($YVARIATE STATD $ERROR N $LINK I).

In diesem Abschnitt wollen wir demonstrieren, daß GLIM äquivalente Ergebnisse liefert wie jedes andere Regressionsprogramm. Allerdings sind diese Ergebnisse in einem GLIM – Output nicht so einfach zu identifizieren. Darüber hinaus versteht sich dieser Abschnitt als didaktische Vorbereitung der folgenden Ableitungen, denn viele kompliziertere Analyseverfahren ergeben sich in Analogie zu diesen klassischen Anwendungen des linearen Modells. Schließlich wollen wir an Hand dieser bekannteren Analyseverfahren zeigen, welche Strategien man bei der Suche nach einem passenden Modell verwen-det. Dabei wird deutlich, daß sich diese Strategien nicht wesentlich von den üblicherweise bei Regressionsanalysen verwendeten Maßzahlen und Testkri-terien unterscheiden.

### 4.1.1 Regressionsanalyse

Sind die erklärenden Merkmale ebenfalls ausschließlich metrische Merkmale, dann ergibt sich das klassische Regressionsmodell. Mit Hilfe der in Abschnitt 2.5 besprochenen Direktiven haben wir überprüft, welchen Einfluß Qualifikation DQUAL und Beschäftigungswachstum BESCH auf Statusänderungen STATD bei einem Berufswechsel haben. GLIM hat danach folgende Regressionsglei-chung geschätzt (Standardfehler der Schätzer in Klammern):

```
STATD = -79.23 + 6.478 * DQUAL + 0.4171 * BESCH
        (6.547) (0.568)          (0.0341)
```

Nach dem in Gleichung (3.11) definierten Testkriterium sind beide Einflüsse hochsignifikant. Danach sind bei einem Berufswechsel um so höhere Status-zuwächse zu erwarten, je länger eine Person ausgebildet wurde und je stärker

der betreffende Wirtschaftszweig personell expandiert, in dem die neue Tätigkeit ausgeübt wird. Mit anderen Worten, eine gute Ausbildung ermöglicht berufliche Aufstiege und expandierende Wirtschaftszweige bieten entsprechende
Aufstiegschancen.

Als nächste Frage ergibt sich, wovon Statusänderungen eigentlich mehr abhängen: Qualifikation oder Beschäftigungswachstum? Zur Beantwortung dieser
Frage betrachtet man üblicherweise die *standardisierten Regressionskoeffizienten*. Da GLIM diese Koeffizienten nicht selber berechnet, muß der Benutzer
die o.g. Schätzer mit Hilfe eines eigenen Unterprogramms standardisieren. Er
verwendet dabei folgende Transformation:

$$(4.1) \quad b_j^* = b_j \, \frac{s_j}{s_y}$$

$$
\begin{aligned}
\text{mit } b_j &:= \text{unstandardisierter Regressionskoeffizient} \\
b_j^* &:= \text{standardisierter Regressionskoeffizient} \\
s_j &:= \text{geschätzte Standardabweichung von } x_j \\
s_y &:= \text{geschätzte Standardabweichung von } y
\end{aligned}
$$

Will man eine solche *Standardisierung in verallgemeinerten linearen Modellen*
(vgl. Kapitel 4.2 ff.) vornehmen, dann ist zu bedenken, daß im allgemeinen
Modell eine gewichtete Regression durchgeführt wird. Man muß sich daher die
Standardabweichung mit entsprechend gewichteten Variablen $x^*$ berechnen:

$$(4.2) \quad x_{ij}^* = x_{ij} \, / \, \sqrt{w_i} \qquad \text{für } i = 1, 2, \ldots, N$$

Da die Gewichte $w_i$ über den Systemvektor %WT abgerufen werden können,
bereitet auch diese Umformung in einem Macro keine Schwierigkeiten. Für das
klassische lineare Modell ist jedoch eine Gewichtung nicht notwendig (bzw.
$w_i = 1$ für alle $i = 1,2,\ldots,N$). Die obige Regressionsgleichung mit standardisierten
Effekten lautet daher:

STATD = 0.2196 * DQUAL + 0.2356 * BESCH

Danach wäre der Einfluß des Beschäftigungswachstums geringfügig höher.

Der Vergleich des relativen Einflusses erklärender Merkmale mit Hilfe
standardisierter Regressionskoeffizienten beschränkt sich aus zweierlei Gründen auf metrische Merkmale:

1) Mit der Standardisierung soll der Einfluß unterschiedlicher Maßeinheiten
   ausgeglichen werden. Bei diskreten Merkmalen, die in entsprechende
   Dummy – Variablen transformiert werden, ist eine solche Korrektur unter-

schiedlicher Maßeinheiten nicht nötig. Eine Veränderung um eine Standardabweichung macht hier keinen Sinn, denn es gibt ja nur jeweils zwei Ausprägungen.

2) Einmal angenommen, wir würden dennoch solche standardisierten Regressionskoeffizienten für sinnvoll halten, dann könnten wir zwar Aussagen über den relativen Einfluß einzelner (!) Ausprägungen des diskreten Merkmals machen (denn jedes Dummy entspricht einer Ausprägung), hätten aber keinerlei Informationen darüber, welchen relativen Einfluß das diskrete Merkmal insgesamt (mit allen seinen Ausprägungen) hat.

Wir wollen daher gleich ein allgemeines Verfahren anwenden, das für metrische und nicht – metrische Merkmale gleichermaßen sinnvoll ist. Dieses Verfahren steht zudem in engem Zusammenhang mit den Suchstrategien nach einem passenden Modell. Im Prinzip läuft es darauf hinaus, beginnend mit dem komplexesten Erklärungsmodell (möglichst das Maximal – oder saturierte Modell) schrittweise erklärende Variablen aus dem Modell fortzulassen, bis man schließlich bei dem Nullmodell $c_0$ anlangt. Bei jedem Schritt kann man dann durch Inspektion der Devianz überprüfen, um wieviel das um einen Parameter vereinfachte Modell die Daten schlechter beschreibt. Hat die Weglassung einer Variablen einen besonders schlechteren Modellfit zur Folge, ist das gleichzeitig eine Information über ihren relativen Einfluß gegenüber den im Modell verbliebenen Merkmalen.

Tabelle 4.1 gibt Auskunft über unsere schrittweise Überprüfung des obigen Erklärungsmodells, das wir der Einfachheit halber Modell 1 nennen (58). Die Merkmale BESCH bzw. DQUAL werden zunächst einzeln (Modell 2, 3) und schließlich zusammen (Modell 0, Nullmodell) aus der Regressionsgleichung entfernt. Die Devianz (3.21) (= Summe der quadrierten Residuen bei normalverteilten Zielvariablen) nimmt zu und wir müssen jetzt untersuchen, ob diese Vereinfachungen des Erklärungsmodells signifikante Verschlechterungen des Modellfits zur Folge haben und wie groß die Verschlechterung jeweils ist. Devianz und Freiheitsgrade werden von GLIM nach jedem $FIT – Befehl ausgedruckt und die entsprechenden Werte wurden in Spalte 2 der Tabelle

---

(58) Alle weiteren Modelle werden in aufsteigender Reihenfolge durchnumeriert, ausgenommen das Nullmodell, das die Zahl 0 erhält. Verallgemeinerungen des klassischen linearen Modells machen im wesentlichen nur andere Annahmen über die Verbindungsfunktion und die Verteilung der Zielvariablen. Die unabhängigen Merkmale bleiben jedoch weitgehend gleich (vgl. Abschnitt 2.6). Wenn wir daher in den folgenden Abschnitten GL – Modelle mit gleichen Konstellationen der erklärenden Merkmale berechnen, werden wir die gleichen Modellnummern verwenden. Modell 1 berücksichtigt also immer nur metrische erklärende Merkmale (unabhängig von der jeweiligen Zielvariablen).

Tabelle 4.1: REGRESSIONSANALYSE

| M o d e l l | Devianz | B | Modellvergleiche | | ΔB PRD | multipler F-Test | partieller F-Test |
|---|---|---|---|---|---|---|---|
| | | | Devianz gegenüber Modell... | Effekt der Variablen | | | |
| 1: %GM + DQUAL + BESCH | 10118382 (2591) | 0.137 | - | - | - | 204.98 (2/2591) | - |
| 2: %GM + DQUAL | 10702899 (2592) | 0.087 | 1: 584517 (1) | BESCH | 0.050 0.055 | 246.16 (1/2592) | 149.68 (1/2591) |
| 3: %GM + BESCH | 10626252 (2592) | 0.093 | 1: 507870 (1) | DQUAL | 0.043 0.048 | 266.63 (1/2592) | 130.05 (1/2591) |
| 0: %GM | 11719355 (2593) | 0.000 | - | - | - | - | - |

Angaben in Klammern: Freiheitsgrade

<u>Berechnungsbeispiele</u>

Spalte 2: Devianz D (vgl. Abschnitt 3.3)
Freiheitsgrade df = Fallzahl - Anzahl geschätzter Modellparameter

Spalte 3: B = 1 - (Devianz aktuelles Modell/Devianz Nullmodell) (z.B. 0.137 = 1 - (10118382/11719355))
Spalte 4: ΔD = Devianz aktuelles Modell - Devianz Vergleichsmodell (z.B. 584517 = 10702899 - 10118382)
Δdf = Freiheitsgrade akt. Modell - Freiheitsgrade Vergleichsm. (z.B. 1 = 2592 - 2591)

Spalte 6: ΔB = Devianzdifferenz ΔD/Devianz Nullmodell (z.B. 0.050 = 584517/11719355)
PRD = Devianzdifferenz ΔD/Devianz aktuelles Modell (z.B. 0.055 = 584517/10702899)

Spalte 7: mult. F = $\dfrac{\text{(Devianz Nullmodell - Devianz akt. Modell)/Anzahl Modellparameter-1}}{\text{Devianz akt. Modell/Freiheitsgrade akt. Modell}}$ $\left(\text{z.B. } 204.98 = \dfrac{(11719355 - 10118382)/2}{10118382/2591}\right)$

Spalte 8: part. F = $\dfrac{\text{Devianzdifferenz }\Delta D\text{/Differenz der Freiheitsgrade }\Delta df}{\text{Devianz Vergleichsmodell/Freiheitsgr. Vergl.-Modell}}$ $\left(\text{z.B. } 149.68 = \dfrac{584517/1}{10118382/2591}\right)$

zusammengestellt. Spalte 1 zeigt die entsprechende Modellformel des $FIT -
Befehls. Alle weiteren Statistiken muß man sich entweder per Hand oder durch
GLIM - Macros berechnen.

Ehe wir uns mit den beiden Variablen im einzelnen beschäftigen, wollen wir
uns zunächst fragen, wie groß die Erklärungskraft des jeweiligen Modells
insgesamt ist. Die in Abschnitt 3.3.2 diskutierten Modellanpassungstests sind
auf normalverteilte Zielvariablen nicht anwendbar, da sie sich auf die skalierte
Devianz (3.20) beziehen, für die man bei normalverteilten Zielvariablen noch
den Skalenparameter kennen müßte. Wir haben daher die in Abschnitt 3.3.3
diskutierten multiplen F - Tests (3.34) berechnet (vgl. Tabelle 4.1, Spalte 7).
Danach ist die Erklärungskraft aller drei Modelle 1 - 3 signifikant besser als die
des Nullmodells 0. Dieses Ergebnis war auf Grund der großen Fallzahl zu
erwarten. Betrachten wir daher einmal das multiple Bestimmtheitsmaß B (vgl.
Gleichung 3.38 und Tabelle 4.1, Spalte 3). Danach erklärt unser obiges Modell 1 13,7% der Gesamtdevianz aller Statusveränderungen STATD. Das ist
nicht viel an erklärter Devianz, so daß für substantielle Schlußfolgerungen
sicherlich noch weitere Erklärungsfaktoren berücksichtigt werden müssen.
Doch was kann man über die relative Erklärungskraft der beiden im Modell
befindlichen Merkmale sagen?

Die Zunahme der Devianz bei Weglassung dieser Merkmale läßt sich
ebenfalls mit Hilfe eines partiellen F - Testes (3.34) überprüfen (vgl. Tabelle 4.1,
Spalte 8). Danach hat die Vernachlässigung sowohl des Merkmals BESCH als
auch des Merkmals DQUAL eine signifikant schlechtere Modellanpassung zur
Folge (59). Wird die Dauer der Ausbildung nicht berücksichtigt, kann man
4,3% weniger Devianz der Zielvariablen erklären, bei Vernachlässigung des
Beschäftigungswachstums sind es sogar 5% (vgl. Tabelle 4.1, Spalte 6). Diese
Zahlen entsprechen unserem Koeffizienten $\Delta B$ (3.39) bzw. dem "RSQ
CHANGE" gewöhnlicher Regressionsprogramme. Anders ausgedrückt kann
man auch sagen, das Beschäftigungswachstum erklärt 5,5% der Devianz, die

---

(59) Wenn es nur um die Weglassung eines Parameters geht, ist die Berechnung eines neuen
Modells ohne diese Variable natürlich ein umständliches Verfahren, denn der F - Wert eines Parameters entspricht dem Quadrat des Quotienten von Schätzer b und Standardfehler s.e.: $(b/s.e.)^2$
(vgl. Abschnitt 3.3.3). Bei Weglassung mehrerer Merkmale oder bei Weglassung eines diskreten
Merkmals, das in mehrere Dummies aufgelöst wurde, existiert jedoch keine so einfache Formel für
den partiellen F - Wert. Wir verwenden daher gleich das allgemeinere Verfahren, auch wenn es nicht
immer das effizienteste ist.

noch nicht durch die Dauer der Qualifikation erfaßt wird. Das entsprechende partielle Bestimmtheitsmaß PRD (3.40) für das Merkmal DQUAL beträgt hingegen nur 4,8% (vgl. Tabelle 4.1, Spalte 6).

Egal ob man nun den Koeffizienten $\Delta B$ oder PRD betrachtet, in beiden Fällen zeigt sich, daß das Beschäftigungswachstum eine minimal größere Modellverbesserung zur Folge hat. Dieses Ergebnis entspricht unserem Vergleich der standardisierten Regressionskoeffizienten, hat jedoch den Vorteil eines allgemeineren Vorgehens bei der Modellevaluation. Wenn wir daher im folgenden die relative Einflußstärke einzelner Merkmale überprüfen wollen, dann werden wir insbesonders den Koeffizienten $\Delta B$ betrachten (60). Dieser Koeffizient entspricht genau dem Effekt, den wir mit einem F – Test überprüfen, nämlich der Verschlechterung des Modellfits bei Vernachlässigung bestimmter Merkmale. Falls dieser Test auf Grund der Fallzahl oder anderer Gründe (61) nicht besonders aussagekräftig ist, dann gibt uns dieses Maß zumindest einen deskriptiven Eindruck von der Modellverschlechterung.

Nachdem wir nun am Beispiel einer Regressionsanalyse mit GLIM ausführlich die einzelnen Schritte unserer Modellüberprüfung exemplifiziert haben, wollen wir abschließend noch einmal die wesentlichen Prinzipien unseres Vorgehens zusammenfassen:

1. Schätzung verschiedener Modelle abnehmenden Komplexitätsgrades, ausgehend vom komplexesten (möglichst dem saturierten) bis hin zum Nullmodell.

2. Test der Anpassung jedes Modells bzw. Beschreibung des Modellfits durch ein multiples Bestimmtheitsmaß.

3. Evaluation des relativen Einflusses einzelner Merkmale durch vergleichende Modelltests.

4. Interpretation der einzelnen Effekte des passenden Modells.

---

(60) KÜCHLER empfiehlt ebenfalls, den relativen Einfluß einzelner Merkmale durch den Zuwachs im Bestimmtheitsmaß zu messen. Er weist nach, daß die standardisierten Regressionskoeffizienten nur im dreidimensionalen, nicht aber im mehrdimensionalen Fall proportional diesem Zuwachs des Determinationskoeffizienten sind (1979: 104 ff.). Für die F – Werte gilt hingegen immer diese Proportionalitätsbedingung (1979: 131 f.).

(61) Bei großen Fallzahlen sind auch schon die kleinsten Unterschiede signifikant. Außerdem müssen die Anwendungsvoraussetzungen des Testes geprüft werden (normalverteilte Zielvariable, Streuungsgleichheit). Schließlich sei noch einmal darauf hingewiesen, daß bei verallgemeinerten linearen Modellen alle Tests nur asymptotisch gelten.

Nach diesem Schema wollen wir alle folgenden Auswertungen vornehmen. Seine Sinnhaftigkeit dürfte durch das Beispiel hinreichend deutlich geworden sein, so daß wir uns den spezifischen Problemen der anderen Analyseverfahren zuwenden können.

## 4.1.2 Varianzanalyse

Bis jetzt haben wir angenommen, daß das Ausmaß der Statusänderung linear mit der Dauer der Ausbildung und der Personalexpansion einzelner Wirtschaftszweige zunimmt. Im nächsten Untersuchungsschritt wollen wir Statusveränderungen nach verschiedenen Ausbildungsabschlüssen und Wirtschaftszweigen unterscheiden. Dazu verwenden wir die Merkmale TQUAL bzw. WIRT. Wir erklären also eine metrische Variable, nämlich STATD, durch zwei nicht – metrische Variablen.

Diese Datenkonstellation entspricht der der *klassischen Varianzanalyse*. Allerdings ist die Fragestellung dort etwas anders: Alle wesentlichen Einflußfaktoren werden in einem experimentellen Design kontrolliert und man interessiert sich vor allem für die Frage, ob zwischen den einzelnen Versuchsbedingungen (= Faktoren) ein signifikanter Unterschied besteht oder nicht. Dazu betrachtet man die Variation des abhängigen Merkmals zwischen und innerhalb der Gruppen, die durch die experimentelle Anordnung definiert werden. Dabei ist die Frage, welche Effekte die einzelnen Faktoren haben von sekundärer Bedeutung, denn sie lassen sich auch aus den Gruppenmittelwerten erschließen. Die klassische Varianzanalyse ist also in erster Linie an einer Varianzzerlegung interessiert, wobei spezielle Versuchsanordnungen und Modelle (z.B. Meßwiederholungen oder Modelle mit Zufallseffekten) berücksichtigt werden müssen.

Wie wir zeigen konnten, läßt sich Varianzanalyse aber auch als Regressionsanalyse mit Dummy – Variablen auffassen. Hier steht die Berechnung der Effekte im Vordergrund und die Varianzzerlegung ergibt sich erst durch Schätzung von Modellen mit unterschiedlichen erklärenden Merkmalen. Dabei kann man den Einfluß der erklärenden Merkmale entweder durch zentrierte oder durch auf eine Kategorie bezogene Effekte messen. GLIM verwendet standardmäßig auf die erste Kategorie bezogene Effekte. Zentrierte Effekte müßten entweder explizit kodiert werden oder durch Transformation aus den auf die erste Kategorie bezogenen Effekten berechnet werden (vgl. Gleichung 2.20). Eine einfache Kodierung ( – 1/ + 1 – Kodierung) ist jedoch bei den Daten des Anwendungsbeispiels nicht möglich, da alle Kombinationen der unabhängigen Merkmale unterschiedlich häufig vertreten sind (vgl. Tabelle 1.4). Prinzi-

Tabelle 4.2: REGRESSIONSANALYSE MIT DUMMY-VARIABLEN (VARIANZANALYSE)

| Modell | Devianz | B | Modellvergleiche | | | multipler F-Test | partieller F-Test |
|--------|---------|---|---|---|---|---|---|
| | | | Devianz gegenüber Modell... | Effekt der Variablen | ΔB PRD | | |
| 4: %GM + TQUAL + WIRT + TQUAL.WIRT | 10497768 (2554) | 0.104 | - | - | - | 7.62 (39/2554) | - |
| 5: %GM + TQUAL + WIRT | 10736394 (2581) | 0.084 | 4: 238626 (27) | TQUAL.WIRT | 0.020 0.022 | 19.69 (12/2581) | 2.15 (27/2554) |
| 6: %GM + TQUAL | 11045669 (2590) | 0.057 | 5: 309275 (9) | WIRT | 0.026 0.028 | 52.66 (3/2590) | 8.26 (9/2581) |
| 7: %GM + WIRT | 11225338 (2504) | 0.042 | 5: 488944 (3) | TQUAL | 0.042 0.044 | 12.64 (9/2584) | 39.18 (3/2581) |
| 0: %GM | 11739155 (2.593) | 0.000 | - | - | - | - | - |

Angaben in Klammern: Freiheitsgrade

piell besteht jedoch diese Möglichkeit (vgl. die allgemeinen zentrierten Effekte in Abschnitt 2.4.2.1). In einem Experiment läßt sich natürlich die Verteilung der Untersuchungseinheiten auf die Versuchsbedingungen steuern, so daß man die $-1/+1$ – Kodierung verwenden kann. Dies ist auch das Standardvorgehen in der Varianzanalyse, wenn die Effekte interessieren. Betrachten wir jedoch die Ergebnisse unserer verschiedenen Regressionsmodelle mit auf die erste Kategorie bezogenen Effekten.

Bei der Verwendung diskreter Erklärungsfaktoren kann man den Einfluß bestimmter Merkmalskombinationen überprüfen. Im Gegensatz zu den Modellen des vorherigen Abschnitts, die maximal beide Haupteffekte der erklärenden Merkmale berücksichtigen, haben wir jetzt zusätzlich ein komplexeres Modell überprüft, das auch Interaktionseffekte enthält (62). Tabelle 4.2 zeigt die Ergebnisse unserer Modellanpassung.

Alle Modelle schneiden signifikant besser ab als das Nullmodell 0 (vgl. die multiplen F – Werte). Aber obwohl das Modell 4 mit Interaktionseffekten sehr viel mehr Parameter enthält (insgesamt 40) als unser komplexestes Modell 1 aus dem vorherigen Abschnitt, erklärt es dennoch weniger Devianz in den Daten (insgesamt 10,4%). Ein Vergleich der verschiedenen varianzanalytischen Modelle zeigt, daß die Unterscheidung verschiedener Qualifikationstypen (im Gegensatz zu unserer vorherigen Regressionsanalyse) den größten Einfluß hat (vgl. $\Delta B$ – Koeffizient). Die beiden anderen Effekte (Haupteffekt des Wirtschaftszweiges, Interaktionseffekt) sind vernachlässigbar, denn sie kommen jeweils nur für 2.6 bzw. 2.0% erklärter Devianz auf. Die Weglassung aller drei Effekte hätte zwar jeweils eine signifikant schlechtere Modellanpassung zur Folge, dennoch scheint insbesonders die Einbeziehung des Interaktionseffektes in die Detailinterpretation des Erklärungsmodells nicht gerechtfertigt (63). Wir betrachten daher lediglich das Haupteffektmodell 5.

Tabelle 4.3 zeigt die Ergebnisse, die GLIM nach Eingabe des Befehls $DISPLAY E ausdruckt (estimate, s.e., parameter). Zur besseren Lesbarkeit wurden die inhaltlichen Bezeichnungen der einzelnen Effekte noch einmal wiederholt, weil GLIM nur die Schätzungen und die programminternen Labels

---

(62) Bei metrischen Merkmalen mit (prinzipiell) unendlich vielen Ausprägungen sind so viele Kombinationen möglich, daß ein solches Vorgehen nicht sinnvoll ist. Ein Befehl wie z.B. $FIT DQUAL*BESCH hat eine Fehlermeldung zur Folge und GLIM fordert den Benutzer auf, eine neue Variable zu berechnen, die den multiplikativen Effekt DQUAL*BESCH der beiden Merkmale erfaßt, sofern das erwünscht ist.

(63) In Modell 4 sind zudem nur 3 der insgesamt 40 Parameter signifikant von Null verschieden.

Tabelle 4.3:   Einfluß des Wirtschaftszweiges und der Qualifikation auf
               die Veränderung des sozio-ökonomischen Status

| Parameter-schätzung | Standard-fehler | Parametername | Effekt |
|---|---|---|---|
| -.0680 | 10.05 | %GM | Landwirtschaft, unspez. Qual. |
| 23.49 | 4.539 | TQUA(2) | manuelle Fachqual. |
| 35.89 | 5.092 | TQUA(3) | nicht-manuelle Fachqual. |
| 57.99 | 5.717 | TQUA(4) | Spezialqualifikation |
| -2.556 | 13.31 | WIRT(2) | Energie, Bergbau |
| 21.24 | 9.681 | WIRT(3) | Verarb. Gewerbe |
| -5.607 | 10.23 | WIRT(4) | Baugewerbe |
| 20.66 | 10.11 | WIRT(5) | Handel |
| 1.253 | 10.17 | WIRT(6) | Verkehr |
| 38.24 | 11.69 | WIRT(7) | Kredit, Versicherungen |
| 37.48 | 12.22 | WIRT(8) | Sonst. Dienstleistungen |
| 15.25 | 10.46 | WIRT(9) | Freie Berufe |
| 14.03 | 10.12 | WIRT(10) | Staat |

Modell 5:   Varianzanalyse
            Devianz = 10736394    df = 2581    B = 0.084

ausgibt. Wie man sieht, druckt GLIM standardmäßig nur 4 Ziffern aus. Diese Vorgabe kann man jedoch durch den $ACCURACY – Befehl ändern (z.B. werden nach $ACCURACY 7 immer 7 Ziffern ausgedruckt). Außerdem identifiziert GLIM die einzelnen Variablen nur durch die ersten 4 Buchstaben des Namens (die Variablen STATD und STATE wären daher identisch). Folglich werden auch nur 4 Buchstaben ausgedruckt, wobei jede einzelne Ausprägung eines als Faktor deklarierten Merkmals in Klammern an den Namen angehängt wird. Die jeweils erste Ausprägung fehlt, weil diese Dummy – Variable auf Grund der gewählten Reparametrisierung Null gesetzt wurde ("intrinsically aliased parameter").

Wie sind diese auf eine Kategorie bezogenen Effekte zu interpretieren? Dazu überlegt man sich am besten, unter welchen Umständen diese Regressionsgleichung nur aus dem Absolutglied besteht, während alle anderen Terme Null sind. Das ist offenbar dann der Fall, wenn eine Person unspezifische Qualifikationen aufweist (TQUAL = 1) und in die Landwirtschaft wechselt (WIRT = 1). Die Personen, die diese Merkmalskombination aufweisen, sind die

Vergleichsgruppe, an Hand derer wir die Effekte der einzelnen Ausprägungen messen. Ihr Wechsel in die Landwirtschaft ist durchschnittlich mit einem Statusverlust von −0.0680 Punktwerten verbunden. Die Gruppe der unspezifisch Qualifizierten hingegen, die in das Verarbeitende Gewerbe abwandert (WIRT = 3), liegt um 21.24 Punktwerte über dieser Vergleichsgruppe. Betrachtet man statt der Vergleichsgruppe diejenigen Landwirte, die eine manuelle Fachqualifikation aufweisen (TQUAL = 2), dann zeigt sich, daß sie bei ihrem Wechsel in die Landwirtschaft eher Statusgewinne erfahren (nämlich genau 23.49 Punktwerte). Personen schließlich, die sowohl manuelle Fachqualifikationen aufweisen als auch in das verarbeitende Gewerbe wechseln, liegen um 44.73 Punktwerte (= 21.24 + 23.49) (64) über der Vergleichsgruppe.

Das Ausmaß der einzelnen Effekte hängt bei dieser Art der Kodierung sehr stark davon ab, welche Vergleichsgruppe wir wählen (65). Demgegenüber verwenden zentrierte Effekte einen einheitlichen Vergleichsmaßstab: Sie beziehen sich nämlich immer auf den Mittelwert aller Beobachtungen. Bei auf eine Kategorie bezogenen Effekten kann man die Vergleichsgruppe nur so wählen, daß ein solcher Vergleich inhaltlich interessant erscheint. Die o.g. Vergleichsgruppe (unspezifische Qualifikation, Landwirtschaft) ist in dieser Hinsicht etwas obskur, interessanter wäre sicherlich ein Vergleich mit der Gruppe der manuell Qualifizierten im verarbeitenden Gewerbe, denn die Facharbeiter in der Industrie stellen eine Kerngruppe unseres Samples. Wir verbleiben jedoch bei der gewählten Vergleichsgruppe (66). Was kann man nun über die Effekte im einzelnen sagen?

Nach Maßgabe der Teststatistik (3.11) sind alle Ausprägungen des Merkmals TQUAL sowie folgende Ausprägungen des Merkmals WIRT signifikant von Null verschieden: Verarbeitendes Gewerbe, Handel, Kredit, sonstige Dienstleistungen. Die Größenordnung dieser Effekte läßt sich direkt an Hand der

---

(64)  Ein Interaktionseffekt existiert in diesem Modell nicht.

(65)  Etwas technischer ausgedrückt (unter Verwendung der GLIM − Defaults): Welche Vergleichsgruppe durch die Kombination der jeweils ersten Ausprägungen aller unabhängigen Merkmale definiert wird.

(66)  Die auf die Gruppe der manuell Qualifizierten im verarbeitenden Gewerbe bezogenen Effekte ließen sich leicht berechnen, indem man die entsprechenden Ausprägungen einfach vertauscht und das Modell neu schätzt. Da man aber die Mittelwerte aller Gruppen aus Modell 5 ablesen kann, ist eine erneute Schätzung eigentlich nicht notwendig (wenn man nicht an den Standardfehlern interessiert ist). Man kann sich also die Abweichungen von jeder beliebigen Vergleichsgruppe per Hand ausrechnen.

geschätzten Regressionskoeffizienten vergleichen (67). Danach ergeben sich die größten (positiven) Statusveränderungen bei Personen mit Spezialqualifikationen bzw. bei Wechseln in das Kreditgewerbe oder den sonstigen Dienstleistungsbereich. Die geringsten (positiven) Statusveränderungen ergeben sich bei Wechseln in das verarbeitende Gewerbe oder den Handel bzw. bei Personen mit manuellen Fachqualifikationen (68). Viele Effekte sind annähernd gleich, so daß man prüfen könnte, ob beispielsweise Wechsel in den sonstigen Dienstleistungsbereich (+ 37.48 Punktwerte) und Wechsel in das Kreditgewerbe (+ 38.24 Punktwerte) nicht gleich große Statusveränderungen zur Folge haben (69).

Diese Frage sowie die Tatsache, daß einige der Ausprägungen des Merkmals WIRT keinen signifikanten Einfluß haben, legt natürlich nahe, die erklärenden Merkmale umzukodieren, d.h. Ausprägungen zusammenzufassen und nichtsignifikante Einflüsse in eine Restkategorie zu packen. Wir wollen diesen Gedankengang aber an dieser Stelle nicht weiter verfolgen.

Abschließend noch ein Wort zu klassischen Anwendungen der Varianzanalyse. Übliche Varianzanalyseprogramme drucken zunächst einmal eine "Analysis of Variance" Tabelle aus, in der man ablesen kann, wieviel Varianz durch Haupt – und Interaktionseffekte der unabhängigen Merkmale erklärt wird. Diese Tabelle ist mit unserer Tabelle 4.2 identisch. Eine hierarchische Varianzzerlegung setzt jedoch voraus, daß alle erklärenden Merkmale unabhängig voneinander sind (orthogonal), so daß die ausgedruckten Varianzanteile ausschließlich den jeweiligen Effekten zugeschrieben werden können, unabhängig davon, welche anderen Effekte sich schon im Modell befinden. Das ist in unserem Fall nicht möglich, so daß unsere $\Delta B$ – Koeffizienten von dem gewählten Vergleichsmodell abhängen.

---

(67) Eine Berechnung standardisierter Regressionskoeffizienten ist bei nicht – metrischen Variablen sinnlos und zudem nicht nötig, da alle Merkmale die gleiche Maßeinheit haben.

(68) Die Tatsache, daß es nur signifikante positive (!) Effekte gibt, hängt mit unserer Wahl der Vergleichsgruppe zusammen, die im Vergleich zu allen anderen Gruppen eher negative Statusveränderungen erfährt.

(69) Zur Durchführung dieses Tests vgl. die Methode der linearen Kontraste in Abschnitt 3.2. Ist man nur an der Signifikanz der Parameterdifferenzen interessiert, dann erhält man schon mit dem Befehl $DISPLAY S alle notwendigen Informationen.

Tabelle 4.4: KOVARIANZANALYSE

| M o d e l l | Devianz | B | Modellvergleiche | | | multipler F-Test | partieller F-Test |
|---|---|---|---|---|---|---|---|
| | | | Devianz gegenüber Modell... | Effekt der Variablen | ΔB PRD | | |
| 8: %GM + TQUAL + BESCH + TQUAL.BESCH | 10361981 (2586) | 0.116 | - | - | - | 48.39 (7/2586) | - |
| 9: %GM + TQUAL + BESCH | 10365024 (2589) | 0.116 | 8: 3043 (3) | TQUAL.BESCH | 0.000 0.000 | 84.57 (4/2589) | 0.25 (3/2586) |
| 6: %GM + TQUAL | 11045569 (2590) | 0.057 | 9: 680645 (1) | BESCH | 0.058 0.062 | 52.66 (3/2590) | 170.01 (1/2589) |
| 3: %GM + BESCH | 10626252 (2592) | 0.093 | 9: 261228 (3) | TQUAL | 0.022 0.025 | 266.63 (1/2592) | 21.75 (3/2589) |
| 0: %GM | 11719355 (2593) | 0.000 | - | - | - | - | - |

Angaben in Klammern: Freiheitsgrade

### 4.1.3 Kovarianzanalyse

Die Unterscheidung verschiedener Qualifikationstypen und Wirtschaftszweige ergibt gegenüber unserer Regressionsanalyse keine wesentliche Modellverbesserung sondern im Gegenteil eine schlechtere Anpassung an die Daten. Wenn überhaupt eine dieser nicht–metrischen Variablen einen wesentlichen Beitrag zur Erklärung der Statusveränderungen liefert, dann ist es das Merkmal TQUAL. Warum sollte man nicht beide Modelle miteinander kombinieren und eine Kovarianzanalyse rechnen?

Die Ergebnisse unserer Kovarianzanalysen zeigt Tabelle 4.4. Danach ist auch das komplexeste Modell 8, das bei dieser Datenkonstellation möglich ist, nicht wesentlich besser als unser vorheriges Modell 4. Allerdings muß man berücksichtigen, daß es zur Erklärung von 11.6% der Devianz lediglich 8 Parameter benötigt, während Modell 4 für 10.4% 40 Parameter verwendet. Modell 8 enthält einen Interaktionseffekt zwischen der metrischen Variablen BESCH und der diskreten Variablen TQUAL, dessen Erklärungskraft allerdings so gering ist (partieller F–Wert trotz der hohen Fallzahl nicht signifikant), daß wir uns gleich dem Haupteffektmodell 9 zuwenden (vgl. Tabelle 4.5). Alle Effekte sind signifikant. Was kann man jedoch über deren Interpretation bzw. über die relative Einflußstärke der beiden Merkmale aussagen?

Tabelle 4.5: Einfluß der Qualifikation und des Beschäftigtenwachstums auf die Veränderung des sozio-ökonomischen Status

| Parameter-schätzung | Standard-fehler | Parametername | Effekt |
|---|---|---|---|
| -32.22 | 5.303 | %GM | unspez. Qual., BESCH = 0 |
| 19.20 | 4.460 | TQUA(2) | manuelle Fachqual. |
| 27.90 | 4.981 | TQUA(3) | nicht-manuelle Fachqual. |
| 42.65 | 5.561 | TQUA(4) | Spezialqualifikation |
| .4522 | .0347 | BESC | Beschäftigtenwachstum |

Modell 9: Kovarianzanalyse

Devianz = 10365024     df $\doteq$ 2589     B = 0.116

Beginnen wir mit der ersten Teilfrage: Erneut müssen wir uns daran erinnern, daß es sich bei GLIM eigentlich um eine Regressionsanalyse mit Dummy–Variablen handelt und nicht um die klassische Kovarianzanalyse. In der *klassischen Kovarianzanalyse* wird zunächst die Zielvariable um den Einfluß der Kovariaten (metrische Variablen) bereinigt (durch Auspartialisieren) und dann die übliche Varianzanalyse gerechnet, wobei wiederum die (orthogonale) Zerlegung der Gesamtvarianz im Vordergrund steht und die Berechnung der (zentrierten) Effekte eher sekundäre Bedeutung hat. GLIM verwendet auf eine Kategorie bezogene Effekte, so daß wir uns erneut überlegen müssen, unter welchen Bedingungen die Regressionsgleichung lediglich aus dem Absolut-glied besteht. Das ist offensichtlich dann der Fall, wenn man Personen mit unspezifischen Qualifikationen (TQUAL = 1) betrachtet, die in stagnierende Wirtschaftszweige (BESCH = 0) wechseln. Diese Vergleichsgruppe erfährt dabei einen durchschnittlichen Statusverlust von − 32.22 Punktwerten. Da während der sechziger Jahre fast alle Wirtschaftszweige expandierten, verwendet man sinnvollerweise die Personen mit unspezifischen Qualifikationen als Ver-gleichsgruppe, die in durchschnittlich wachsende Wirtschaftszweige (BESCH = 118.047) abwandern. Sie erfahren einen durchschnittlichen Statusgewinn von 21.16 Punktwerten (= − 32.22 + 0.4522 * 118.047). Gegenüber dieser Ver-gleichsgruppe haben z.B. Personen mit manuellen Fachqualifikationen durch-schnittlich 19.20 Punktwerte mehr Statusgewinne zu verzeichnen. Nachdem wir also einmal die Vergleichsgruppe festgemacht haben, verläuft die Interpreta-tion der nicht – metrischen Effekte analog unserer Varianzanalyse in Abschnitt 4.1.2. Bei der metrischen Variable BESCH würde man argumentieren, ein um 10% höheres Beschäftigungswachstum hat um 4.522 Punktwerte höhere Sta-tusgewinne zur Folge.

Was kann man nun zu der zweiten Teilfrage aussagen? Dazu könnte man die standardisierten Regressionskoeffizienten betrachten, weil die unabhängi-gen Merkmale unterschiedliche Maßeinheiten haben. SPSS beispielsweise druckt diese Koeffizienten standardmäßig aus, wenn man die Prozedur REGRESSION verwendet:

STAT = 0.1421*TQUA(2) + 0.1745*TQUA(3) + 0.2136*TQUA(4) + 0.2554*BESCH

An Hand dieser Koeffizienten kann man sich überlegen, was eine für alle unabhängigen Merkmale einheitliche Erhöhung um eine Standardabweichung für Effekte auf die Zielvariable hat. Dummy – Variablen haben jedoch nur zwei Ausprägungen, so daß man sie nicht um eine Standardabweichung erhöhen kann. Der Vergleich standardisierter Regressionskoeffizienten macht daher nur für metrische Variablen untereinander einen Sinn (z.B. wenn man mehrere Kovariaten berücksichtigt). Wenn man dennoch diesen Vergleich für nicht – metrische Variablen für sinnvoll hält, könnte man zwar aus den obigen Koeffi-zienten ablesen, daß der Einfluß jeder Ausprägung des Merkmals TQUAL geringer ist als der Einfluß des Merkmals BESCH, wie sich jedoch der relative Einfluß des Merkmals TQUAL insgesamt (!) gegenüber dem Merkmal BESCH verhält, kann damit nicht beantwortet werden.

An dieser Stelle wird also deutlich, warum ein Vergleich der $\Delta B$ – Koeffizienten ein allgemeineres Verfahren zur Messung des relativen Einflusses erklärender Merkmale ist. Es erlaubt den Vergleich erklärender Merkmale unterschiedlichen Meßniveaus und die Messung des gemeinsamen Einflusses aller Ausprägungen eines diskreten Merkmals (70). Tabelle 4.4 führt zu diesem Zweck noch einmal die schon berechneten Modelle 3 und 6 auf, in denen jeweils das Merkmal TQUAL resp. BESCH nicht enthalten ist. Die Vernachlässigung des Beschäftigungswachstums hat danach sehr viel negativere Folgen (5.8% weniger erklärte Devianz) als die Ignorierung unterschiedlicher Qualifikationstypen (2.2% weniger erklärte Devianz). Auch in diesem kovarianzanalytischen Modell erweisen sich also die wirtschaftlichen Rahmendaten als sehr viel besserer Indikator von Statusveränderungen als die Qualifikation einer Person.

Abschließend sei vielleicht noch darauf hingewiesen, daß wir schon einmal solche $\Delta B$ – Koeffizienten für Modell 3 und 6 berechnet haben (vgl. Tabelle 4.1 und 4.2). Dort ergaben sich andere Werte (0.043 resp. 0.026), weil wir jeweils andere Vergleichsmodelle bei der Berechnung zugrundegelegt haben. Daher sei noch einmal ausdrücklich darauf hingewiesen, daß die Betrachtung der $\Delta B$ – Koeffizienten zwar ein allgemeineres Verfahren ist, die Größe dieser Koeffizienten jedoch sehr stark davon abhängt, welche anderen Merkmale sich schon im Modell befinden (71). Nur bei einem orthogonalen Design wäre die Eingabereihenfolge der Merkmale bzw. die Art der Modellvergleiche ohne Einfluß.

---

(70) Einzelne Ausprägungen des diskreten Merkmals TQUAL lassen sich auch mit Hilfe des B – Koeffizienten testen: Dazu muß man allerdings jede Ausprägung des Merkmals TQUAL (bis auf die erste) in eine eigene Variable überführen (also quasi die Dummy – Variablen selbst berechnen) und diese sukzessive aus der Regressionsgleichung fortlassen.

(71) Das gilt aber auch für die standardisierten Regressionskoeffizienten.

## 4.2 Dichotome Zielvariablen: Abstiegsrisiko in verschiedenen Subgruppen

Ähnlich wie bei den unabhängigen Merkmalen betrachtet man auch häufig bei der Zielvariablen diskrete Merkmale. So könnte man in dem vorliegenden Beispiel statt exakter Statusänderungen die globale Richtung von Berufswechseln untersuchen: Handelt es sich dabei eher um einen sozialen Abstieg, einen sozialen Aufstieg oder um Wechsel ohne große Statusänderungen (horizontale Mobilität)? Wie wir in diesem Abschnitt näher erläutern wollen, läßt sich diese Datenkonstellation nicht mehr adäquat mit dem klassischen linearen Modell analysieren.

Um die Fragestellung nicht zu komplex werden zu lassen, betrachten wir zunächst eine dichotome Zielvariable. Genauer gesagt untersuchen wir die Frage, wie das Abstiegsrisiko mit der persönlichen Qualifikation und wirtschaftlichen Rahmenbedingungen variiert. Wir unterscheiden also nur zwei Ausprägungen der Zielvariablen Art des Tätigkeitswechsels (ART = 1 Abstiege, ART = 2 Rest: Aufstiege und horizontale Mobilität). Eine Verallgemeinerung auf polytome Merkmale ist ohne weiteres möglich, wird jedoch erst später diskutiert.

In Abschnitt 4.2.1 geben wir zunächst einen allgemeinen Überblick über die Auswertungsprobleme, die bei Verwendung des klassischen linearen Modells entstehen, sowie die verschiedenen Lösungsmöglichkeiten. Zwei dieser Alternativen werden im folgenden ausführlicher dargestellt. Es handelt sich einmal um eine gewichtete Regression mit Subgruppen als Fällen (GSK – Ansatz, Abschnitt 4.2.2) und zum anderen um Modelle, die direkt auf der Wahrscheinlichkeit der einzelnen Beobachtungen beruhen (ML – Schätzung, Abschnitt 4.2.3).

Wie später noch zu zeigen sein wird, setzt der GSK – Ansatz aggregierte (kreuztabellierte) Daten voraus. Dagegen können ML – Schätzungen auch auf Individualdaten angewendet werden. In diesem Abschnitt werden jedoch nur aggregierte Daten verwendet, um beide Methoden miteinander vergleichen zu können. Wir untersuchen daher nicht das individuelle Abstiegsrisiko sondern das Auftreten von Abstiegen in verschiedenen Subgruppen der Stichprobe, die sich nur durch ihre Qualifikation (TQUAL) und den Wirtschaftszweig ihrer Tätigkeit (WIRT) unterscheiden.

Bei diesen Kreuztabellen tritt häufig das Problem auf, daß einzelne Zellen nicht besetzt sind. Wir haben in diesem Zusammenhang zwischen strukturellen Nullen und Stichprobennullen unterschieden. Im Abschnitt 4.2.4 wollen wir schließlich diskutieren, wie diese unvollständigen Tabellen beim GSK – Ansatz und bei ML – Schätzungen berücksichtigt werden können.

### 4.2.1 Probleme der Analyse dichotomer Zielvariablen

Statt des metrischen Merkmals Statusdifferenz STATD betrachten wir jetzt die dichotomisierte Variable Art des Tätigkeitswechsels ART. Analog unserem Vorgehen bei den unabhängigen Merkmalen könnte man diese Variable in eine 1/0 – kodierte Dummy – Variable transformieren (1 = Abstiege, 0 = Rest). Der Mittelwert dieser Dummy – Variablen entspräche dem Anteil der Abstiege in der Gesamtstichprobe. Sie ließe sich also sinnvoll interpretieren. Was spricht daher dagegen, eine ganz gewöhnliche Regressionsanalyse wie in den vorhergehenden Abschnitten zu rechnen, in der lediglich eine Dummy – Variable als abhängiges Merkmal verwendet wird?

Dummy – Variablen als abhängiges Merkmal

Dieses Modell ist in verschiedenen Lehrbüchern ausführlich kommentiert und wir wollen nur die wesentlichen Argumente resümieren. Da das abhängige Merkmal Y nur zwei Ausprägungen (0 und 1) hat, kann man sich für jeden Fall die Werte der Fehlerkomponente $e_i$ direkt aus den unabhängigen Merkmalen $x_{ij}$ und ihren Effekten $\beta_j$ errechnen. Aus der Modellgleichung (2.9) ergibt sich für einen Fall i:

$$y_i = 1: \quad e_i = 1 - \sum_{j=1}^{p} \beta_j x_{ij} = 1 - \eta_i$$

$$y_i = 0: \quad e_i = 0 - \sum_{j=1}^{p} \beta_j x_{ij} = - \eta_i$$

Diese Fehler haben zwar immer noch einen Erwartungswert von 0, ihre Varianz ist jedoch von den Merkmalen $x_{ij}$ und ihren Effekten $\beta_j$ abhängig. Man kann zeigen, daß die Varianz $V(e_i)$ exakt folgendem Ausdruck entspricht (aus Vereinfachungsgründen haben wir den gemeinsamen Einfluß der unabhängigen Merkmale in einem linearen Prädiktor $\eta_i$ zusammengefaßt):

$$(4.3) \quad V(e_i) = \eta_i (1 - \eta_i)$$

In diesem Fall ist die Homoskedaszitätsannahme (2.2b) nicht mehr gegeben. Die OLS – Schätzer $b_j$ stimmen zwar noch im Mittel mit den wahren Effekten $\beta_j$ überein (konsistente Schätzer), sind aber nicht mehr die genauesten (effizientesten) aller verfügbaren. Aus diesem Grund ist eine einfache Regression nicht mehr das optimale Schätzverfahren.

## Modellierung von Wahrscheinlichkeiten

Unabhängig von diesen Schätzproblemen stellt sich natürlich die Frage, wie die Modellergebnisse zu interpretieren sind. Zur Illustration haben wir daher Modell 1 mit einer Dummy – Variablen als abhängigem Merkmal repliziert. Die Ergebnisse der OLS – Schätzung lauten (*Beispiel 4.1*):

```
y =   0.6088 - 0.01802 * DQUAL - 0.00181 * BESCH
     (0.0400) (0.00347)          (0.00021)
```

Für eine Person mit 10 – jähriger Ausbildung, die in einem Wirtschaftszweig tätig ist, in dem das Beschäftigungsvolumen um 100% zugenommen hat, ergibt sich ein Wert von Y = 0.2474. Für die betrachtete abhängige Variable ist dieses Ergebnis zunächst ein unsinniges Resultat, denn entweder ist der Tätigkeitswechsel mit einem sozialen Abstieg verbunden (Y = 1) oder nicht (Y = 0), aber niemand kann 0.2474 Abstiege erfahren. Diese Prognose läßt sich nur dann sinnvoll interpretieren, wenn man von Wahrscheinlichkeiten spricht. Der Wert 0.2474 beschreibt also die Wahrscheinlichkeit eines sozialen Abstiegs bei einer Person mit den genannten Eigenschaften (DQUAL = 10, BESCH = 100). Mit dieser erweiterten Interpretation sind jedoch noch nicht alle Schwierigkeiten aus dem Weg geräumt: Bei bestimmten Konstellationen der unabhängigen Merkmale sind nämlich negative Prognosen oder Werte größer als 1 nicht ausgeschlossen (bei DQUAL = 17 und BESCH = 200 ergibt sich z.B. ein Wert von Y = – 0.05994). Diese Zahlen liegen außerhalb des zulässigen Wertebereichs von Wahrscheinlichkeiten (0,1). Durch ein geeignetes Modell muß also sichergestellt werden, daß diese Grenzen nicht unter – bzw. überschritten werden.

Zusammenfassend kann man also feststellen, daß unabhängig von der mangelnden Effizienz der OLS – Schätzung das linear – additive Regressionsmodell (2.9) für die Analyse dichotomer Zielvariablen nicht besonders gut geeignet ist. Das richtige Modell betrachtet die Wahrscheinlichkeit eines bestimmten Ereignisses $P(y_i = 1)$ (hier: soziale Abstiege) und untersucht die Frage, wie die unabhängigen Merkmale diese Wahrscheinlichkeit beeinflussen: $P(y_i = 1) = F(\eta_i)$. $F(\eta_i)$ ist dabei eine geeignete (kumulative) Verteilungsfunktion, deren zentraler Parameter von dem linearen Prädiktor $\eta_i$ abhängt und die für jede Konstellation der unabhängigen Merkmale angibt, wie groß die Wahrscheinlichkeit des jeweiligen Ereignisses (maximal) ist. Da eine Verteilungsfunktion definitionsgemäß nur Werte zwischen 0 und 1 annehmen kann, wird sichergestellt, daß der zulässige Wertebereich der Zielvariablen eingehalten wird.

Auf Grund dieser Beschränkung des Wertebereichs ist anzunehmen, daß die Funktion $F(\eta_i)$ eine *nicht – lineare Funktion* ist. Das verdeutlicht das folgende Beispiel: Ist das Abstiegsrisiko einer Personengruppe ohnehin sehr niedrig, kann es durch weitere Qualifikationen oder noch bessere Arbeitsmarktchancen auch nicht wesentlich verringert werden. Änderungen der Zielvariablen im Extrembereich erfordern daher sehr viel größere Veränderungen der unabhängigen Merkmale als im Mittelbereich. Aus dem gleichen Grund ist es plausibel, daß sich die Einflüsse der verschiedenen Merkmale nicht einfach addieren: Wenn das Abstiegsrisiko einer Person auf Grund ihrer speziellen Qualifikation schon sehr gering ist, dann haben verbesserte Arbeitsmarktchancen auch nur einen geringen Einfluß (im Gegensatz etwa zu Personen mit unspezifischen Qualifikationen). Anders ausgedrückt, der Effekt eines unabhängigen Merkmals hängt davon ab, welches Niveau die anderen Merkmale haben (*multiplikative Effekte*).

Die am häufigsten verwendeten Verteilungsfunktionen mit den genannten Eigenschaften sind die logistische und die Normalverteilung (73):

$$(4.4) \quad \text{a) } P(y_i = 1) = \exp \eta_i \ / \ (1 + \exp \eta_i)$$

$$\text{b) } P(y_i = 1) = (2\pi)^{-0.5} \ {}_{-\infty}\!\int^{\eta_i} \exp(z^2/2)dz$$

---

(73) Das Probit – Modell verwendet das Integral der Standardnormalverteilung (Verteilungsfunktion der Normalverteilung), wobei die obere Integrationsgrenze von dem (standardisierten) linearen Prädiktor abhängt. Dieses Integral berechnet die Fläche unter der Standardnormalverteilungskurve von – unendlich bis zu dem Wert des (standardisierten) linearen Prädiktors. Diese Fläche entspricht der Wahrscheinlichkeit, eine Zahl zu beobachten, die höchstens so groß ist wie der (standardisierte) lineare Prädiktor. Man beachte weiterhin, daß die obere Integrationsgrenze und damit der lineare Prädiktor Werte zwischen – und + unendlich annehmen kann. Je nachdem ergeben sich geringe oder hohe Wahrscheinlichkeiten $P(y_i = 1)$. Anders ausgedrückt, der gemeinsame Einfluß der unabhängigen Merkmale kann beliebige Werte annehmen, während der Wertebereich der Zielvariablen beschränkt ist.

Daraus ergeben sich das *logistische Regressionsmodell* und das *Probit – Modell*. Regressionsmodelle mit beliebigen anderen Verteilungsfunktionen bezeichnet man auch als *Quantit – Modelle*. Das logistische Regressionsmodell ist in Abbildung 2.1 dargestellt. Man erkennt daran sehr deutlich, daß in den Extrembereichen sehr viel größere Veränderungen der unabhängigen Merkmale (zusammengefaßt in dem linearen Prädiktor $\eta$) notwendig sind als im Mittelbereich. Das Probit – Modell unterscheidet sich davon nicht wesentlich: Die Verteilungsfunktion der Normalverteilung (4.4b) nähert sich nur etwas schneller den beiden Extremwerten 0 und 1, so daß geringfügige Abweichungen zwischen beiden Modellen in den Extrembereichen auftreten. Da die logistische Verteilungsfunktion sehr viel einfacher zu berechnen ist, wird sie in den meisten Fällen bevorzugt.

Beide Modelle unterstellen multiplikative Effekte der unabhängigen Merkmale, wie man z.B. aus der folgenden Umformung des logistischen Regressionsmodells erkennt:

$$P(y_i=1)/[1-P(y_i=1)] = \exp \eta_i$$
$$= \exp (\beta_1 x_{i1}) \exp(\beta_2 x_{i2}) \ldots \exp(\beta_p x_{ip})$$

Die Logits $\ln(P/(1-P))$ sind eine multiplikative Funktion der unabhängigen Merkmale. Während bei allen linear – additiven Modellen der Einfluß einer Variablen $X_j$ ihrem Effekt $\beta_j$ entspricht (74):

$$(4.5) \quad a) \quad \partial P/\partial X_j = \beta_j$$

kann man für das logistische und das Probit – Modell zeigen, daß der Einfluß nicht nur von $\beta_j$ abhängt:

$$(4.5) \quad b) \quad \partial P/\partial X_j = \beta_j \, P(y_i=1)[1-P(y_i=1)]$$
$$c) \quad \partial P/\partial X_j = \beta_j \, f(\eta_i)$$

---

(74) Die Veränderung einer Variablen, die eine Funktion mehrerer unabhängiger Merkmale ist, entspricht der partiellen Ableitung dieser Funktion nach der jeweiligen unabhängigen Variablen.

Beim logistischen Regressionsmodell variiert er mit der Wahrscheinlichkeit des Ereignisses $P(y_i = 1)$ selbst, die wiederum von den anderen unabhängigen Merkmalen beeinflußt wird. Beim Probit – Modell variiert er mit der Dichte $f(\eta_i)$ der Normalverteilung an der Stelle $\eta_i$. Dieser Faktor ist um so größer, je näher man sich dem Zentrum der Verteilung nähert.

Das logistische Regressionsmodell und das Probit – Modell haben zwar gewisse formale Vorzüge, man kann sich aber leicht ausmalen, daß die Effekte (4.5b,c) sehr viel schwieriger zu interpretieren sind als die bekannten linear – additiven (4.5a). Von daher stellt sich die Frage, unter welchen Umständen das allgemeine Modell:

$$(4.6a) \quad P(y_i = 1) = F(\eta_i)$$

durch das bekannte linear – additive Regressionsmodell angenähert werden kann:

$$(4.6b) \quad P(y_i = 1) = \eta_i + e_i$$

Aus Abbildung 2.1 erkennt man, daß sich das lineare und das logistische Modell für Wahrscheinlichkeiten zwischen 0.3 und 0.7 nicht wesentlich unterscheiden. Handelt es sich also um keine seltenen Ereignisse, dann läßt sich das lineare Modell durchaus noch vertreten. Es wäre dann nur noch das o.g. Heteroskedaszitätsproblem zu lösen. Für unser Anwendungsbeispiel (19% Abstiege) ist diese Näherungslösung jedoch zweifelhaft.

Schätzprobleme
<u>Schätzprobleme</u>

Ausgehend von dem Wahrscheinlichkeitsmodell (4.6a) ergeben sich mindestens zwei Möglichkeiten der Modellüberprüfung:

1.  Man verwendet ein Schätzverfahren, das direkt mit den Wahrscheinlichkeiten $P(y_i = 1)$ operiert (ML – Schätzung).

2.  Man schätzt zunächst die Wahrscheinlichkeiten $P(y_i = 1)$ mit Hilfe empirischer Daten und formuliert dann in einem zweiten Schritt ein beliebiges Regressionsmodell (z.B. Modell 4.6b) für diese neue Zielvariable, wobei deren Heteroskedaszität kontrolliert werden muß (GSK – Ansatz).

Wir wollen diese beiden Ansätze kurz erläutern.

Wie in Abschnitt 3.1 kurz angedeutet und im Anhang weiter ausgeführt beruhen ML – Schätzungen auf den Parametern, unter denen die gegebene Stichprobe am wahrscheinlichsten zustande gekommen ist. Dazu betrachtet man die Wahrscheinlichkeit jeder Beobachtung unter den Modellannahmen. Die Wahrscheinlichkeit (Likelihood) der gesamten Stichprobe ergibt sich schließlich durch Multiplikation aller Einzelwahrscheinlichkeiten. Dieses Ergebnis wird in der *Likelihood – Funktion* zusammengefaßt. In unserem Fall besteht diese Likelihood – Funktion aus $n_1 = 985$ Abstiegen und $n_2 = 4203$ sonstigen Tätigkeitswechseln, die jeweils mit Wahrscheinlichkeit $P(y_i = 1)$ bzw. $P(y_i = 0) = (1 - P(y_i = 1))$ auftreten:

$$(4.7) \quad L = \prod_{i=1}^{985} P(y_i = 1) \prod_{i=1}^{4203} [1 - P(y_i = 1)]$$

Für die Wahrscheinlichkeiten P kann man jetzt das jeweilige Modell (z.B. 4.4a oder 4.4b) einsetzen und durch geeignete numerische Optimierungsverfahren die Parameter suchen, die diese Funktion L maximieren. Man beachte, daß bei diesem Ansatz die Wahrscheinlichkeiten P nicht empirisch bekannt sein müssen. Man verwendet lediglich die Dummy – Variable mit den 985 Einsen (Abstiege) und 4203 Nullen (Rest) sowie die Werte der unabhängigen Merkmale $\underline{X}$.

Tabelle 4.6: Berufliche Abstiege nach Art der Qualifikation

| n | Art der Qualifikation | Abstieg | Rest | Summe |
|---|---|---|---|---|
| $\gamma_0$ | unspezifische Qualif. | 116<br>0.243 | 361<br>0.757 | 477<br>1.000 |
| $\gamma_0 + \gamma_2^T$ | manuelle Fachqualif. | 628<br>0.221 | 2217<br>0.779 | 2845<br>1.000 |
| $\gamma_0 + \gamma_3^T$ | nicht-manuelle Fachqual. | 167<br>0.140 | 1022<br>0.860 | 1189<br>1.000 |
| $\gamma_0 + \gamma_4^T$ | Spezialqualifikation | 74<br>0.109 | 603<br>0.891 | 677<br>1.000 |
| | Summe | 985<br>0.190 | 4203<br>0.810 | 5188<br>1.000 |

Möchte man, wie in dem zweiten Ansatz vorgesehen, die Wahrscheinlichkeiten selbst modellieren, dann muß man das Datenmaterial in gewisser Weise aggregieren. Nur so ist eine Schätzung der Wahrscheinlichkeiten möglich, denn aus der Tatsache, daß eine Person einen Abstieg erfährt, lassen sich noch keine Aussagen über das Abstiegsrisiko machen. Zur Illustration wurde daher die Stichprobe in die vier verschiedenen Qualifikationstypen untergliedert, für die man jeweils die Anzahl der Abstiege und der restlichen Tätigkeitswechsel auszählen kann (vgl. Tabelle 4.6). Die Anteile $p_{ij}$ dieser verschiedenen Tätigkeitswechsel (Zeilenprozente der Kreuztabelle) sind unverzerrte Schätzer der wahren Abstiegs – bzw. Restwahrscheinlichkeiten $\pi_{ij}$ ($i = 1,2,3,4$; $j = 1,2$). Implizit macht man sich dabei die Häufigkeitsdefinition der´ Wahrscheinlichkeit zunutze.

Für diese Anteilswerte $p_{ij}$ kann man nun ein beliebiges Regressionsmodell formulieren. Angenommen man betrachtet die vier Anteilswerte der Abstiege in den einzelnen Subgruppen ($p_{i1}$; $i = 1,...,4$), dann ergibt sich folgendes Regressionsmodell:

$$(4.8a) \quad p_{i1} = \eta_i + e_i$$

Die unabhängigen Merkmale $x_{ij}$ (zusammengefaßt in dem linearen Prädiktor $\eta_i$) sind bestimmte Eigenschaften der verschiedenen Subgruppen (man beachte, daß die Regression mit den Subgruppen als Fällen vorgenommen wird). Statt des linear – additiven Modells (4.8a) könnte man aber auch die logarithmierten Verhältnisse (Logits) der beiden Anteilswerte $p_{i1}$ und $p_{i2}$ ($= 1 - p_{i1}$) betrachen:

$$(4.8b) \quad \ln[p_{i1}/(1-p_{i1})] = \eta_i + e_i$$

Auf diese Weise kann man auch das logistische Regressionsmodell berechnen (in diesem Fall allerdings auf Basis aggregierter Einheiten). Da die Anteilswerte $p_{ij}$ unterschiedliche Varianzen haben, ist in beiden Fällen (4.8a) und (4.8b) eine einfache OLS – Schätzung nicht die optimale Lösung. Durch eine geeignete Gewichtung der vier Beobachtungen läßt sich dieser Fehler jedoch ausgleichen (WLS – Schätzung). Dieser Ansatz ist in allgemeiner Form von GRIZZLE, STARMER und KOCH (1969) formalisiert worden und wird daher häufig als GSK – Ansatz bezeichnet. Im Vergleich zu ML – Schätzungen setzt er immer eine Aggregation des Untersuchungsmaterials voraus.

## 4.2.2 Analyse dichotomer Zielvariablen mit gewichteter Regression

Wir beginnen unsere empirische Analyse mit dem zweiten Ansatz, weil er sich unserer Ansicht nach besonders anschaulich darstellen läßt und daher für Einführungszwecke sehr gut geeignet ist.

### 4.2.2.1 Grundprinzipien des GSK – Ansatzes
### (Minimum – Chi – Quadrat – Methode)

Wie im vorherigen Abschnitt bereits erwähnt, ist der GSK – Ansatz eine gewichtete Regression mit den Subgruppen als Fällen und Funktionen der Anteilswerte als Zielvariable. Solche Funktionen können die Anteile bestimmter Ausprägungen oder auch die logarithmierten Verhältnisse dieser Anteile sein. Ausgangsdaten einer GSK – Analyse sind daher in der Regel multivariate Kreuztabellen, in denen ein abhängiges Merkmal (Response – Faktor) nach verschiedenen unabhängigen Merkmalen (Design – Faktoren) klassifiziert wird. Durch dieses Design wird die gesamte Stichprobe in mehrere homogene Subgruppen zerlegt, die sich bezüglich der unabhängigen Merkmale nicht mehr unterscheiden. Für die folgenden Ableitungen nimmt man an, daß die Subgruppen statistisch voneinander unabhängig sind (75). Innerhalb dieser Subgruppen kann dann die Verteilung des abhängigen Merkmals durch bekannte Verteilungsfunktionen beschrieben werden: Bei einer dichotomen Zielvariablen ist es die Binomialverteilung und bei einer polytomen Zielvariablen die Multinomialverteilung.

Für die folgende Einführung beschränken wir uns zunächst auf dichotome Merkmale und das linear – additive Regressionsmodell (4.8a). Die Anteile $p_{ij}$ der Zielvariablen in den einzelnen Subgruppen (Zeilenprozente der Kreuztabelle) sind unverzerrte Schätzer der tatsächlichen Anteilswerte $\pi_{ij}$. Man modelliert daher die empirischen Anteilswerte $p_{ij}$ und bei einem dichotomen Merkmal genügt es, einen der beiden Werte zu betrachten ($p_{i1}$), denn der zweite ergibt sich durch Subtraktion von 1 ($p_{i2} = 1 - p_{i1}$). Die Varianz eines binomialverteilten Merkmals, dessen erste Ausprägung mit Wahrscheinlichkeit

---

(75) Diese Unabhängigkeitsannahme läßt sich am besten durch ein Gegenbeispiel verdeutlichen: Angenommen man hat eine Paneluntersuchung durchgeführt und gruppiert die Untersuchungseinheiten u.a. nach dem Erhebungszeitpunkt. Die solchermaßen definierten Subgruppen sind nicht voneinander unabhängig, denn die Beobachtungen zum Zeitpunkt t+1 hängen in den meisten Fällen mit den Beobachtungen zum vorherigen Zeitpunkt t zusammen.

$p_{i1}$ auftritt, entspricht folgendem Ausdruck (76):

$$(4.9) \quad V(p_{i1}) = p_{i1}(1-p_{i1})/n_i$$

$n_i$ ist dabei die Häufigkeit der jeweiligen Subgruppe. Aus der Gleichung wird deutlich, daß in der Regel die Varianz der Zielvariablen von Subgruppe zu Subgruppe variiert, abgesehen von dem uninteressanten Fall, daß alle Subgruppenanteile gleich groß sind (77). Um diese zusätzliche Variation auszugleichen, gewichten wir die Beobachtungen stärker, die eine geringe Varianz haben, und vermindern den Einfluß der Beobachtungen, deren Varianz hoch ist. Ganz konkret wird jede Beobachtung (d.h. in diesem Fall jede Subgruppe) mit der inversen Varianz des Anteilswertes gewichtet:

$$(4.10) \quad u_i = n_i/[p_{i1}(1-p_{i1})]$$

Mit den solchermaßen korrigierten Daten wird dann eine ganz normale OLS – Schätzung durchgeführt, deren Ergebnisse auf Grund der Gewichtung wiederum optimale Eigenschaften haben. Der formale Beweis dieser Behauptung kann in jedem Lehrbuch zur Regressionsanalyse nachgelesen werden und der interessierte Leser sei daher auf die in der Einleitung zitierte Literatur verwiesen. Eine kurze Zusammenfassung findet sich bei KÜCHLER (1979: 210ff.).

Da der allgemeine Schätzalgorithmus von GLIM einer iterativen gewichteten Regression entspricht (vgl. Abschnitt 3.1), läßt sich eine WLS – Schätzung ohne größere Probleme umsetzen. Man berechnet nach Gleichung (4.10) eine Variable U und deklariert sie mit dem $WEIGHT – Befehl als Gewicht. Diese a priori definierten Gewichte werden in der Diagonalen der Gewichtsmatrix $\underline{W}$ abgelegt (vgl. Gleichung 3.7) und mit der Spezifikation $ERROR N ergibt sich genau die WLS – Schätzung, die im Anhang ausführlich in Matrixschreibweise dargestellt ist. Angenommen die Variable NIJK mißt die Gesamthäufigkeit der jeweiligen Subgruppe und N2JK entspricht der Anzahl der Abstiege pro Subgruppe, dann lassen sich mit diesen Daten alle notwendigen Zahlen berechnen (P = Anteilswerte, U = Gewichte). Das vollständige GLIM – Programm (inkl.

---

(76) Diese Varianzformel ist genaugenommen eine Schätzung, denn sie verwendet die empirischen Anteilswerte p anstelle der wahren Grundgesamtheitsparameter.

(77) In diesem Fall unterscheiden sich die Subgruppen nicht oder anders ausgedrückt, die unabhängigen Merkmale haben sowieso keinen Einfluß.

Dateneingabe) lautet für Tabelle 4.6 (*Beispiel 4.2*):

```
$UNITS 4 $FACTOR TQUAL 4 $DATA TQUAL N2JK NIJK $READ
1 116 477
2 628 2845
3 167 1189
4 74 677
$CALCULATE P = N2JK/ NIJK
$CALCULATE U = NIJK / (P * (1 – P))
$WEIGHT U $YVARIATE P $ERROR N $LINK I $SCALE 1
$FIT TQUAL
```

Mit Tabelle 4.6 können natürlich keine großen Modelle getestet werden. Um das prinzipielle Vorgehen bei WLS – Schätzungen zu demonstrieren, ist dieses Beispiel jedoch vollkommen ausreichend, denn bei komplexeren Tabellen ändern sich nur die Dateneingabe und die entsprechenden $FIT – Befehle.

Zwei weitere Aspekte sind bei diesem Beispielprogramm bemerkenswert. Einmal wurde der Skalierungsparameter mit dem $SCALE – Befehl gleich 1 gesetzt. Diese Spezifikation ist notwendig, damit die Varianz – Kovarianz – Matrix $\underline{\Sigma}$ der WLS – Schätzer richtig berechnet wird. Da wir im Gegensatz zu OLS – Schätzungen die Varianz der Zielvariablen kennen und sie in unserer Gewichtungsprozedur berücksichtigen, ist in diesem Fall eine Schätzung des Skalierungsparameters nicht mehr notwendig. Diese Überlegung kann man sich auch formal ableiten: Gleichung (2.8) verknüpft die Varianz der Zielvariablen $V(y_i)$ mit dem Skalierungsparameter $\phi$ und den Gewichten $u_i$. Die Varianzfunktion $\tau_i$ kann man hier außer acht lassen, da sie bei normalverteilten Zufallsvariablen immer gleich 1 ist. Bei OLS – Schätzungen sind die Gewichte $u_i = 1$ und es gilt daher:

$$V(y_i) = \sigma^2 = \phi/u_i = \phi$$

Der Skalierungsparameter $\phi$ entspricht der Varianz der Fehler $\sigma^2$, die durch Gleichung (3.29) geschätzt werden muß. Anders dagegen bei WLS – Schätzungen:

$$V(y_i) = p_{i1}(1-p_{i1})/n_i = \phi/u_i = \phi p_{i1}(1-p_{i1})/n_i$$

Die Beziehung zwischen der Varianz der Zielvariablen (4.9) und den Gewichten (4.10) läßt sich nur dann aufrecht erhalten, wenn der Skalierungsparameter gleich 1 ist.

Zum anderen überlege man sich einmal, was passiert, wenn in einer Subgruppe entweder nur Aufstiege ($p_{i1} = 1$) oder nur restliche Tätigkeitswechsel ($p_{i1} = 0$) auftreten. In diesem Fall sind die Gewichte (4.10) nicht definiert (Division durch Null) und eine WLS – Schätzung ist nicht möglich. Dies ist einer der Gründe, warum man beim GSK – Ansatz fordert, daß in Kreuztabellen keine Nullzellen auftreten dürfen. Sollte dies dennoch der Fall sein, dann muß man die Nullzellen durch eine kleine Zahl größer als 0 ersetzen (78). Dies ist in Tabelle 4.6 nicht notwendig, trifft aber auf das folgende empirische Beispiel zu. Wir werden dieses Problem unvollständiger Tabellen noch einmal in Abschnitt 4.2.4 aufgreifen.

Bis auf die Gewichtung unterscheiden sich WLS – Schätzungen nicht wesentlich von den klassischen Regressionsmodellen des vorhergehenden Abschnitts. Analog dem bisherigen Vorgehen könnte man also ein passendes Modell suchen und den Einfluß einzelner unabhängiger Merkmale bestimmen. Innerhalb des GSK – Ansatzes verwendet man jedoch eine etwas andere Teststatistik zur Modellanpassung. Eine Darstellung der zugrundeliegenden statistischen Theorie würde den Rahmen dieser Einführung sprengen. Ich beschränke mich daher auf die wesentlichen Argumente, die u.a. bei BISHOP et al. (1975: 348ff.) zusammengefaßt sind: WLS – Schätzer sind die Schätzer, die die Summe der gewichteten quadrierten Residuen minimieren ($\underline{W}$ ist dabei wie in Gleichung 3.7 definiert):

$$(4.11) \quad (\underline{y} - \underline{X}\underline{b})' \underline{W} \, (\underline{y} - \underline{X}\underline{b})$$

Dieses Kriterium wird auch als *WALD – Statistik* bezeichnet. BHAKPAR (1966) konnte weiterhin für diesen WLS – Schätzer zeigen, daß er NEYMANN's (1949) (modifiziertem) Minimum – Chi – Quadrat – Schätzer entspricht, wenn in der Tabelle keine Nullzellen auftreten. Dabei handelt es sich um ein weiteres allgemeines Schätzverfahren für aggregierte Daten, das ähnlich optimale

---

(78) Üblicherweise werden Nullzellen durch 1/r ersetzt, wobei r der Anzahl der Ausprägungen (responses) der Zielvariablen entspricht. Bei einer dichotomen Zielvariablen ist dies also der Wert 0.5. Man kann diese Ersetzung entweder bei der Dateneingabe oder bei der Berechnung der Anteilswerte und Gewichte vornehmen. In Kapitel 5 und im Anhang werden wir verschiedene GLIM – Macros für WLS – Schätzungen besprechen. Die dort verwendeten Formeln für P und U verwenden bei Nullhäufigkeiten den Ersatzwert 1/r.

Eigenschaften hat wie die Maximum – Likelihood – Methode (79). Man bezeichnet daher den GSK – Ansatz auch als *Minimum – Chi – Quadrat – Methode.*

Auf Grund dieser Äquivalenz gilt für (4.11) die gleiche Testverteilung wie für NEYMANN's Statistik: Danach ist die Summe der gewichteten quadrierten Residuen näherungsweise Chi – Quadrat – verteilt, vorausgesetzt das Regressionsmodell (4.8a) liefert eine angemessene Beschreibung der Daten (Nullhypothese). Die Anzahl der Freiheitsgrade dieses Chi – Quadrat – Testes entspricht der Anzahl der Beobachtungen N abzüglich der Anzahl der geschätzten Parameter p ($df = N - p$). Dieser Test läßt sich mit GLIM einfach durchführen, wobei zu beachten ist, daß es sich wiederum um einen Anpassungstest handelt, denn man möchte die Nullhypothese, das Modell paßt, bestätigen: Laut Gleichung (3.24) entspricht die Devianz eines Modells mit einer normalverteilten Zielvariablen der Summe der quadrierten Residuen SSE. Bei einer gewichteten Regression mit $a_i(\phi) = 1/u_i$ entspricht dieser Ausdruck natürlich der Summe der gewichteten quadrierten Residuen. Devianz und Freiheitsgrade, die GLIM nach jedem Modellfit ausdruckt, entsprechen also der gesuchten Teststatistik, so daß man nach jedem $FIT – Befehl beurteilen kann, ob das Modell die Daten angemessen beschreibt oder nicht. Vom Anwenderstandpunkt unterscheidet sich also das praktische Vorgehen nicht wesentlich von den in Abschnitt 3.3.2 besprochenen Modellanpassungen, die statistisch – theoretische Rechtfertigung dieses Vorgehens beruht jedoch auf anderen Grundlagen (80).

Die Statistik (4.11) ist nur näherungsweise Chi – Quadrat – verteilt. Für diese Approximation ist es notwendig, die subgruppenspezifischen Binomialverteilungen der Zielvariablen durch eine mehrdimensionale Normalverteilung anzunähern. Das ist nur bei einem hinreichend großen Stichprobenumfang zulässig und man setzt daher einen gewissen Mindestumfang der einzelnen Subgruppen voraus. KÜCHLER fordert, "möglichst Subpopulationen zu betrachten, die 20 bis 30 Fälle umfassen" (1979: 190). Seiner Ansicht nach kann man jedoch bei einzelnen Subgruppen von dieser Regel abweichen.

---

(79) NEYMANN (1949) konnte zeigen, daß Minimum – Chi – Quadrat – Schätzer zur Klasse der BAN – Schätzer (best asymptotic normal) gehören. ML – Schätzungen haben aber noch ein paar zusätzliche positive Eigenschaften, so daß sie vom statistischen Standpunkt noch besser abschneiden.

(80) Man kann aber zeigen, daß die Ergebnisse der Wald – Statistik und des Likelihood – Verhältnis – Testes asymptotisch gleich sind (WALD 1943).

FORTHOFER und LEHNEN sind der Meinung, daß solche Abweichungen nur bei einem Viertel der Subgruppen auftreten sollen. Keine Subgruppe sollte weniger als 10 Fälle umfassen (1981: 13). Eine konservative Richtlinie ist die schon einmal zitierte Approximationsregel für die Binomialverteilung:

$$n_i \; \pi_{i1} \; (1-\pi_{i1}) \geq 9$$

Wenn man $\pi_{i1}$ durch die empirischen Anteilswerte $p_{i1}$ schätzt, kann man auf diese Weise für jede Subgruppe i prüfen, ob eine Approximation durch die Normalverteilung zulässig ist.

Für hinreichend große Stichproben kann man weiterhin zeigen, daß die WLS – Schätzer näherungsweise normalverteilt sind mit Varianz – Kovarianz – Matrix $\Sigma$ (vgl. Gleichung 3.9). Vorausgesetzt man hat ein passendes Modell für die Daten gefunden, dann kann man also mit $\Sigma$ beliebige lineare Kontraste testen, wie wir es in Abschnitt 3.2 besprochen haben. Da der Skalierungsparameter bei WLS – Schätzungen gleich 1 ist, ergibt sich eine besonders einfache Testmöglichkeit mit der Statistik (3.15): Angenommen wir wollen die Frage untersuchen, ob einer oder mehrere Parameter Null sind. Die entsprechende Kontrastmatrix $\underline{C}$ besteht aus genauso vielen Zeilen, wie Parameter getestet werden sollen. Jede Zeile enthält eine 1 und ansonsten nur Nullen. In diesem Fall ($\phi = 1$) entspricht Gleichung (3.15) der Summe der gewichteten quadrierten Residuen SSX, die zusätzlich entstehen, wenn man die in Frage stehende(n) Variable(n) aus dem Modell entfernt. Anders ausgedrückt, die partielle Devianz $D(r,c) = SSX$ eines geeignet reduzierten Modells r gegenüber dem aktuellen Modell c ist nach (3.15) näherungsweise Chi – Quadrat – verteilt mit df = Rg($\underline{C}$) Freiheitsgraden. Die Anzahl der Freiheitsgrade entspricht dabei der Anzahl der (simultan) getesteten Parameter (81).

Wie im Anhang gezeigt wird, kann man den GSK – Ansatz auf polytome Zielvariablen und beliebige Funktionen der Anteilswerte verallgemeinern. Hier haben wir uns auf dichotome Merkmale und lineare Funktionen der Anteilswerte beschränkt. Bei polytomen Merkmalen muß man zusätzlich nicht nur die Varianzen sondern auch die Kovarianzen der Subgruppenanteile berücksichtigen. Wie wir in Abschnitt 4.3.1 noch eingehender diskutieren werden, ist das mit GLIM nicht so einfach möglich. Bei nicht – linearen Funktionen (z.B. dem

---

(81) Hier gibt es eine ähnliche Vereinfachung wie bei den F – Tests in Abschnitt 4.1: Soll nur die Vernachlässigung eines Parameters getestet werden, dann entspricht die Chi – Quadrat – Statistik (3.15) auch dem Quadrat des Quotienten von Schätzer b und Standardfehler s.e.: $(b/s.e.)^2$.

logistischen Regressionsmodell) der Anteilswerte ist es schwierig, eine exakte Formel für die Varianzen und Kovarianzen der Zielvariablen anzugeben. In diesem Fall bedient man sich eines in der Statistik weit verbreiteten Näherungsverfahrens, der sogenannten *Delta – Methode* (82). Für die Logits eines dichotomen Merkmals (vgl. Modell 4.8b) ergeben sich z.B. die folgenden Gewichte:

$$(4.12) \quad u_i = n_i \, p_{i1} \, (1 - p_{i1})$$

Mit einer entsprechend berechneten Gewichtungsvariablen kann man also auch das logistische Regressionsmodell (4.8b) mit GLIM umsetzen (s. die entsprechenden Macros im Anhang). Wegen der Delta – Methode gilt diese Gewichtung natürlich nur näherungsweise. Wie aber BHAKPAR (1966) mit Bezug auf NEYMANN (1949) und WALD (1943) zeigen konnte, haben auch diese (linearisierten) Schätzer optimale statistische Eigenschaften (BAN – Schätzer).

### 4.2.2.2 Ein empirisches Beispiel: Ein lineares Modell des Abstiegsrisikos

Für die folgende Auswertung betrachten wir den Anteil der Absteiger in verschiedenen Subgruppen, die auf der Basis der 4 Qualifikationstypen TQUAL und der 10 Wirtschaftszweige WIRT erstellt wurden. Dazu wurde Tabelle 4.6 weiter nach dem Merkmal WIRT differenziert. Aus Platzgründen wurde diese Tabelle nicht dokumentiert, man kann sie sich jedoch jederzeit aus dem Datenanhang zusammenstellen. Insgesamt gibt es $4*10 = 40$ solcher Subgruppen, aber nicht in jeder Subgruppe können Abstiege beobachtet werden (vgl. die Kombinationen $WIRT_7 * TQUAL_4$, $WIRT_8 * TQUAL_4$ und $WIRT_{10} * TQUAL_4$).

In den klassischen Anwendungen des GSK – Ansatzes werden nur diskrete unabhängige Merkmale berücksichtigt. Es spricht aber nichts dagegen, auch metrische Erklärungsfaktoren zu untersuchen. Da der GSK – Ansatz aggregierte Untersuchungseinheiten verwendet, muß man jedoch bei den metrischen Merkmalen gewisse Informationsverluste in Kauf nehmen. Man kann nur die Subgruppenmittel der Merkmale BESCH und DQUAL berücksichtigen, die zu

---

(82) Bei der Delta – Methode handelt es sich um ein bekanntes mathematisches Näherungsverfahren, bei dem kompliziertere Formeln durch eine Taylor – Reihe ausgedrückt werden. Dadurch ist es möglich, eine nicht – lineare Funktion zu linearisieren. Weitere Hinweise findet man bei RAO (1973).

diesem Zweck ebenfalls aus dem Datenanhang neu berechnet wurden (über die Einzelheiten dieser Aggregierung informiert Kapitel 5).

Die Suche nach dem passenden Modell verläuft analog dem in Abschnitt 4.1.1 beschriebenen Vorgehen: Wir testen Modelle abnehmenden Komplexitätsgrades und aus Gründen der Vergleichbarkeit haben wir die gleichen Modellnummern wie in den Tabellen 4.1, 4.2 und 4.4 verwendet. Das einzige, was sich gegenüber unserem bisherigen Vorgehen ändert, sind die inferenzstatistischen Kriterien der Modellauswahl. Die globale Devianz D(c,f) entspricht der Wald – Statistik (4.11) und die partielle Devianz D(r,c) eines geeignet reduzierten Modells entspricht dem linearen Kontrast (3.15), der die Signifikanz der weggelassenen Parameter testet. Die Berechnung von multiplen und partiellen F – Werten ist nicht mehr notwendig, da der Skalierungsparameter $\phi = 1$ bekannt ist. Alle notwendigen Statistiken sind in Tabelle 4.7 zusammengestellt, wobei die multiplen und partiellen Bestimmtheitsmaße in der gehabten Form berechnet wurden.

In Tabelle 4.7 tritt zum ersten Mal der Fall auf, daß ein Modell (Modell 4) die Daten perfekt erklärt, so daß die globale Devianz 0 und das multiple Bestimmtheitsmaß 1 ist. Da wir jetzt mit sehr viel weniger Fällen (aggregierten Daten) arbeiten, ist es also möglich, ein Modell zu berechnen, das genauso viele Parameter aufweist wie Fälle vorhanden sind (saturiertes Modell). Aus dem gleichen Grund sind alle multiplen und partiellen Bestimmtheitsmaße sehr viel höher als in Abschnitt 4.1. Diese Zahlen suggerieren einen hohen Modellfit, ohne zu berücksichtigen, daß relativ zur Anzahl der Fälle viele Parameter notwendig sind, um die Daten zu beschreiben. Das ist natürlich eine nicht besonders schöne Eigenschaft der Bestimmtheitsmaße und man wünscht sich daher Koeffizienten, die von der Anzahl der Beobachtungen unabhängig sind. Wir werden auf diese Frage in Abschnitt 4.4 zurückkommen.

Wenden wir uns zunächst der Frage zu, welches Modell die Daten angemessen beschreibt und wie groß die relative Erklärungskraft der einzelnen Merkmale ist: Nach Maßgabe der Wald – Statistik (4.11) (globale Devianz) und des linearen Kontrastes (3.15) (partielle Devianz) paßt keines der Modelle außer dem saturierten und die Weglassung jeder Variablen hat eine signifikante Modellverschlechterung zur Folge. Dieses Ergebnis ist sicherlich auch ein Resultat der hohen Fallzahl des Anwendungsbeispiels, die zur Folge hat, daß jede noch so kleine Abweichung signifikante Ergebnisse zeitigt. Da das saturierte Modell, das notwendigerweise die Daten perfekt beschreibt, nur eine "Nacherzählung" der ursprünglichen Daten ohne wesentliche Informationsreduktion ist, scheidet es ebenfalls von der Auswahl aus. Es bleibt daher nichts anderes übrig, als das passende Modell an Hand mehr qualitativer und deskriptiver Merkmale auszuwählen.

Tabelle 4.7:  GEWICHTETE REGRESSION MIT AGGREGIERTEN DATEN

| Modell | Devianz | B | Devianz gegenüber Modell... | Effekt der Variablen | ΔB PRD |
|---|---|---|---|---|---|
| 1: %GM + DQUAL + BESCH | 289.6 (37) | 0.297 | - | - | - |
| 2: %GM + DQUAL | 322.5 (38) | 0.218 | 1: 32.9 (1) | BESCH | 0.080 0.102 |
| 3: %GM + BESCH | 328.8 (38) | 0.202 | 1: 39.2 (1) | DQUAL | 0.095 0.119 |
| 4: %GM + TQUAL + WIRT + TQUAL.WIRT | 0.0 (0) | 1.000 | - | - | - |
| 5: %GM + TQUAL + WIRT | 123.3 (27) | 0.701 | 4: 123.3 (27) | TQUAL.WIRT | 0.299 1.000 |
| 6: %GM + TQUAL | 262.7 (36) | 0.363 | 5: 139.4 (9) | WIRT | 0.338 0.531 |
| 7: %GM + WIRT | 171.9 (30) | 0.583 | 5: 48.6 (3) | TQUAL | 0.218 0.283 |
| 8: %GM + TQUAL + BESCH + TQUAL.BESCH | 172.1 (32) | 0.583 | - | - | - |
| 9: %GM + TQUAL + BESCH | 237.2 (35) | 0.425 | 8: 65.2 (3) | TQUAL.BESCH | 0.158 0.275 |
| 6: %GM + TQUAL | 262.7 (36) | 0.363 | 9: 25.5 (1) | BESCH | 0.062 0.097 |
| 3: %GM + BESCH | 328.8 (38) | 0.202 | 9: 91.6 (3) | TQUAL | 0.222 0.279 |
| O: %GM | 412.2 (39) | 0.000 | - | - | - |

Angaben in Klammern: Freiheitsgrade

Tabelle 4.8:  Einfluß der Qualifikation und des Beschäftigtenwachstums auf den Anteil beruflicher Abstiege

| Parameterschätzung | Standardfehler | Parametername |
|---|---|---|
| 0.6290 | 0.0868 | %GM |
| -0.1808 | 0.0937 | TQUA(2) |
| -0.6697 | 0.1071 | TQUA(3) |
| -0.8885 | 0.1399 | TQUA(4) |
| -0.0042 | 0.0008 | BESC |
| 0.0021 | 0.0009 | TQUA(2).BESC |
| 0.0053 | 0.0010 | TQUA(3).BESC |
| 0.0068 | 0.0011 | TQUA(4).BESC |

Modell 8 : gewichtete Regression mit aggregierten Daten

Devianz = 172.1     df = 32     B = 0.583

An Hand der partiellen Bestimmtheitsmaße erkennt man, daß 1) die diskreten Merkmale eine höhere Erklärungskraft haben als die metrischen und daß 2) von den diskreten das Merkmal Wirtschaftszweig den größeren Einfluß hat (83). Den besten Modellfit erzielt daher Modell 5 mit den Haupteffekten der beiden diskreten Merkmale WIRT und TQUAL: Es erklärt 70% der Gesamtdevianz, benötigt dafür aber auch 13 Parameter (27 Freiheitsgrade). Modell 7 und Modell 8 mit 10 bzw. nur 8 Parametern erklären aber auch schon 58,3% der Devianz. Modell 8 ist daher unserer Ansicht nach ein optimaler Kompromiß zwischen Informationsreduktion einerseits (wenige Parameter) und notwendiger Detaillierung andererseits (hohes multiples Bestimmtheitsmaß). Dieses Modell hat zudem den Vorteil, daß wir daran noch einmal die Interpretationsprobleme von Interaktionseffekten diskutieren können. Tabelle 4.8 zeigt dazu die einzelnen Parameterschätzungen.

Die meisten Effekte sind signifikant, außer dem Einfluß manueller Fachqualifikationen (TQUAL = 2). Das legt nahe, diese Ausprägung des Merkmals TQUAL zu vernachlässigen und ein entsprechend modifiziertes Modell 8 zu rechnen. Nachdem man also global geprüft hat, welche Modelle passen, kann man nun noch im Detail Verbesserungen vornehmen, d.h. bestimmte Ausprägungen diskreter Merkmale modifizieren. Bevor wir das jedoch tun, wollen wir uns noch einmal mit der Interpretation der Koeffizienten, insbesonders mit der Interpretation der Interaktionseffekte beschäftigen.

Analog unserer bisherigen Behandlung von auf eine Kategorie bezogenen Effekten muß man sich überlegen, wie die Vergleichsgruppe definiert ist (Absolutglied), von der alle anderen Haupteffekte als Abweichungen gemessen werden. Wir wollen diese Überlegungen an dieser Stelle nicht wiederholen und uns statt dessen gleich mit den Interaktionseffekten beschäftigen. Sie messen offenbar die Abweichungen von der Vergleichsgruppe, wenn mehrere Bedingungen gleichzeitig wirken: Der erste Interaktionseffekt mißt beispielsweise, welchen Einfluß das Beschäftigungswachstum in der Gruppe der manuell Qualifizierten hat, nachdem (!) beide Haupteffekte (BESCH und $TQUAL_2$) schon kontrolliert wurden. Mit anderen Worten, der Interaktionseffekt mißt den zusätzlichen (!) Einfluß bestimmter Merkmalskombinationen, der über (!) den Einfluß der jeweiligen Haupteffekte hinausgeht. Um diesen Interaktionseffekt daher richtig einschätzen zu können, muß man ihn mit den jeweiligen Haupteffekten vergleichen, denn beide Effekte können ganz entgegengesetzte

---

(83) Aus den o.g. Gründen betrachten wir vor allem die relative Größenordnung der Bestimmtheitsmaße und weniger ihren Absolutbetrag.

Richtungen haben. Folgende Umformung der Modellgleichung macht diese Überlegungen deutlich:

$$p_{ii} = 0.629 + \ldots + (-0.0042 + 0.0021 \; TQUAL_2) \; BESCH$$
$$+ (-0.0042 + 0.0053 \; TQUAL_3) \; BESCH$$
$$+ (-0.0042 + 0.0068 \; TQUAL_4) \; BESCH$$

Man erkennt, daß sich der 2. Interaktionseffekt per Saldo mit dem Haupteffekt von BESCH fast aufhebt. Kann man also überhaupt von einem spezifischen Einfluß der Merkmalskombination $TQUAL_3$ * BESCH ausgehen?

Tabelle 4.9: Einfluß der Qualifikation und des Beschäftigtenwachstums auf den Anteil beruflicher Abstiege

| Parameter-schätzung | Standard-fehler | Parametername |
|---|---|---|
| 0.6290 | 0.0868 | %GM |
| -0.1808 | 0.0937 | TQUA(2) |
| -0.6697 | 0.1071 | TQUA(3) |
| -0.8885 | 0.1399 | TQUA(4) |
| -0.0042 | 0.0008 | TQUA(1).BESC |
| -0.0021 | 0.0003 | TQUA(2).BESC |
| 0.0010 | 0.0005 | TQUA(3).BESC |
| 0.0025 | 0.0008 | TQUA(4).BESC |

Modell 8a: gewichtete Regression mit aggregierten Daten

Devianz = 172.1   df = 32   B = 0.583

Diese Interpretationsschwierigkeiten lassen sich umgehen, wenn man direkt ein Modell schätzt, das den Einfluß des Beschäftigungswachstums in den einzelnen Qualifikationsgruppen mißt (Modell 8a, vgl. Tabelle 4.9). Die Berechnung solcher konditionalen Effekte hat den Vorteil, daß der Einfluß bestimmter Merkmalskombinationen bestimmt werden kann, ohne große Verrechnungen mit den entsprechenden Haupteffekten vorzunehmen. Wie in Abschnitt 2.4.2.2 gezeigt wurde, sind konditionale Effekte lediglich eine lineare Transformation von Interaktionseffekten. Die Modellanpassung bleibt daher insgesamt gleich.

Das Absolutglied und die Haupteffekte von TQUAL bleiben unverändert, der erste konditionale Effekt entspricht dem Haupteffekt von BESCH, während alle weiteren konditionalen Effekte den Saldo von Haupt- und Interaktionseffekt messen (vgl. Abschnitt 2.4.2.2). In der Tat zeigt sich, daß dieser Saldo für die dritte Qualifikationsgruppe (TQUAL = 3) nicht signifikant ist. Zusammenfassend kann man also sagen: Die Wahrscheinlichkeit eines Abstiegs ist in der Gruppe der Personen mit Spezialqualifikationen oder nicht – manuellen Fachqualifikationen deutlich geringer als in der Gruppe der Personen mit unspezifischen Qualifikationen. Personen mit manuellen Fachqualifikationen unterscheiden sich nicht wesentlich von dieser Vergleichsgruppe. Die Wahrscheinlichkeit eines Abstiegs nimmt darüber hinaus mit dem Beschäftigungswachstum des Wirtschaftszweiges ab, in den die jeweilige Person wechselt. Dieser Effekt macht sich jedoch nur bei den beiden unteren Qualifikationsgruppen bemerkbar, während bei den beiden anderen Subgruppen die Qualifikation allein ausreicht, um eine Prognose über das Abstiegsrisiko zu machen (84).

Noch plastischer läßt sich dieses Ergebnis formulieren, wenn man einmal den geschätzten Anteil der Absteiger mit Hilfe der o.g. Modellgleichung berechnet. Dieser Anteil beträgt für die vier Qualifikationsgruppen unter Berücksichtigung eines durchschnittlichen Beschäftigungswachstums von 118.047 Punktwerten: Personen mit unspezifischen Qualifikationen 13.3%, ... mit manuellen Fachqualifikationen 20.0%, ... mit nicht – manuellen Fachqualifikationen 7.7%, ... mit Spezialqualifikationen 3.6%. Danach ist der Anteil der Absteiger in den beiden unteren Qualifikationsgruppen sehr viel höher (13 – 20%) als in den beiden höheren Qualifikationsgruppen, wo maximal jeder dreizehnte einen beruflichen Abstieg erfährt.

### 4.2.3 Analyse dichotomer Zielvariablen mit Maximum – Likelihood – Schätzungen

An Hand der Modellprognosen zu Modell 8a kann man auch sehr schön die Grenzen des linearen Modells verdeutlichen: Wenn man statt des Durchschnittswertes eine Zunahme der Beschäftigten um 160% betrachtet, dann erhält man für die Personen mit unspezifischen Qualifikationen (TQUAL = 1) eine negative Prognose von – 4.3%, die sich nicht sinnvoll interpretieren läßt. Durch das lineare Modell ist also nicht sichergestellt, daß der zulässige Wertebereich der Zielvariablen eingehalten wird. Es sollte daher nur dann angewendet werden, wenn die Zielvariable nicht zu schief verteilt ist, was bei dem

---

(84) Der 4. konditionale Effekt ist signifikant positiv. Im Zusammenhang mit dem negativen Haupteffekt TQUAL$_4$ ergibt sich jedoch ein sehr geringes Abstiegsrisiko der Personen mit Spezialqualifikationen (s. auch die folgenden Modellprognosen).

betrachteten (seltenen) Ereignis "sozialer Abstieg" nicht der Fall ist. Die Beispieldaten sind sozusagen ein klassischer Anwendungsfall für logistische Regressionsmodelle. Diese Modelle lassen sich zwar auch mit dem GSK – Ansatz umsetzen (vgl. Gleichung 4.12), wir betrachten jedoch gleich den allgemeineren Ansatz, denn es läßt sich zeigen, daß die WLS – Schätzer den ML – Schätzern des 1. Iterationszyklus entsprechen.

### 4.2.3.1 Theoretische Grundlagen

ML – Schätzungen betrachten ebenfalls die Wahrscheinlichkeit der einzelnen Beobachtungen, im Gegensatz zu WLS – Schätzungen wird diese Wahrscheinlichkeit jedoch nur analytisch verwendet und muß nicht empirisch bekannt sein. Anders ausgedrückt, man betrachtet die Wahrscheinlichkeiten, die sich ergeben würden, wenn die Modellannahmen richtig wären. Diese Modellannahmen lassen sich mathematisch exakt in einer Likelihood – Funktion zusammenfassen, so daß man mit den vorliegenden Daten verschiedene Konstellationen der unbekannten Grundgesamtheit (sprich: verschiedene Effekte der unabhängigen Merkmale) durchspielen kann. Man verwendet die Parameter als beste Schätzer der unbekannte Effekte, die bei diesen Planspielen die Gesamtwahrscheinlichkeit der Daten maximieren.

Die Likelihood – Funktion (4.7) ist Grundlage dieser Planspiele. Angenommen das Abstiegsrisiko $\pi_{i1}$ sei bei allen Personen gleich groß. Zusätzlich definieren wir eine Dummy – Variable $y_i$, die immer dann den Wert 1 hat, wenn eine Person einen Abstieg erfährt. Mit einer weiteren Variablen $n_i$, die für alle Personen den Wert 1 hat, läßt sich dann Gleichung (4.7) wesentlich vereinfachen:

$$(4.13) \quad L = \prod_i \pi_{i1}^{y_i} (1-\pi_{i1})^{(n_i-y_i)}$$

Man überzeuge sich selbst davon, daß dieser Ausdruck Gleichung (4.7) entspricht, denn je nach Wert der Dummy – Variablen $y_i$ wird 985 – mal der erste Term und 4203 – mal der zweite Term der Gleichung (4.13) berücksichtigt. Dieser Ausdruck läßt sich auch ohne weiteres auf aggregierte Daten übertragen: Tabelle 4.6 besteht z.B. aus 4 Subgruppen. Dementsprechend betrachten wir $N = 4$ Fälle ($i = 1,2,3,4$) und die beiden Variablen $y_i$ und $n_i$ haben nicht mehr die Werte 0/1 bzw. 1, sondern entsprechen der Anzahl der Abstiege $y_i$ und der Gesamthäufigkeit $n_i$ der jeweiligen Subgruppe.

Ganz allgemein gesprochen betrachtet die Likelihood – Funktion (4.13) N voneinander unabhängige Stichproben i, die jeweils $n_i$ Fälle umfassen, von denen $y_i$ das in Frage stehende Ereignis aufweisen. Bei Individualdaten bestehen diese Stichproben aus jeweils einer Person ($n_i = 1$), bei der das Ereignis auftritt ($y_i = 1$) oder nicht ($y_i = 0$). Diese Situation erinnert an das klassische Urnenbeispiel, mit dem üblicherweise die Binomialverteilung vorgestellt wird: Dabei geht es um die Wahrscheinlichkeit, y rote Kugeln mit Zurücklegen aus einer Urne zu ziehen, in der sich insgesamt n Kugeln befinden, von denen anteilsmäßig π rot gefärbt sind. Bis auf den fehlenden Binomialkoeffizienten entspricht die Likelihood – Funktion (4.13) auch exakt dem Produkt von N Wahrscheinlichkeitsfunktionen der Binomialverteilung (vgl. Tabelle 2.1 und Anhang). Folglich ist (4.13) ein Spezialfall des verallgemeinerten linearen Modells und mit der Spezifikation \$YVARIATE N2JK \$ERROR B NIJK führt GLIM die entsprechende ML – Schätzung durch (N2JK und NIJK seien wiederum die Variablen mit der Anzahl der Abstiege und der Häufigkeit der Subgruppen).

Der nächste Auswertungsschritt besteht nun darin, daß wir nicht von einem für alle Personen/ Subgruppen gleichen Abstiegsrisiko $\pi_{i1}$ ausgehen. Wie in Abschnitt 4.2.1 vorgeschlagen (vgl. Gleichung 4.4), soll es je nach Merkmalen der Person/ Subgruppe variieren. Auch das läßt sich mit GLIM berücksichtigen, indem man durch eine geeignete Verbindungsfunktion die individuellen/ subgruppenspezifischen Abstiegsrisiken $\pi_{i1}$ auf die jeweiligen linearen Prädiktoren $\eta_i$ zurückführt:

$$(4.14) \quad \pi_{i1} = g^{-1}(\eta_i)$$

In GLIM sind u.a. die logistische, die Probit – und die komplementäre Log – Log – Funktion vorgesehen. Wird der \$LINK – Befehl weggelassen, dann verwendet GLIM standardmäßig die natürliche Verbindungsfunktion Logit. Zusammengefaßt sehen die Modellspezifikationen für Tabelle 4.6 folgendermaßen aus (*Beispiel 4.3*):

```
$UNITS 4 $FACTOR TQUAL 4 $DATA TQUAL N2JK NIJK $READ
1 116 477
2 628 2845
3 167 1189
4 74 603
$YVARIATE N2JK $ERROR B NIJK $LINK G
$FIT TQUAL
```

Wie bereits mehrfach erwähnt, entspricht die ML – Schätzung in GLIM einer iterativen gewichteten Regression. Bei einer logistischen Verbindungsfunktion entsprechen die iterativen Gewichte folgendem Ausdruck (vgl. Abschnitt 3.1):

$$(4.15) \quad \mu_{qi} (1-\mu_{qi}/n_i)$$

Die systematische Komponente $\mu_{qi}$ entspricht dem Erwartungswert des Abstiegsrisikos $\pi_{i1}$. Eine kleine Umformung von (4.15) unter Verwendung von $\pi_{i1}$ zeigt, daß das iterative Gewicht (4.15) exakt den Gewichten (4.12) des logistischen Regressionsmodells bei WLS – Schätzungen entspricht:

$$n_i \; \pi_{i1} (1-\pi_{i1})$$

Bei WLS – Schätzungen wird jedoch ein nicht – iterativer Modellfit durchgeführt, so daß die WLS – Schätzer den ML – Schätzern des ersten Iterationsschrittes entsprechen. Das läßt sich mit GLIM leicht nachprüfen: Mit den folgenden Spezifikationen erhält man genau die gleichen Ergebnisse wie bei einer gewichteten Regression mit den Gewichten (4.12) (*Beispiel 4.4*) (85):
   $YVARIATE N2JK $CALCULATE %FV = %YV $ERROR B NIJK
   $RECYCLE 1
Zusammenfassend kann man also feststellen, daß die ML – Schätzung quasi eine mehrfach verbesserte WLS – Schätzung ist.

### 4.2.3.2 Ein empirisches Beispiel: Ein logistisches Modell des Abstiegsrisikos

Die Ergebnisse unserer verschiedenen Modelltests sind in Tabelle 4.10 zusammengefaßt. Die Berechnungen wurden ebenfalls mit den nach den Merkmalen TQUAL und WIRT aggregierten Daten vorgenommen (vgl. Abschnitt 4.2.2.2). Da wir jetzt eine ML – Schätzung verwenden, kommen die in Abschnitt 3.3.2 besprochenen Anpassungtests zur Anwendung. Leider sind diese inferenzstatistischen Kriterien angesichts der großen Fallzahl der Stichprobe nicht besonders informativ: Wie in dem vorhergehenden Beispiel beschreibt keines der Modelle außer dem saturierten die Daten angemessen und jede Vernachlässigung eines Merkmals führt zu einer signifikanten Modellverschlechterung.

---

(85) Der $RECYCLE – und der $CALCULATE – Befehl sind aus technischen Gründen notwendig, damit die richtigen Anfangswerte verwendet werden. Die Spezifikation 1 bei dem $RECYCLE – Befehl bewirkt schließlich, daß nur ein (!) Iterationszyklus durchlaufen wird.

Tabelle 4.10:  LOGISTISCHE REGRESSION MIT AGGREGIERTEN DATEN

| M o d e l l | Devianz | B | Devianz gegen- über Modell... | Effekt der Variablen | ΔB PRD |
|---|---|---|---|---|---|
| 1: %GM + DQUAL + BESCH | 243.7 (37) | 0.258 | - | - | - |
| 2: %GM + DQUAL | 258.7 (38) | 0.212 | 1: 15.0 (1) | BESCH | 0.046 |
| 3: %GM       + BESCH | 275.5 (38) | 0.161 | 1: 31.9 (1) | DQUAL | 0.058 |
|  |  |  |  |  | 0.097 |
|  |  |  |  |  | 0.116 |
| 4: %GM + TQUAL + WIRT + TQUAL.WIRT | 0.0 (0) | 1.000 | - | - | - |
| 5: %GM + TQUAL + WIRT | 124.6 (27) | 0.621 | 4: 124.6 (27) | TQUAL.WIRT | 0.330 |
| 6: %GM + TQUAL | 250.2 (36) | 0.238 | 5: 125.6 (9) | WIRT | 1.000 |
| 7: %GM       + WIRT | 154.1 (30) | 0.531 | 5: 29.5 (3) | TQUAL | 0.383 |
|  |  |  |  |  | 0.502 |
|  |  |  |  |  | 0.090 |
|  |  |  |  |  | 0.192 |
| 8: %GM + TQUAL + BESCH + TQUAL.BESCH | 126.8 (32) | 0.614 | - | - | - |
| 9: %GM + TQUAL + BESCH | 238.1 (35) | 0.275 | 8: 111.3 (3) | TQUAL.BESCH | 0.339 |
| 6: %GM + TQUAL | 250.2 (36) | 0.238 | 9: 12.1 (1) | BESCH | 0.467 |
| 3: %GM       + BESCH | 275.5 (38) | 0.161 | 9: 37.4 (3) | TQUAL | 0.037 |
|  |  |  |  |  | 0.048 |
|  |  |  |  |  | 0.114 |
|  |  |  |  |  | 0.136 |
| 0: %GM | 328.4 (39) | 0.000 | - | - | - |

Angaben in Klammern: Freiheitsgrade

Ein Blick auf die multiplen und partiellen Bestimmtheitsmaße zeigt, daß sich die relativen Einflußstärken der unabhängigen Merkmale nicht wesentlich verschoben haben.

Auch in diesem Fall erweist sich Modell 8 als ein optimaler Kompromiß zwischen Informationsreduktion und notwendiger Detaillierung. Der globale Modellfit hat sich bei diesem Modell sogar noch verbessert. Es erklärt fast genauso viel Devianz wie das Modell 5 mit beiden Haupteffekten der diskreten Merkmale, das dafür jedoch 5 Parameter mehr benötigt. Da wir aber die Interpretation des Modells 8 schon im vorherigen Abschnitt geübt haben, wollen wir uns an dieser Stelle auf Modell 5 konzentrieren. Mit diesem Modell lassen sich vor allem auch die Interpretationsprobleme demonstrieren, mit denen man bei logistischen Effekten konfrontiert ist. Tabelle 4.11 zeigt die Parameterschätzungen im einzelnen.

Tabelle 4.11:  Einfluß des Wirtschaftszweiges und der Qualifikation auf das Abstiegsrisiko

| Parameter-schätzung | Standard-fehler | Parameter-name |
|---|---|---|
| -0.4111 | 0.2330 | %GM |
| -0.6353E-01 | 0.1181 | TQUA(2) |
| -0.4106 | 0.1406 | TQUA(3) |
| -0.6441 | 0.1703 | TQUA(4) |
| -1.012 | 0.3493 | WIRT(2) |
| -0.8750 | 0.2237 | WIRT(3) |
| -0.2431 | 0.2344 | WIRT(4) |
| -1.162 | 0.2433 | WIRT(5) |
| -0.5928 | 0.2364 | WIRT(6) |
| -2.685 | 0.4707 | WIRT(7) |
| -1.133 | 0.3173 | WIRT(8) |
| -1.603 | 0.2738 | WIRT(9) |
| -0.7147 | 0.2371 | WIRT(10) |

Modell 5: logistisches Modell mit aggregierten Daten
        Devianz = 124.6   df = 27   B = 0.621

Einige der Effekte sind wiederum nicht signifikant von Null verschieden (Effekt der Vergleichsgruppe %GM, $TQUAL_2$, $WIRT_4$). Der wesentliche Nachteil ist jedoch, daß man sich unter den Effekten im einzelnen nichts vorstellen kann. Man kann zunächst nur das Vorzeichen und die relative Größe der einzelnen Effekte berücksichtigen. Ein negativer Effekt bedeutet, daß das Abstiegsrisiko in der entsprechende Gruppe niedriger als in der Vergleichsgruppe ist, und ein Vergleich der verschiedenen Effekte zeigt, daß das Abstiegsrisiko im Kredit- und Versicherungsgewerbe (WIRT = 7) am geringsten ist. Was sich jedoch konkret hinter dem Effekt von – 2.685 verbirgt, bekommt man nur dadurch heraus, daß man den jeweiligen linearen Prädiktor in das Regressionsmodell (4.4a) einsetzt:

$$\pi_{i\,i} = \exp(-0.4111-2.685)/[1+\exp(-0.4111-2.685)]$$

Danach beträgt die Wahrscheinlichkeit eines Abstiegs bei Wechseln in das Kredit- und Versicherungsgewerbe 4.3% und ist damit um 35.6% geringer als in der Vergleichsgruppe (Landwirtschaft, unspezifische Qualifikation), in der sie 39.9% beträgt. In ähnlicher Weise kann man sich das Abstiegsrisiko der Personen mit speziellen Qualifikationen berechnen: Es beträgt 25.8% und ist damit um 14.1% geringer als das der Vergleichsgruppe. Automatisch ergibt sich die Frage, wie hoch das Abstiegsrisiko der Personen ist, die beide Merkmale (WIRT = 7 und TQUAL = 4) auf sich vereinen. Ist dieses Risiko etwa 14.1% + 35.6% = 49.7% geringer? Mitnichten: Durch Einsetzen in das Regressionsmodell (4.4a) erhält man einen Wert von 2.3%, der um 37.6% unter dem der Vergleichsgruppe liegt. Eine Differenz von 49.7% wäre auch logisch gar nicht möglich gewesen, da das Abstiegsrisiko der Vergleichsgruppe ohnehin nur 39.9% beträgt.

An diesem Beispiel wird auf plastische Art und Weise deutlich, was unter einem multiplikativen Effekt zu verstehen ist: Da das Abstiegsrisiko im Kredit- und Versicherungsgewerbe ohnehin sehr gering ist, kann eine verbesserte Qualifikation das Abstiegsrisiko nicht in dem Maße verringern, in dem das gegenüber der Vergleichsgruppe möglich ist. Solche multiplikativen Einflüsse lassen sich jedoch nur sehr schwer interpretieren, weil man immer die Konstellation der anderen unabhängigen Merkmale mitberücksichtigen muß. Es ist daher in jedem Fall zu prüfen, ob die inhaltlichen und theoretisch – statistischen Vorteile die zusätzlichen interpretatorischen Schwierigkeiten aufwiegen.

## 4.2.4 Unvollständige Kreuztabellen

In Abschnitt 2.4.2.3 haben wir schon in allgemeiner Form auf die Probleme fehlender Beobachtungen hingewiesen. Nachdem wir nun eine etwas konkretere Vorstellung von multivariater Kreuztabellenanalyse haben, wollen wir diese Frage erneut aufgreifen und in systematischer Form diskutieren. Fehlende Beobachtungen können in einer Kreuztabelle aus unterschiedlichen Gründen auftreten:

1.  Einzelne Ausprägungskombinationen der betrachteten Merkmale sind aus inhaltlichen Gründen nicht zugelassen (z.B. weibliche Soldaten in der Bundeswehr, Hochseefischer in Bayern etc.). Der Erwartungswert der jeweiligen Häufigkeit $E(n_{ij})$ ist Null und wir sprechen von einer *strukturellen Null*.

2.  Der Stichprobenumfang ist nicht groß genug, so daß in einzelnen (seltenen) Ausprägungskombinationen keine Beobachtungen auftreten. Der Erwartungswert der jeweiligen Häufigkeit $E(n_{ij})$ ist zwar größer als Null, aber in der konkreten Stichprobe können nicht mehr Beobachtungen festgestellt werden. In diesem Fall sprechen wir von einer *Stichprobennull*.

Wie bereits erwähnt, treten bei Personen mit speziellen Qualifikationen (TQUAL = 4) und Wechseln in die Wirtschaftszweige Kredit und Versicherungen, sonst. Dienstleistungen sowie Staat (WIRT = 7, 8 oder 10) keine Abstiege auf. Da wir keine inhaltlichen Gründe dafür angeben können, warum bei diesen Ausprägungskombinationen prinzipiell keine Abstiege auftreten können, wären diese fehlenden Beobachtungen als Stichprobennullen einzustufen.

Ehe wir diese Datenkonstellation diskutieren, wollen wir noch einmal kurz an die Behandlung von strukturellen Nullen erinnern, die wir schon in Abschnitt 2.4.2.3 besprochen haben. Dort haben wir gezeigt, daß nicht alle Parameter des Modells geschätzt werden können, wenn einzelne Beobachtungen prinzipiell nicht existieren. GLIM erkennt diese Datenkonstellation an Hand der eingegebenen Daten. Bei anderen Programmen zur multivariaten Kreuztabellenanalyse (z.B. bei dem Programm NONMET von H.M. Kritzer für den

Tabelle 4.12: Einfluß des Wirtschaftszweiges und der Qualifikation auf die Wahrscheinlichkeit eines beruflichen Abstiegs

| Parameter-schätzung | Standard-fehler | Parametername |
|---|---|---|
| .1013E-12 | .4472 | %GM |
| -2.303 | 1.140 | WIRT(2) |
| -1.409 | .4876 | WIRT(3) |
| .1576 | .4952 | WIRT(4) |
| -1.946 | .5855 | WIRT(5) |
| -1.705 | .5641 | WIRT(6) |
| -4.205 | 1.298 | WIRT(7) |
| -1.253 | .9181 | WIRT(8) |
| -2.890 | 1.121 | WIRT(9) |
| -2.079 | .7583 | WIRT(10) |
| -.5534 | .5181 | TQUA(2) |
| -.6931 | .9747 | TQUA(3) |
| 1.315 | .6552 | TQUA(4) |
| 1.470 | 1.214 | WIRT(2).TQUA(2) |
| 1.291 | 1.625 | WIRT(2).TQUA(3) |
| -1.092 | 1.629 | WIRT(2).TQUA(4) |
| .7574 | .5581 | WIRT(3).TQUA(2) |
| .7448E-01 | 1.009 | WIRT(3).TQUA(3) |
| -2.371 | .7286 | WIRT(3).TQUA(4) |
| -.5669 | .5727 | WIRT(4).TQUA(2) |
| -.1576 | 1.047 | WIRT(4).TQUA(3) |
| -3.329 | .8401 | WIRT(4).TQUA(4) |
| 1.149 | .6568 | WIRT(5).TQUA(2) |
| .1112 | 1.072 | WIRT(5).TQUA(3) |
| -1.018 | .9003 | WIRT(5).TQUA(4) |
| 1.385 | .6322 | WIRT(6).TQUA(2) |
| .6818 | 1.069 | WIRT(6).TQUA(3) |
| -2.136 | 1.043 | WIRT(6).TQUA(4) |
| 1.841 | 1.510 | WIRT(7).TQUA(2) |
| 1.161 | 1.666 | WIRT(7).TQUA(3) |
| ZERO | ALIASED | WIRT(7).TQUA(4) |
| -.3968E-01 | .9942 | WIRT(8).TQUA(2) |
| 1.253 | 1.376 | WIRT(8).TQUA(3) |
| ZERO | ALIASED | WIRT(8).TQUA(4) |
| 1.436 | 1.178 | WIRT(9).TQUA(2) |
| 1.199 | 1.470 | WIRT(9).TQUA(3) |
| -1.090 | 1.246 | WIRT(9).TQUA(4) |
| .7662 | .8180 | WIRT(10).TQUA(2) |
| 1.827 | 1.161 | WIRT(10).TQUA(3) |
| ZERO | ALIASED | WIRT(10).TQUA(4) |

Modell 4:  logistisches Modell mit aggregierten Daten

Devianz = 0     df = 0     B = 1.0 (saturiertes Modell)

GSK – Ansatz) muß man erst explizit angeben, daß es sich um ein *unvollstän-diges Design* handelt (86). Um die Ergebnisse eines solchen unvollständigen Designs zu demonstrieren, haben wir die fehlenden Ausprägungskombinatio-nen als strukturelle Nullen behandelt. Zu diesem Zweck wurden die Informa-tionen für die Ausprägungskombinationen $WIRT_7 * TQUAL_4$, $WIRT_8 * TQUAL_4$ und $WIRT_{10} * TQUAL_4$ bei der Dateneingabe weggelassen (zu den Details vgl. Kapitel 5). Die Ergebnisse für das saturierte Modell 4 zeigt Tabelle 4.12. Wie man sieht, können die entsprechenden Interaktionsparameter nicht geschätzt werden. Sie werden von GLIM als "aliased" ausgewiesen und a priori auf Null (zero) gesetzt. Genauer gesagt handelt es sich um *"extrinsically aliased para-meters"*, die auf Grund der vorliegenden Daten entstehen. Sie sind von den *"intrinsically aliased parameters"* zu unterscheiden, die GLIM auf Grund der gewählten Reparametrisierung auf Null setzt.

Während strukturelle Nullen unabhängig vom verwendeten Schätzverfahren berücksichtigt werden können, hängt die Behandlung von Stichprobennullen wesentlich von dem gewählten Ansatz ab. Prinzipiell kann man zu Stichpro-bennullen sagen, daß hier eine Modellprognose möglich sein sollte, denn der Erwartungswert der entsprechenden Häufigkeit ist größer als Null. Wichtig ist nur, daß man die entsprechende Nullhäufigkeit nicht wegläßt sondern mit den restlichen Daten eingibt (87). Wie wir jedoch in Abschnitt 4.2.2.1 gesehen haben, ist beim GSK – Ansatz das Fehlen von Nullzellen eine unbedingte Voraussetzung. Der Vollständigkeit halber nennen wir noch einmal die beiden wesentlichen Gründe:

1. Bei Nullhäufigkeiten sind die Gewichte nicht definiert, so daß eine WLS – Schätzung nicht möglich ist.

---

(86) Das Programm NONMET erfragt dann die existierenden Ausprägungskombinationen. Diese Unterschiede haben auch etwas damit zu tun, daß GLIM nicht nur ein Programm zur Kreuztabellen-analyse ist und daher eine allgemeinere Dateneingabe hat (ANDRESS 1984b). Bei GLIM werden die Daten wie übliche Individualdaten eingegeben (s. die Beispiele 4.2 und 4.3). Programme wie NONMET verwenden dagegen nur die Häufigkeiten der Kreuztabelle und erzeugen die unabhängi-gen Merkmale nach Benutzervorgaben.

(87) Hier ist eine gewisse Vorsicht geboten, wenn man die Daten mit der Prozedur AGGREGATE im SPSS aggregiert: Subgruppen, die nicht besetzt sind, werden nicht in das aggregierte Datenfile geschrieben. Die Option 10 der Prozedur CROSSTABS, die die Häufigkeiten einer Kreuztabelle auf eine externe Einheit schreibt, liefert hier verläßlichere Ergebnisse, da alle Häufigkeiten (auch Nullen) berücksichtigt werden.

2. Das gleiche gilt für NEYMANN's Chi – Quadrat – Statistik, so daß die Voraussetzungen für die Anwendung des Anpassungstestes nicht gegeben sind.

Als weiteren Grund könnte man noch numerische Probleme angeben (z.B. ist der Logarithmus von Null nicht definiert). Dieser Einwand trifft aber auch auf ML – Schätzungen zu, kann dort bloß sehr viel besser umgangen werden, da es sich um ein iteratives Schätzverfahren handelt. Für den GSK – Ansatz muß man also feststellen, daß Stichprobennullen nicht berücksichtigt werden können und immer (!) eine Ersetzung durch eine kleine Zahl größer als Null vorgenommen werden muß.

Wie wir in Abschnitt 4.2.3.1 zeigen konnten, ist eine ML – Schätzung quasi eine mehrfach verbesserte WLS – Schätzung. Von daher kann der iterative Schätzalgorithmus mit den Nullhäufigkeiten als Anfangswerten beginnen. Schon im nächsten Iterationszyklus sind Aussagen über die Erwartungswerte dieser Häufigkeiten möglich, weil die Parameter des Modells nicht nur auf Grund der Stichprobennullen sondern auch mit Hilfe der anderen Daten geschätzt werden. Diese Prognose wird dann mit jedem Iterationsschritt verbessert. Soweit zunächst einmal das Prinzip, in der Praxis zeigt sich jedoch, daß die Art des verwendeten Algorithmus von entscheidender Bedeutung ist: Z.B. hat der für log – lineare Modelle häufig verwendete *Deeming – Stephan – Algorithmus* nicht die positiven Eigenschaften wie die von GLIM verwendete *Scoring – Methode von Fisher*. Auch müssen numerisch unzulässige Berechnungen (z.B. Logarithmus von Null) während der Iterationszyklen ausgeschlossen werden. Bei ungünstigen Mehrfachkombinationen von Nullhäufigkeiten kann es darüberhinaus unmöglich sein, eine eindeutige ML – Schätzung zu finden (vgl. ALBERT/ ANDERSON 1984).

## 4.3 Polytome Zielvariablen: Verschiedene Arten von Tätigkeitswechseln

Nachdem wir uns im letzten Abschnitt mit der Analyse dichotomer Merkmale beschäftigt haben, bietet sich als nächster Untersuchungsschritt die Verallgemeinerung auf polytome Zielvariablen an. Für die vorhergehende Auswertung wurde die abhängige Variable dichotomisiert. Es ist jedoch nicht auszuschließen, daß für soziale Aufstiege und horizontale Mobilität, die bisher in einer Kategorie zusammengefaßt wurden, ganz unterschiedliche Effekte wirken. In diesem Abschnitt wollen wir daher die Frage prüfen, ob durch die Dichotomisierung wesentliche Informationen unberücksichtigt bleiben.

Zur Analyse polytomer Merkmale verwenden wir vor allem eine Umformung log – linearer Modelle. Die Anwendungsmöglichkeiten von log – linearen Modellen sind jedoch sehr viel allgemeiner (vgl. BISHOP 1969). Der Leser sollte sich daher bewußt sein, daß diese Modellklasse hier aus einer speziellen Perspektive dargestellt wird. Da wir uns in diesem Text auf Regressionsmodelle und asymmetrische Fragestellungen beschränken, erscheint uns jedoch diese Reduktion gerechtfertigt. Für weitergehende Fragen verweisen wir auf die weiterführende Literatur in der Einleitung.

### 4.3.1 Analyse polytomer Zielvariablen mit gewichteter Regression und Maximum – Likelihood – Schätzungen

Bei den obigen linearen bzw. logistischen Modellen war es ausreichend, den Anteil der 1. Kategorie bzw. das logarithmierte Verhältnis der beiden Kategorien zu betrachten. Bei polytomen Merkmalen mit k Ausprägungen ergeben sich jetzt mehr Möglichkeiten: Prinzipiell sind (k – 1) Anteilswerte linear voneinander unabhängig, die man beliebig zueinander ins Verhältnis setzen kann. Da jetzt quasi mehrere abhängige Merkmale betrachtet werden (z.B. k – 1 Anteilswerte), sprechen wir von *multivariaten Regressionsmodellen*, wobei sich die Bezeichnung "multivariat" auf das abhängige und nicht die unabhängigen Merkmale bezieht. Statistisch sind die Anteilswerte natürlich nicht voneinander unabhängig, so daß man bei einer gewichteten Regression nicht nur die Varianzen sondern auch die Kovarianzen der Anteilswerte berücksichtigen muß: Wie man eine Beobachtung gewichtet, hängt also nicht nur davon ab, wie stark der Wert der Zielvariablen für diese Beobachtung variiert, sondern auch davon, wie sehr er mit den Werten der Zielvariablen bei den anderen Beobachtungen kovariiert. Eine solche Gewichtungsprozedur ist in GLIM nicht

vorgesehen: Die Gewichtsmatrix W beschränkt sich hier auf eine Diagonalma-
trix, d.h. es besteht nur die Möglichkeit, den Einfluß einzelner Beobachtungen
unabhängig von den Werten der anderen Beobachtungen zu verändern. Eine
mathematisch nicht triviale Alternative findet man im Anhang. Dazu muß man
die Rohdaten selbst transformieren. Da GLIM (zumindest in der jetzigen Fas-
sung) keine Matrizenoperationen vorsieht, ist diese Datentransformation jedoch
sehr aufwendig.

Zusammenfassend kann man daher feststellen, daß sich multivariate Regressionsmodelle mit gewichteter Regression in GLIM nur sehr schwer ver-
wirklichen lassen. Wir konzentrieren uns daher für die Betrachtung von polytomen Zielvariablen auf multivariate logistische Regressionsmodelle und
ML – Schätzungen. Dazu benutzen wir die Eigenschaft, daß sich jedes logistische Modell aus einem log – linearen Modell ableiten läßt, und log – lineare
Modelle haben den Vorzug, mehrere Merkmale mit vielen Ausprägungen
auswerten zu können.

Log – lineare Modelle gehen von einer symmetrischen Fragestellung aus,
d.h. keine der betrachteten Variablen wird als Zielvariable isoliert. Die Merkmale sind diskret (klassische Kreuztabellenanalyse) und können zwei (Dicho-
tomien) oder mehrere Ausprägungen (Polytomien) haben. Die Transformation
log – linearer Modelle in logistische Modelle besteht im wesentlichen darin,
eines dieser Merkmale als Zielvariable zu betrachten und die geschätzten
log – linearen Effekte im Hinblick auf diese asymmetrische Fragestellung
umzurechnen. Wenn dieses Merkmal eine polytome Variable ist, dann erhalten
wir unser gewünschtes Erklärungsmodell für multivariate Logits.

Die meisten vor allem didaktisch orientierten Einführungen in die Analyse
log – linearer Modelle gehen von einer multivariaten Kreuztabelle aus. Der
eigentliche Datenanalyseprozeß wird als Anpassung von Randverteilungen an
die empirischen Häufigkeiten dargestellt (vgl. z.B. DAVIS 1974). Der klassische
Chi – Quadrat – Test ist quasi ein Spezialfall: Wenn die beiden betrachteten
Merkmale voneinander unabhängig sind, dann kann man aus den beiden
Randverteilungen Erwartungswerte der Häufigkeiten $E(n_{ij})$ berechnen, die mit
den empirischen Häufigkeiten $n_{ij}$ verglichen werden können. Der Grad der
Abweichung zwischen empirischen und erwarteten Häufigkeiten wird dann
durch die Pearson'sche Chi – Quadrat – Statistik gemessen. Diese Statistik
kann mit der Chi – Quadrat – Verteilung verglichen werden, um zu entscheiden,
ob die Abweichungen signifikant sind. Wenn man bei log – linearen Modellen
mehrere Merkmale betrachtet, bleibt das grundsätzliche Vorgehen (Anpassung
von Randverteilungen) gleich, nur ergeben sich mehr Möglichkeiten, Modelle
über die Daten zu formulieren (z.B. Interaktionen der Merkmale). Aus genau
diesem Vorgehen ergibt sich der häufig verwendete *Deeming – Stephan –*

*Algorithmus* und die Beschränkung auf hierarchische Modelle. Damit ist gemeint, daß man bei Annahme eines Interaktionseffektes von zwei oder mehr Variablen automatisch alle rangniedrigeren Effekte impliziert (88).

Tabelle 4.13: Häufigkeiten verschiedener Qualifikationstypen und Berufswechsel

| $\eta$ | Qualifikationstyp | Berufs-wechsel | Häufig-keit |
|---|---|---|---|
| $\beta_o$ | unspezifische Qualifikation | Abstieg | 116 |
| $\beta_o \quad + \beta_2^A$ | | Rest | 361 |
| $\beta_o + \beta_2^T$ | manuelle Fachqualifikation | Abstieg | 628 |
| $\beta_o + \beta_2^T + \beta_2^A + \beta_{22}^{TA}$ | | Rest | 2217 |
| $\beta_o \quad \beta_3^T$ | nicht-manuelle Fachqualifik. | Abstieg | 167 |
| $\beta_o + \beta_3^T + \beta_2^A + \beta_{32}^{TA}$ | | Rest | 1022 |
| $\beta_o + \beta_4^T$ | Spezialqualifikation | Abstieg | 74 |
| $\beta_o + \beta_4^T + \beta_2^A + \beta_{42}^{TA}$ | | Rest | 603 |
| | | Summe | 5188 |

Wir wählen an dieser Stelle gleich den allgemeineren Ansatz und fassen die Erwartungswerte der Häufigkeiten $E(n_{ij})$ als log – lineare Funktion der unabhängigen Merkmale auf (89). Alle betrachteten Merkmale (abhängige und

---

(88) Man erinnere sich an das Beispiel des klassischen Chi – Quadrat – Testes: Wenn man auf Grund der Unabhängigkeitsannahme die erwarteten Häufigkeiten aus den Randverteilungen berechnet, dann impliziert man damit automatisch, daß die Gesamthäufigkeit N (also der Durchschnittseffekt des log – linearen Modells) eingehalten wird.

(89) Das ist im übrigen auch der Unterschied zwischen dem Deeming – Stephan – Algorithmus und dem Verfahren, das GLIM verwendet: Während der Deeming – Stephan – Algorithmus mit den Randverteilungen iteriert, verwendet die *Scoring – Methode von Fisher* die Parameter des Modells. Der Deeming – Stephan – Algorithmus schätzt daher auch nur die Erwartungswerte der Häufigkeiten. Wenn man darüber hinaus noch an den Effekten interessiert ist, muß man sie in in einem getrennten Rechengang aus den erwarteten Häufigkeiten berechnen.

unabhängige) werden zunächst als gleichberechtigt betrachtet (*symmetrische Fragestellung*), so daß wir die Daten aus Tabelle 4.6 als einen Vektor von Häufigkeiten auffassen, die wir mit $n_i$ ($i = 1, 2, ..., 8$) bezeichnen (vgl. Tabelle 4.13). $\mu_i$ seien die Erwartungswerte dieser 8 Häufigkeiten unter den Modellannahmen (90). Ihre Verteilung wird durch die Multinomialverteilung beschrieben. Wenn die Summe aller Einzelhäufigkeiten (5188) selber eine zufällige Größe ist (wie häufig in Felduntersuchungen), dann läßt sich die Multinomialverteilung als Produkt von Poissonverteilungen darstellen (s. Anhang). Die Likelihood – Funktion für die $N = 8$ Häufigkeiten lautet daher:

$$(4.16) \quad L = \prod_{i=1}^{N} \exp(-\mu_i) \, \mu_i^{n_i} / n_i !$$

Dies ist ein Spezialfall der allgemeinen Likelihood – Funktion, die GLIM verwendet (s. Tabelle 2.1 und Anhang). Die Erwartungswerte $\mu_i$ werden als log – lineare Funktion des linearen Prädiktors $\eta_i$ aufgefaßt:

$$(4.17) \quad \mu_i = \exp \eta_i \qquad \eta_i = \ln \mu_i$$

Dadurch wird sichergestellt, daß immer positive Werte $\mu_i$ vorhergesagt werden (Häufigkeiten !), unabhängig davon, welchen Wert der lineare Prädiktor hat. Dieser faßt wiederum den Einfluß der einzelnen unabhängigen Merkmale zusammen, wobei jetzt auch das Merkmal Art des Tätigkeitswechsels zu berücksichtigen ist. Das vollständige GLIM – Programm für Tabelle 4.13 lautet entsprechend (*Beispiel 4.5*):

```
$UNITS 8 $FACTOR TQUAL 4 ART 2 $DATA TQUAL ART NIJK $READ
1 1 116
1 2 361
2 1 628
2 2 2217
3 1 167
3 2 1022
```

(90) In diesem einführenden Abschnitt verwenden wir noch das einfache Beispiel mit der dichotomisierten Variablen ART. Auf diese Weise lassen sich auch die Gemeinsamkeiten und Unterschiede zwischen logistischen und log – linearen Modellen am besten herausarbeiten. In dem folgenden empirischen Beispiel verwenden wir dann das ursprüngliche trichotome Merkmal ART.
Allgemein gilt für ein logistisches Regressionsmodell mit N Beobachtungen und einer Zielvariablen mit k Ausprägungen, daß das äquivalente log – lineare Modell (N*k) Beobachtungen hat.

```
4 1 74
4 2 603
$YVARIATE NIJK $ERROR P $LINK L
$FIT TQUAL*ART
```

Die Tatsache, daß die Variable ART als unabhängiges Merkmal verwendet wird, ist auf den ersten Blick etwas verwirrend, denn die Art des Tätigkeitswechsels ist es ja gerade, was uns aus inhaltlichen Gründen interessiert. In einem log–linearen Modell sind jedoch die Häufigkeiten einer multivariaten Kreuztabelle die Zielvariable und nicht einzelne Variablen. Die Verteilung dieser Häufigkeiten hängt aber von den Merkmalen und ihren Interaktionen ab, die die Kreuztabelle definieren. Sie werden daher als erklärende Merkmale der Erwartungswerte verwendet.

Die uns interessierende Zielvariable Art des Tätigkeitswechsels ergibt sich durch eine Umformung des log–linearen in ein logistisches Regressionsmodell: Das logistische Modell zu Tabelle 4.6 (vgl. Beispiel 4.3) betrachtet das logarithmierte Verhältnis der beiden (erwarteten) Anteilswerte $\pi_{i1}$ und $(1-\pi_{i1})$. Unter Verwendung von auf eine Kategorie bezogenen Effekten lautet das Regressionsmodell für die 4 Subgruppen:

$$(4.18) \quad \ln[\pi_{11}/(1-\pi_{11})] = \gamma_0$$
$$\ln[\pi_{21}/(1-\pi_{21})] = \gamma_0 + \gamma_2^T$$
$$\ln[\pi_{31}/(1-\pi_{31})] = \gamma_0 + \gamma_3^T$$
$$\ln[\pi_{41}/(1-\pi_{41})] = \gamma_0 + \gamma_4^T$$

Zur besseren Unterscheidung werden die logistischen Effekte mit $\gamma$ bezeichnet. Der lineare Prädiktor jeder Subgruppe ist außerdem in Tabelle 4.6 aufgeführt.

Die Logits $\ln(\pi_{i1}/(1-\pi_{i1}))$ ergeben sich aber auch auf Grund der logarithmierten Verhältnisse der entsprechenden (erwarteten) Häufigkeiten:

$$(4.19) \quad \ln[\pi_{11}/(1-\pi_{11})] = \ln(\mu_1/\mu_2) = \eta_1 - \eta_2$$
$$\ln[\pi_{21}/(1-\pi_{21})] = \ln(\mu_3/\mu_4) = \eta_3 - \eta_4$$
$$\ln[\pi_{31}/(1-\pi_{31})] = \ln(\mu_5/\mu_6) = \eta_5 - \eta_6$$
$$\ln[\pi_{41}/(1-\pi_{41})] = \ln(\mu_7/\mu_8) = \eta_7 - \eta_8$$

Diese Häufigkeiten sind Zielvariable eines log-linearen Modells und daher eine Funktion der log-linearen Parameter $\beta$. Jedes Logit des logistischen Modells ergibt sich also aus der Differenz der entsprechenden Prädiktoren des log-linearen Modells. Für das Beispiel 4.5 kann man den Wert des linearen Prädiktors für jede der 8 Häufigkeiten Tabelle 4.13 entnehmen. Durch Einsetzen in Gleichung (4.19) und Vergleich mit (4.18) erkennt man, in welchem Verhältnis logistische $\gamma$ und log-lineare Parameter $\beta$ zueinander stehen:

$$(4.20) \quad \eta_1 - \eta_2 = \beta_0 - (\beta_0 + \beta_2^A) = -\beta_2^A$$

$$\eta_3 - \eta_4 = \beta_0 + \beta_2^T - (\beta_0 + \beta_2^T + \beta_2^A + \beta_{22}^{TA}) = -(\beta_2^A + \beta_{22}^{TA})$$

$$\eta_5 - \eta_6 = \beta_0 + \beta_3^T - (\beta_0 + \beta_3^T + \beta_2^A + \beta_{32}^{TA}) = -(\beta_2^A + \beta_{32}^{TA})$$

$$\eta_7 - \eta_8 = \beta_0 + \beta_4^T - (\beta_0 + \beta_4^T + \beta_2^A + \beta_{42}^{TA}) = -(\beta_2^A + \beta_{42}^{TA})$$

Die logistischen Effekte aus Tabelle 4.6 entsprechen den um eine Ordnung höheren Effekten des log-linearen Modells (91): Das logistische Absolutglied entspricht dem log-linearen Haupteffekt des Merkmals ART. Die logistischen Haupteffekte des Merkmals TQUAL entsprechen den jeweiligen log-linearen Interaktionseffekten der Merkmale TQUAL und ART. Wichtig ist dabei, daß man jeweils die um die Zielvariable des logistischen Modells (ART) erweiterten ranghöheren Effekte verwendet. Das logistische Absolutglied entspricht also nicht dem log-linearen Haupteffekt des Merkmals TQUAL sondern dem log-linearen Haupteffekt des Merkmals ART.

Diese Beziehung gilt übrigens nur für die gewählte Reparametrisierung. Für *zentrierte Effekte* ergibt sich, daß logistische Effekte den doppelten um die (logistische) Zielvariable erweiterten log-linearen Effekten entsprechen (KÜCHLER 1979: 227). Während man also bei der von uns gewählten Reparametrisierung die logistischen Effekte direkt aus den log-linearen Effekten ablesen kann, muß man bei zentrierten Effekten die jeweiligen log-linearen Parameter noch einmal halbieren. Dies ist ein weiterer Vorteil von *auf eine Kategorie bezogenen Effekten*.

---

(91) In diesem Beispiel unterscheiden sie sich auch noch durch das Vorzeichen. Durch eine geschickte Anordnung der Ausprägungen des abhängigen Merkmals läßt sich jedoch auch diese Komplikation umgehen (s. dazu das folgende empirische Beispiel).

Durch Nachrechnen der beiden Beispiele 4.3 und 4.5 überzeugt man sich am besten selber davon, daß beide Modelle identische Parameterschätzungen liefern. Wenn man mehrere unabhängige Merkmale betrachtet (z.B. Modell 5 mit den Haupteffekten der Merkmale TQUAL und WIRT), entsteht jedoch ein weiteres Problem. Es ergibt sich die Frage, welches log–lineare Modell die entsprechenden logistischen Effekte reproduziert. Unter Berücksichtigung der Interaktion mit der logistischen Zielvariablen ART hat man nämlich mehrere Alternativen, für Modell 5 z.B. zwei:

1)   $FIT TQUAL*ART + WIRT*ART oder

2)   $FIT TQUAL*ART + WIRT*ART + TQUAL*WIRT.

Da man zeigen kann, daß bei der Umrechnung der log–linearen Effekte die entsprechenden Haupteffekte und der Interaktionseffekt der beiden Merkmale TQUAL und WIRT fortfallen (92), entsteht der Eindruck, man könne die Interaktion TQUAL*WIRT vernachlässigen und Alternative 1 verwenden. Wie wir jedoch gleich erläutern werden, erhält man nur dann die entsprechenden logistischen Effekte, wenn man die Interaktion der unabhängigen Merkmale berücksichtigt. Die allgemeine Modellformel für ein log–lineares Modell, das dem logistischen Modell mit abhängiger Variablen Y und unabhängigen Variablen A, B, C,... äquivalent sein soll, lautet daher:

$FIT Y*(A + B + C + ...) + A*B*C*...

Man beachte, wie in diesem $FIT–Befehl geschickt die Rechenregeln der Modelloperatoren ausgenutzt werden.

In der folgenden Tabelle 4.14 sind für das Beispiel noch einmal die äquivalenten log–linearen und logistischen Modelle zusammengestellt. Die Devianzen sind jeweils gleich. Für das log–lineare Modell ART*(TQUAL + WIRT) ohne die Interaktion TQUAL*WIRT gibt es kein logistisches Äquivalent. Man überzeuge sich auch durch Nachrechnen davon, daß die Parameterschätzungen dieses Modells von den entsprechenden Schätzungen des logistischen Modells 5 (TQUAL + WIRT) abweichen.

---

(92) Man erkennt das schon an Gleichung (4.20): Durch die Subtraktion entfällt der Haupteffekt des Merkmals TQUAL und die Regressionskonstante.

Innerhalb der Klasse der log – linearen Modelle ergeben sich also sehr viel mehr Submodelle als innerhalb der Klasse der logistischen Modelle, wo quasi immer die Randverteilungen der unabhängigen Merkmale vorgegeben sind (93). Log – lineare Modelle sind also allgemeiner als logistische Regressionsmodelle. Man beachte außerdem, daß dem logistischen Nullmodell 0 nicht das log – lineare Nullmodell sondern das Modell (ART + TQUAL*WIRT) entspricht: Wenn man also log – lineare Modelle zur Schätzung multivariater logistischer Regressionsmodelle verwendet, dann ist das Modell, das aus der logistischen Zielvariablen und der Interaktion der unabhängigen Merkmale besteht ($FIT Y + A*B*C*...), das geeignete *Minimalmodell* $c_m$, auf das alle Bestimmtheitsmaße bezogen werden sollten.

Tabelle 4.14:   Äquivalente logistische und log-lineare Modelle

| logistisches Modell | log-lineares Modell | Devianz (df) | |
|---|---|---|---|
| 4:  TQUAL * WIRT | TQUAL * WIRT * ART | 0.0 | (0) |
| 5:  TQUAL + WIRT | ART * (TQUAL + WIRT) + TQUAL * WIRT | 121.3 | (24) |
| 6:  TQUAL | ART * TQUAL + TQUAL * WIRT | 246.0 | (33) |
| 7:        WIRT | ART * WIRT + TQUAL * WIRT | 149.2 | (27) |
| 0:        %GM | ART + TQUAL * WIRT | 323.8 | (36) |
| – | ART * (TQUAL + WIRT) | 1107.0 | (54) |
| – | ART | 7423.0 | (78) |

Der formalstatistische Hintergrund dieser Überlegungen ist folgender: In Tabelle 4.6 sind wir von unabhängigen Stichproben ausgegangen und haben die Verteilung der Zielvariablen innerhalb dieser Subgruppen betrachtet. Die Verteilung der Anteilswerte wird durch die Binomial – oder allgemein durch die Multinomialverteilung beschrieben, vorausgesetzt $n_i$ Personen fallen in die jeweilige Subgruppe. Wenn die Subgruppen wie angenommen voneinander unabhängig sind, dann ergibt sich die Gesamtverteilung für alle Subgruppen durch Multiplikation der einzelnen konditionalen Verteilungen. In dem logisti-

---

(93) Bei unserem Vergleich zwischen log – linearen und logistischen Modellen werden die metrischen unabhängigen Merkmale nicht berücksichtigt. Wir werden auf diese Frage in Abschnitt 4.4.1 zurückkommen.

schen Modell werden also die unabhängigen Merkmale (deren Kombination die Subgruppen definiert) als gegeben vorausgesetzt. Damit man in einem log – linearen Modell äquivalente Ergebnisse erhält, müssen daher auch dort die Randverteilungen und Interaktionen der unabhängigen Merkmale vorgegeben werden.

## 4.3.2 Ein empirisches Beispiel: Ein multivariates logistisches Modell verschiedener Tätigkeitswechsel

Wir wollen jetzt die vorher erworbenen Kenntnisse nutzen, um Regressionsmodelle für verschiedene Arten von Tätigkeitswechseln (Abstiege, Aufstiege und horizontale Mobilität) zu untersuchen. Bei drei Ausprägungen der Zielvariablen ergeben sich verschiedene Möglichkeiten, Kategorien miteinander zu vergleichen. Bei Verwendung von auf die erste Kategorie bezogenen Effekten (Default bei GLIM) ist es sinnvoll, die Logits zu betrachten, die sich jeweils auf die erste Ausprägung der Zielvariablen beziehen. In unserem Fall ist das also das (logarithmierte) Verhältnis der Abstiege zu den Aufstiegen bzw. der lateralen Tätigkeitswechsel zu den Aufstiegen. Genau dann lassen sich nämlich die entsprechenden logistischen Effekte direkt aus den log – linearen Parametern ablesen.

Wenn wir genauso in Tabelle 4.13 vorgegangen wären, wäre die Umkehrung des Vorzeichens zwischen log – linearen $\beta$ und logistischen Effekten $\gamma$ nicht aufgetreten. Allerdings hätten wir dann auch das Verhältnis der restlichen Tätigkeitswechsel zu den Abstiegen untersucht, was nicht unserem logistischen Regressionsmodell entsprach. Damit das negative Vorzeichen nicht auftritt, verändert man daher am besten die Anordnung der Häufigkeiten in Tabelle 4.13, indem man zuerst die restlichen Tätigkeitswechsel und dann die Abstiege einer jeden Qualifikationsgruppe aufführt. Auch das kann man an Hand des Programmpakets ausprobieren.

Wir wenden uns wieder dem eingangs besprochenen multivariaten Regressionsmodell zu. Da wir die Suche nach dem passenden Modell in den vorhergehenden Abschnitten hinreichend geübt haben, wollen wir hier nur an einem exemplarischen Beispiel die Interpretation der Modellparameter demonstrieren. Wir betrachten das multivariate logistische Modell mit dem Haupteffekt der Qualifikation und schätzen dazu das folgende log – lineare Modell (*Beispiel 4.6*):

$UNITS 12 $FACTOR TQUAL 4 ART 3 $DATA TQUAL ART NIJK $READ
1 1 316
1 2 116

```
1 3 45
2 1 1623
2 2 628
2 3 594
3 1 858
3 2 167
3 3 164
4 1 463
4 2 74
4 3 140
$YVARIATE NIJK $ERROR P $LINK L $FIT TQUAL*ART
```

Im Gegensatz zu Tabelle 4.13 werden hier die restlichen Tätigkeitswechsel weiter aufgeschlüsselt: Pro Qualifikationsgruppe werden nacheinander Aufstiege, Abstiege und laterale Tätigkeitswechsel eingegeben. Wenn wir jetzt das (logarithmierte) Verhältnis der Abstiege zu den Aufstiegen betrachten, dann interessieren uns von den log–linearen Parametern nur der Haupteffekt des Merkmals ART und der Interaktionseffekt der Merkmale ART und TQUAL:

$$\ln(\pi_{12}/\pi_{11}) = \ln(\mu_2/\mu_1) \quad = (\beta_0 + \beta_2^A) - \beta_0 = \beta_2^A$$

$$\ln(\pi_{22}/\pi_{21}) = \ln(\mu_5/\mu_4) \quad = (\beta_0 + \beta_2^A + \beta_2^T + \beta_{22}^{TA}) - (\beta_0 + \beta_2^T) = \beta_2^A + \beta_{22}^{TA}$$

$$\ln(\pi_{32}/\pi_{31}) = \ln(\mu_8/\mu_7) \quad = (\beta_0 + \beta_2^A + \beta_3^T + \beta_{32}^{TA}) - (\beta_0 + \beta_3^T) = \beta_2^A + \beta_{32}^{TA}$$

$$\ln(\pi_{42}/\pi_{41}) = \ln(\mu_{11}/\mu_{10}) = (\beta_0 + \beta_2^A + \beta_4^T + \beta_{42}^{TA}) - (\beta_0 + \beta_4^T) = \beta_2^A + \beta_{42}^{TA}$$

Das gleiche gilt für das (logarithmierte) Verhältnis $\ln(\pi_{i3}/\pi_{i1})$ der lateralen Tätigkeitswechsel zu den Aufstiegen. Tabelle 4.15 faßt die entsprechenden Parameterschätzungen zusammen. Zu Vergleichszwecken werden die Bezeichnungen der log–linearen Parameter in der Tabelle noch einmal wiederholt (kursive Schrift).

Die Tabelle zeigt, daß relativ zur Vergleichsgruppe bei Personen mit nicht–manuellen und Spezialqualifikationen (TQUAL = 3 oder 4) signifikant weniger Abstiege als Aufstiege auftreten, während horizontale Mobilität (relativ zu Aufstiegen) vor allem bei Personen mit manuellen und Spezialqualifikationen auftritt. Man sieht also, daß das Muster intragenerationeller Mobilität ganz unterschiedlich zwischen den Qualifikationsgruppen verteilt ist. Es ist daher sinnvoll, das Merkmal ART in seiner ursprünglichen trichotomen Form beizubehalten. Bei einer Dichotomisierung werden demgegenüber Informationen verschenkt.

Tabelle 4.15: Einfluß der Qualifikation auf verschiedene Arten beruflicher Wechsel

| Parameter | Abstiege versus Aufstiege | | | Horizontale Mobilität vs. Aufstiege | | |
|---|---|---|---|---|---|---|
| | Schätzer | Standard-fehler | log-linearer Parameter | Schätzer | Standard-fehler | log-linearer Parameter |
| %GM | -1.002 | .1086 | *ART(2)* | -1.949 | .1593 | *ART(3)* |
| TQUA(2) | .5266E-01 | .1183 | *ART(2).TQUA(2)* | .9439 | .1664 | *ART(3).TQUA(2)* |
| TQUA(3) | -.6345 | .1376 | *ART(2).TQUA(3)* | .2943 | .1807 | *ART(3).TQUA(3)* |
| TQUA(4) | -.8315 | .1657 | *ART(2).TQUA(4)* | .7530 | .1862 | *ART(3).TQUA(4)* |

Umformung des log-linearen Modells ART * TQUAL (Devianz = 0, df = 0) in ein multivariates logistisches Modell

Häufig möchte man für die einzelnen Ausprägungen einer polytomen Zielvariablen (genauer gesagt: die Logits) unterschiedliche Regressionsmodelle formulieren. Da Abstiege und horizontale Mobilität ganz unterschiedlich in den Qualifikationsgruppen verteilt sind, wäre daher zu prüfen, ob die entsprechenden Logits immer von allen vier Qualifikationstypen abhängen sollen. Bei realistischeren Daten mit mehreren unabhängigen Merkmalen ist diese Situation noch wahrscheinlicher. Man kann dazu zeigen, daß sich das obige log–lineare Modell (genauer gesagt seine Umformung in ein multivariates logistisches Regressionsmodell) durch zwei logistische Regressionsmodelle reproduzieren läßt. Das erste verwendet lediglich Aufstiege (N1JK) und Abstiege (N2JK) (*Beispiel 4.7*):

```
$UNITS 4 $FACTOR TQUAL 4 $DATA TQUAL N1JK N2JK $READ
1 316 116
2 1623 628
3 858 167
4 463 74
$CALCULATE N = N1JK + N2JK
$YVARIATE N2JK $ERROR B N $LINK G $FIT TQUAL
```

Das zweite verwendet dagegen Aufstiege (N1JK) und horizontale Mobilität (N3JK) (*Beispiel 4.8*):

```
$UNITS 4 $FACTOR TQUAL 4 $DATA TQUAL N1JK N3JK $READ
1 316 45
2 1623 594
3 858 164
```

4 463 140

```
$CALCULATE N = N1JK + N3JK
$YVARIATE N3JK $ERROR B N $LINK G $FIT TQUAL
```

In beiden Fällen ergeben sich die gleichen Parameterschätzungen wie in Tabelle 4.15, wie man leicht nachprüfen kann. Allgemein läßt sich feststellen, daß sich ein log – lineares Modell für eine Zielvariable mit q Ausprägungen in (q – 1) logistische Modelle transformieren läßt. Die ursprüngliche Kreuztabelle wird quasi in mehrere Teiltabellen zerlegt.

Es sei jedoch darauf hingewiesen, daß sich auf diese Weise nur die Parameterschätzungen des log – linearen Modells reproduzieren lassen. Die Summe der Devianzen der Modelle für die Teiltabellen entspricht nicht der Devianz des äquivalenten log – linearen Modells für die Gesamttabelle (94). Anders ausgedrückt, im Gegensatz zu dem im nächsten Abschnitt zu besprechenden Ansatz sind die beiden Teiltabellen nicht unabhängig voneinander. Das Produkt der beiden Einzel – Likelihoods ist daher nur der Gesamt – Likelihood proportional, hat aber aus demselben Grund für die gleichen Parameter sein Maximum. Aus inhaltlicher Sicht sind diese statistischen Feinheiten nebensächlich. Den Anwender dieser Methoden interessiert vor allem die Tatsache, daß man mit den Teiltabellen spezifische Regressionsmodelle schätzen kann, die in ihren Parametern nicht übereinstimmen müssen. Auf diese Weise könnte man z.B. unterschiedliche Muster intragenerationeller Mobilität modellieren (95).

Abschließend sei noch darauf hingewiesen, daß die in Abschnitt 4.2.3.2 diskutierten Interpretationsprobleme natürlich noch in weit stärkeren Maße für die Parameter in Tabelle 4.15 gelten. Bisher haben wir nur das Vorzeichen und die Signifikanz betrachtet. Man versuche jedoch einmal, eine Prognose für einen konkreten Anteilswert $p_{ij}$ zu machen. Das ist nur möglich, wenn man die Häufigkeit der jeweiligen Subgruppe kennt. Man muß also auf die Parameter des ursprünglichen log – linearen Modells zurückgreifen und erst alle prognostizierten Häufigkeiten berechnen, ehe man Aussagen über die Anteilswerte

---

(94) Die Devianzen für die Beispiele 4.5 – 4.7 sind notwendigerweise 0 (saturierte Modelle !). Die Additivität der Devianzen läßt sich daher nur für die jeweiligen Nullmodelle prüfen. Für die beiden Teilmodelle ergeben sich die Werte 89.61 (df = 3) und 72.82 (df = 3), die in der Summe nicht der Devianz des entsprechenden Globalmodells ($FIT ART + TQUAL) entsprechen. Dort ergibt sich ein Wert von 151.0 (df = 6).

(95) Wie in Abschnitt 4.4.1 noch zu zeigen sein wird, haben diese Teilmodelle auch bei der Übertragung von log – linearen Modellen auf Individualdaten gewisse Vorteile.

machen kann. Die prognostizierten Häufigkeiten (fitted values) kann man sich zwar mit $DISPLAY R ausdrucken, die anschauliche Interpretation der Modellergebnisse wird dadurch jedoch nicht einfacher.

## 4.3.3 Ordinale Zielvariablen

Wie bereits erwähnt, gibt es bei mehr als zwei Ausprägungen verschiedene Möglichkeiten, multivariate Logits zu berechnen. In dem vorhergehenden Beispiel haben wir die auf die jeweils erste Ausprägung bezogenen Logits betrachtet. Untersucht man eine ordinale Variable wie das Merkmal ART, dann kann man auch das logarithmierte Verhältnis einer Kategorie zu allen rangniedrigeren (inkl. der Kategorie selbst) betrachten. Dabei handelt es sich um die sogenannten "continuation ratios" (FIENBERG 1980) (96). Wir betrachten also zwei logistische Regressionsmodelle, in denen wir a) Aufstiege (N1JK) im Verhältnis zu allen anderen Tätigkeitswechseln (N123) und b) horizontale Mobilität (N3JK) im Verhältnis zu Abstiegen und horizontaler Mobilität (N23) untersuchen (*Beispiel 4.9*):

```
$UNITS 4 $FACTOR TQUAL 4 $DATA TQUAL N1JK N2JK N3JK $READ
1 316 116 45
2 1623 628 594
3 858 167 164
4 463 74 140
$CALCULATE N123 = N1JK + N2JK + N3JK
$YVARIATE N1JK $ERROR B N123 $FIT TQUAL
$CALCULATE N23 = N2JK + N3JK
$YVARIATE N3JK $ERROR B N23 $FIT TQUAL
```

Tabelle 4.16 zeigt die Ergebnisse dieser Schätzungen. Danach treten Aufstiege (relativ zu allen rangniedrigeren Statusveränderungen) bei Personen mit nicht – manuellen Fachqualifikationen signifikant häufiger auf als bei der Vergleichsgruppe (unspezifische Qualifikationen). Bei Personen mit manuellen Fachqualifikationen kehren sich diese Verhältnisse gerade um. In dem zweiten Modell zeigt sich, daß horizontale Mobilität (relativ zu allen rangniedrigeren

---

(96) Leider haben wir die Variable Art des Tätigkeitswechsel nicht so kodiert, daß aus den Zahlen die rangmäßige Anordnung der einzelnen Ausprägungen deutlich wird (besser wäre: 1 = Aufstiege, 2 = horizontale Mobilität und 3 = Abstiege). Das hing damit zusammen, daß uns horizontale Mobilität aus inhaltlichen Gründen nicht besonders interessierte (wir haben es quasi als Restkategorie 3 behandelt). Diese Kodierungsprobleme sind jedoch nicht weiter tragisch, man muß nur bei den entsprechenden continuation ratios darauf achten, die richtigen Häufigkeiten zu berücksichtigen.

Statusveränderungen) in allen Qualifikationsgruppen signifikant höher auftritt
als in der Vergleichsgruppe.

Tabelle 4.16:  Einfluß der Qualifikation auf die Rangordnung von Statusänderungen

| Parameter | Aufstiege versus rangniedrigere Wechsel | | Horizontale Mobilität versus rang- niedrigere Wechsel | |
|---|---|---|---|---|
| | Schätzer | Standard- fehler | Schätzer | Standard- fehler |
| %GM | .6743 | .9683E-01 | -.9469 | .1756 |
| TQUAL(2) | -.3906 | .1040 | .8913 | .1847 |
| TQUAL(3) | .2781 | .1165 | .9288 | .2072 |
| TQUAL(4) | .9741E-01 | .1273 | 1.585 | .2269 |

logistische Regressionsmodelle für continuation ratios

Die gleichen Ergebnisse erzielt man, wenn man beide Regressionsmodelle
und Datensätze kombiniert (*Beispiel 4.10*):

```
$UNITS 8 $FACTOR NO 2 TQUAL 4 $DATA NO TQUAL N1JK N2JK N3JK
$READ
1 1 316 116 45
1 2 1623 628 594
1 3 858 167 164
1 4 463 74 140
2 1 316 116 45
2 2 1623 628 594
2 3 858 167 164
2 4 463 74 140
$CALCULATE R = N1JK*%EQ(NO,1) + N3JK*%EQ(NO,2)
$CALCULATE N = (N1JK + N2JK + N3JK)*%EQ(NO,1) +
               (N2JK + N3JK)*%EQ(NO,2)
$YVARIATE R $ERROR B N $FIT TQUAL*NO
```

Die beiden gepoolten Datensätze können über eine Nummer (Variable NO)
identifiziert werden. Für alle 8 Beobachtungen wird eine neue Zielvariable R
berechnet, die für die ersten vier Beobachtungen (NO = 1) den Aufstiegen
(N1JK) und für die letzten 4 Beobachtungen (NO = 2) den lateralen Tätigkeitswechseln (N3JK) entspricht (1. $CALCULATE – Befehl). In gleicher Weise wird
die Gesamthäufigkeit N berechnet: Bei den ersten vier Beobachtungen entspricht  sie  der  Summe  aller  drei  Arten  von  Tätigkeitswechseln
(N1JK + N2JK + N3JK), bei den letzten vier Beobachtungen wird dagegen nur

Häufigkeit der Abstiege und lateralen Tätigkeitswechsel (N2JK + N3JK) berücksichtigt (2. $CALCULATE – BEFEHL). Auf diese Weise haben beide Variablen R und N genau die Werte, die sie auch in den beiden Teilmodellen haben.

Die Parameter des ersten Teilmodells können direkt aus den Parametern des Globalmodells abgelesen werden: Sie entsprechen der Regressionskonstanten %GM und den Haupteffekten des Merkmals TQUAL im Globalmodell. Die Parameter des zweiten Teilmodells können dagegen nicht direkt abgelesen werden. Sie ergeben sich erst durch Verrechnung mit den Effekten des Merkmals NO: Die Regressionskonstante des zweiten Teilmodells entspricht der Summe aus Regressionskonstante %GM und Haupteffekt von NO im Globalmodell. Die Haupteffekte des Merkmals TQUAL im zweiten Teilmodell entsprechen der jeweiligen Summe aus Haupteffekt TQUAL und Interaktionseffekt TQUAL*NO im Globalmodell.

Damit ergibt sich ähnlich wie in der Kovarianzanalyse ein Test, ob in beiden Teilmodellen unterschiedliche Einflüsse zu berücksichtigen sind (vgl. Abschnitt 2.4.3). Wenn in beiden Teilmodellen nur ein unterschiedliches Niveau der Zielvariablen vorliegt, dann ergibt das Modell $FIT NO + TQUAL eine ausreichende Beschreibung der Daten. Gibt es überhaupt keine Unterschiede zwischen den beiden Teiltabellen, dann ist sogar das Modell $FIT TQUAL ausreichend (97). Ob die jeweiligen Modelle die Daten angemessen beschreiben, kann man an Hand der in Abschnitt 3.3.2 diskutierten Anpassungstests entscheiden. Die folgende Tabelle 4.17 zeigt dazu die entsprechenden Devianzen und Freiheitsgrade.

Nach den in Abschnitt 3.3.2 besprochenen Kriterien ist es nicht gerechtfertigt, den Interaktionseffekt TQUAL*NO fortzulassen. Man muß daher davon ausgehen, daß es sowohl Unterschiede zwischen den Qualifikationsgruppen als auch bei der Erklärung der Aufstiege bzw. der horizontalen Mobilität gibt. Aufstiege und laterale Tätigkeitswechsel sind jeweils unterschiedlich zwischen den Qualifikationsgruppen verteilt (relativ zu den rangniedrigeren Statusveränderungen).

---

(97) Das Modell $FIT NO würde besagen, daß es zwar Niveauunterschiede in den beiden Teiltabellen gibt, es aber nicht notwendig ist, zwischen verschiedenen Qualifikationsgruppen zu differenzieren.

Tabelle 4.17:  Logistische Regressionsmodelle für continuation ratios

| Globalmodell | | | Teilmodell a | | | Teilmodell b | | |
|---|---|---|---|---|---|---|---|---|
| Modell | Devianz | (df) | Modell | Devianz | (df) | Modell | Devianz | (df) |
| %GM | 262.6 | (7) | | | | | | |
| NO | 151.0 | (6) | %GM | 97.8 | (3) | %GM | 53.2 | (3) |
| TQUAL | 155.3 | (4) | | | | | | |
| NO+TQUAL | 57.5 | (3) | | | | | | |
| NO*TQUAL | 0.0 | (0) | TQUAL | 0.0 | (0) | TQUAL | 0.0 | (3) |

In der Tabelle sind auch die jeweils äquivalenten Teilmodelle mit ihren Devianzen und Freiheitsgraden aufzählt. Man kann erkennen, daß nicht nur die Parameter sondern auch die Summen der Teildevianzen mit dem Globalmodell übereinstimmen. Im Gegensatz zu den Teilmodellen des vorhergehenden Abschnitts ist bei Modellierung von continuation ratios eine unabhängige Schätzung der Teilmodelle möglich: Man kann jeweils spezifische Regressionsmodelle schätzen und die jeweiligen Devianzen für Globaltests addieren. Wie im Anhang gezeigt wird, ist das deshalb möglich, weil bei Betrachtung von continuation ratios die Multinomialverteilung in voneinander unabhängige Binomialverteilungen faktorisiert werden kann.

## 4.4 Diskrete Zielvariablen mit Individualdaten

Alle bisherigen Modelle für diskrete Zielvariablen haben den Nachteil, daß durch die Aggregierung Informationsverluste bei den metrischen Merkmalen in Kauf genommen werden müssen. Darüber hinaus sind die berechneten Bestimmtheitsmaße nur bedingt mit den entsprechenden Maßen aus Abschnitt 4.1 vergleichbar, weil die Anzahl der Fälle und damit die Anzahl der Freiheitsgrade nicht übereinstimmen. In diesem Abschnitt wollen wir daher zeigen, wie man verallgemeinerte lineare Modelle auch mit Individualdaten untersuchen kann. Für die praktische Auswertungsarbeit hat das zwei Vorteile: Einmal erhalten wir Bestimmtheitsmaße, die von der Art der Datenaufbereitung unabhängig sind. Zum anderen können metrische Merkmale ohne Informationsverluste berücksichtigt werden.

## 4.4.1 Kreuztabellen und Individualdaten

Genauso einfach wie wir in der Einleitung den Übergang von Individualdaten zu aggregierten Daten demonstriert haben, läßt sich auch der umgekehrte Weg beschreiten: Die folgende Tabelle 4.18 zeigt, wie man die Kreuztabelle 4.6 in einzelne Fälle disaggregieren kann. Jede Subgruppe besteht jetzt quasi aus einer Person und die Tabelle hat 2*5188 Zellen (oder allgemein bei N Subgruppen und einer Zielvariablen mit k Ausprägungen: N*k Zellen). Eine gewichtete Regression ist wegen der vielen Nullzellen nicht sinnvoll: Wie man sich leicht überlegen kann, wären alle Gewichte Null. GOLDBERGER (1964: 268ff.) hat in diesem Zusammenhang eine zweistufige gewichtete Regression vorgeschlagen:

1. OLS – Schätzung mit einer 1/0 – kodierten Dummy – Variablen als abhängigem Merkmal (vgl. Beispiel 4.1).

2. Verwendung der Modellprognosen ($0 \leq \mu_i \leq 1$) aus Schritt 1 zur Gewichtung mit $u_i = 1/(\mu_i * (1 - \mu_i))$ und erneute Schätzung mit WLS.

Die Eigenschaften dieses 2SWLS – Schätzers (2 stages weighted least squares) sind jedoch unbekannt (98).

Für ML – Schätzungen macht es dagegen keinen Unterschied, ob einzelne Fälle oder Subgruppen betrachtet werden. In der Likelihood – Funktion (4.13) können die Häufigkeiten $n_i$ gleich 1 oder einer beliebigen Zahl größer als 1 sein. Die Anzahl der Abstiege $y_i$ kann ebenfalls beliebige Werte von Null bis maximal $n_i$ annehmen. Das gleiche gilt für die Häufigkeiten $n_i$ in der Likelihood – Funktion (4.16). ML – Schätzungen sind also nicht auf aggregierte Daten beschränkt. Wäre das der Fall, müßte man im übrigen dem Programm immer eine besondere Mitteilung machen, wenn eine Subgruppe nur aus einer Person besteht. Je nachdem, wieviel unabhängige Merkmale man betrachtet,

---

(98) Die Ergebnisse des GSK – Ansatzes und der zweistufigen gewichteten Regression stimmen nur dann überein, wenn man im ersten Schritt der 2SWLS – Schätzung das Modell 4 ($FIT TQUAL*WIRT) berechnet. In diesem Fall stimmen nämlich die Modellprognosen mit den Anteilswerten bei den aggregierten Daten überein, die der GSK – Ansatz bei der Gewichtung berücksichtigt. Für die Analyse metrischer erklärender Merkmale ist damit jedoch nichts hinzugewonnen, da man deren Interaktion nicht kontrollieren kann (vgl. Anm. 100).
Der 2SWLS – Ansatz schließt im übrigen auch nicht aus, daß im ersten Schritt sinnlose Prognosen berechnet werden, die im zweiten Schritt bei der Gewichtung nicht berücksichtigt werden können: Angewendet auf unser Beispiel 4.1 ergeben sich bei 64 Personen negative Prognosen, für die im zweiten Schritt negative Gewichte berechnet würden.

Tabelle 4.18:  Berufliche Abstiege nach Art der Qualifikation (Individualdaten)

| Art der Qualifikation | Abstieg | | Rest | | Summe | |
|---|---|---|---|---|---|---|
| unspezifische Qualifikation | 1 | | 0 | | 1 | |
| | 1 | 116 | 0 | | 1 | |
| | : | | : | | : | |
| | 1 | | 0 | | 1 | |
| | 0 | | 1 | | 1 | 477 |
| | 0 | | 1 | 316 | 1 | |
| | : | | : | | : | |
| | 0 | | 1 | | 1 | |
| manuelle Fachqualifikation | 1 | | 0 | | 1 | |
| | 1 | 628 | 0 | | 1 | |
| | : | | : | | : | |
| | 1 | | 0 | | 1 | 2845 |
| | 0 | | 1 | | 1 | |
| | 0 | | 1 | 2217 | 1 | |
| | : | | : | | : | |
| | 0 | | 1 | | 1 | |
| nicht-manuelle Fachqualifikation | 1 | | 0 | | 1 | |
| | 1 | 167 | 0 | | 1 | |
| | : | | : | | : | |
| | 1 | | 0 | | 1 | 1189 |
| | 0 | | 1 | | 1 | |
| | 0 | | 1 | 1022 | 1 | |
| | : | | : | | : | |
| | 0 | | 1 | | 1 | |
| Spezialqualifikation | 1 | | 0 | | 1 | |
| | 1 | 74 | 0 | | 1 | |
| | : | | : | | : | |
| | 1 | | 0 | | 1 | 677 |
| | 0 | | 1 | | 1 | |
| | 0 | | 1 | 603 | 1 | |
| | : | | : | | : | |
| | 0 | | 1 | | 1 | |
| Summe | 985 | | 4203 | | 5188 | |

ist eine solche Situation ja auch bei aggregierten Daten nicht ausgeschlossen (99).

---

(99) GLIM würde natürlich auch Programme für den GSK – Ansatz ohne besondere Mitteilung rechnen. Alle Subgruppen mit Häufigkeit 1 würden jedoch durch die Gewichtung ausgeschlossen werden, da mindestens einer der Subgruppenanteile gleich Null ist, vorausgesetzt man hat keine Ersetzung der Nullhäufigkeiten durch 1/r vorgenommen.

Bei Verwendung einer **ML**–Schätzung ließen sich also unsere obigen Beispiele 4.3 und 4.5 mit Individualdaten nachrechnen. Betrachten wir zunächst das logistische Regressionsmodell: Wie in Tabelle 4.18 angedeutet, definiert man dazu zwei Dummy–Variablen Y2JK und Y13JK, die immer dann den Wert 1 haben, wenn ein Abstieg (Y2JK = 1) bzw. ein restlicher Tätigkeitswechsel (Y13JK = 1) auftritt. Ansonsten haben beide Dummy–Variablen den Wert 0. Außerdem wird noch eine Variable N kreiert, die für alle Beobachtungen den Wert 1 hat. Unter Vernachlässigung der Dateneingabe sähe das GLIM–Programm folgendermaßen aus (*Beispiel 4.11*):

```
$UNITS 5188 $FACTOR TQUAL 4 $DATA TQUAL ART $READ
... folgt Dateneingabe ...
$CALCULATE Y2JK = %EQ(ART,2)
$CALCULATE Y13JK = %EQ(ART,1) + %EQ(ART,3)
$CALCULATE N = 1
$YVARIATE Y2JK $ERROR B N $FIT TQUAL
```

Leider sind mit 5188 Fällen die Grenzen des Programms überschritten (uns stand nur eine Version mit 15000 Worten Arbeitsspeicher zur Verfügung). Es würden sich jedoch die gleichen Parameterschätzungen wie in Beispiel 4.3 ergeben. Auch die relativen Devianzen würden gleich bleiben, d.h. es ergäben sich die gleichen partiellen Anpassungstests wie bei den aggregierten Daten. Modellvergleiche hätten also dieselben Ergebnisse und man würde die gleichen Merkmale als bedeutsame Erklärungsfaktoren identifizieren. Nur die absoluten Devianzen werden sich auf Grund der erhöhten Fallzahl ändern. Bei den globalen Anpassungstests und bei den Bestimmtheitsmaßen erhält man daher andere Ergebnisse. Bei den Bestimmtheitsmaßen ist diese Veränderung erwünscht, denn die auf der Basis von Individualdaten berechneten Maße berücksichtigen die gesamte in den Daten enthaltene Devianz.

Betrachten wir als nächstes das log–lineare Modell für Individualdaten: Genauso wie wir die Tabelle 4.6 (Dimension 4*2) als einen Vektor von 8 Häufigkeiten aufgefaßt haben (vgl. Tabelle 4.13), müssen wir auch bei Tabelle 4.18 alle 5188*2 = 10376 Häufigkeiten berücksichtigen (vgl. Anm. 90). Jede Beobachtung tritt genauso häufig auf, wie das abhängige Merkmal Ausprägungen hat. Auf jedem Datensatz werden die Werte der unabhängigen Merkmale (in Tabelle 4.18 das Merkmal TQUAL) vermerkt. Da für jede Ausprägung der Zielvariablen ein Datensatz existiert, können auch diese Informationen (ART = 1 oder 2) auf den Datensätzen kodiert werden. Danach wird für alle Beobachtungen eine Variable N definiert, die immer dann den Wert 1 hat, wenn eine Person aus der entsprechenden Kombination der betrachteten Merkmale stammt (ansonsten hat sie den Wert 0). Diese Datenkonstellation ist in Tabelle 4.19 dargestellt. Das entsprechende GLIM–Programm lautet (wie-

| Tabelle 4.19: | Häufigkeiten verschiedener Qualifikationstypen und Berufswechsel (Individualdaten) | |
|---|---|---|

| Qualifikationstyp | | Berufswechsel | | Häufigkeit | |
|---|---|---|---|---|---|
| unspez. | 1 | 1 | (Abstieg) | 1 | |
| Qualifikation | 1 | 2 | (Rest) | O | |
| | 1 | 1 | | 1 | 2 * 116 |
| | 1 | 2 | | O | |
| | : | : | | : | |
| | 1 | 1 | | 1 | |
| | 1 | 2 | | O | |
| | 1 | 1 | | O | |
| | 1 | 2 | | 1 | |
| | 1 | 1 | | O | 2 * 316 |
| | 1 | 2 | | 1 | |
| | : | : | | : | |
| | 1 | 1 | | O | |
| | 1 | 2 | | 1 | |
| manuelle | 2 | 1 | | 1 | |
| Fachqualif. | 2 | 2 | | O | |
| | 2 | 1 | | 1 | 2 * 628 |
| | 2 | 2 | | O | |
| | : | : | | : | |
| | 2 | 1 | | 1 | |
| | 2 | 2 | | O | |
| | 2 | 1 | | O | |
| | 2 | 2 | | 1 | |
| | 2 | 1 | | O | 2 * 2217 |
| | 2 | 2 | | 1 | |
| | : | : | | : | |
| | 2 | 1 | | O | |
| | 2 | 2 | | 1 | |
| : | : | : | | : | |
| : | : | : | | : | |
| Spezial- | : | : | | : | |
| qualifikation | 4 | 1 | | O | |
| | 4 | 2 | | 1 | |
| | 4 | 1 | | O | 2 * 603 |
| | 4 | 2 | | 1 | |
| | : | : | | : | |
| | 4 | 1 | | O | |
| | 4 | 2 | | 1 | |
| Summe | | | | 5188 | |

derum unter Vernachlässigung der Dateneingabe, *Beispiel 4.12*):

    $UNITS 10376 $FACTOR TQUAL 4 ART 2 $DATA TQUAL ART N $READ
    ... folgt Dateneingabe ...
    $YVARIATE N $ERROR P $FIT ART*TQUAL

Wie in Abschnitt 4.3.1 beschrieben, muß man bei der Umformung log-linearer Modelle in logistische Modelle immer die Interaktion der (logistischen) unabhängigen Merkmale vorgeben, wenn man identische Ergebnisse wie im logistischen Modell erhalten will. Bei Individualdaten besteht jede Subgruppe quasi aus einer Person. Es muß daher die Interaktion aller Merkmale berücksichtigt werden, die diese Subgruppe definieren. In unserem Fall wären das auch die metrischen Merkmale DQUAL und BESCH. Metrische Merkmale haben jedoch im Prinzip unendlich viele Ausprägungen, so daß sich auch entsprechend viele Interaktionsparameter ergeben. Theoretisch ist zwar ein Modell mit 10376 (= Anzahl Beobachtungen) Parametern denkbar, dieses Modell ist jedoch aus praktischen Gründen nie schätzbar (100). Man kann daher mit dem log-linearen Ansatz nur die Modelle replizieren, die diskrete unabhängige Merkmale verwenden. Außer realistischeren Bestimmtheitsmaßen hat man damit nichts hinzugewonnen, denn man erhält die gleichen Parameterschätzungen wie bei den aggregierten Daten, die Datenmatrix ist nur unnötig aufgebläht. Wenn man daher metrische Erklärungsfaktoren berücksichtigen will, bietet es sich an, ein log-lineares Modell in (k − 1) logistische Regressionsmodelle aufzulösen (vgl. die Beispiele 4.7 und 4.8). Wie BEGG und GRAY (1984) zeigen, ist dieses Vorgehen insbesonders dann eine gute Näherungslösung, wenn die gewählte Vergleichskategorie stark besetzt ist. Das wäre bei Wahl der Aufstiege als Vergleichskategorie der Fall. Wir verfolgen diese Alternative nicht weiter und beschränken uns bei der folgenden empirischen Analyse des individuellen Abstiegsrisikos auf das einfache logistische Regressionsmodell.

### 4.4.2 Ein empirisches Beispiel: Ein logistisches Modell des individuellen Abstiegsrisikos

Tabelle 4.20 faßt die Ergebnisse unserer verschiedenen Modelltests zusammen. Dabei wurden wie bei den klassischen Regressionsmodellen in Abschnitt 4.1 2594 Fälle (jeder 2. Tätigkeitswechsel) berücksichtigt. Ein exakter Vergleich

---

(100) Interaktionen zwischen Merkmalen, die als metrische Variablen deklariert wurden, sind nicht zugelassen und werden von GLIM durch eine Fehlermeldung abgefangen.

Tabelle 4.20: LOGISTISCHE REGRESSION MIT INDIVIDUALDATEN

| M o d e l l | Devianz | B | Modellvergleiche Devianz gegen- über Modell... | Effekt der Variablen | ΔB PRD |
|---|---|---|---|---|---|
| 1: %GM + DQUAL + BESCH | 2364 (2591) | 0.063 | — | — | — |
| 2: %GM + DQUAL | 2450 (2592) | 0.029 | 1: 86 (1) | BESCH | 0.034 0.035 |
| 3: %GM      + BESCH | 2389 (2592) | 0.053 | 1: 25 (1) | DQUAL | 0.010 0.010 |
| 4: %GM + TQUAL + WIRT + TQUAL.WIRT | 2354 (2554) | 0.067 | — | — | — |
| 5: %GM + TQUAL + WIRT | 2420 (2581) | 0.041 | 4: 66 (27) | TQUAL.WIRT | 0.026 0.027 |
| 6: %GM + TQUAL | 2484 (2590) | 0.015 | 5: 64 (9) | WIRT | 0.025 0.026 |
| 7: %GM     + WIRT | 2434 (2584) | 0.035 | 5: 14 (3) | TQUAL | 0.006 0.006 |
| 8: %GM + TQUAL + BESCH + TQUAL.BESCH | 2369 (2586) | 0.061 | — | — | — |
| 9: %GM + TQUAL + BESCH | 2382 (2589) | 0.056 | 8: 13 (3) | TQUAL.BESCH | 0.005 0.005 |
| 6: %GM + TQUAL | 2484 (2590) | 0.015 | 9: 102 (1) | BESCH | 0.040 0.041 |
| 3: %GM     + BESCH | 2389 (2592) | 0.053 | 9: 7 (3) | TQUAL | 0.003 0.003 |
| 0: %GM | 2523 (2593) | 0.000 | — | — | — |

Angaben in Klammern: Freiheitsgrade

mit den Ergebnissen der vorhergehenden Abschnitte (vgl. vor allem Tabelle 4.10), bei denen alle Tätigkeitswechsel verwendet wurden, ist daher nicht möglich. Unabhängig von diesem Auswahlfehler erwarten wir vor allem bei den metrischen erklärenden Merkmalen Abweichungen, da sie jetzt ohne Informationsverluste mit allen ihren individuellen Werten berücksichtigt werden.

Alle Modelle 0 – 9 haben vergleichsweise zur Anzahl der betrachteten Parameter eine geringe Devianz. Nach der in Abschnitt 3.3.2 besprochenen Faustregel müßte man alle als passend akzeptieren, sogar das Nullmodell 0. Die partiellen Devianzen zeigen wiederum, daß die Weglassung jedes Effektes eine signifikante Modellverschlechterung zur Folge hat (101). Wir sind also mit der umgekehrten Situation wie bei den aggregierten Daten konfrontiert: Während dort auf Grund der Fallzahl keines der Modelle als passend akzeptiert werden konnte, ist bei den Individualdaten mit jedem Modell eine angemessene Beschreibung der Daten möglich. Wir ziehen daraus die Schlußfolgerung, daß die globale Devianz in unserem Fall keine besonders informative Anpassungsstatistik ist. Bei großen Fallzahlen ist zweifelhaft, ob die näherungsweise Chi – Quadrat – Verteilung dieser Teststatistik gegeben ist. Hier sind weitere Forschungen notwendig, um auch für große Fallzahlen die richtige Näherungslösung angeben zu können (vgl. CORDEIRO 1983). Da mit den partiellen Devianzen auch keine Auswahl der besten Erklärungsfaktoren möglich ist, beschränken wir uns im folgenden wiederum auf die multiplen und partiellen Bestimmtheitsmaße.

Diese Zahlen sind jetzt sehr viel geringer und bewegen sich in dem Rahmen, den wir auch aus den empirischen Analysen in Abschnitt 4.1 kennen. Da wir jetzt die Originaldaten betrachten (eine weitere Disaggregierung ist nicht möglich), sind diese Maßzahlen von der Datenaufbereitung (102) unabhängig und daher die einzig angemessene Beschreibung des Modellfits. Das Haupteffektmodell 1 der metrischen Variablen bzw. das volle (jetzt nicht mehr saturierte) Modell 4 der diskreten Variablen ergeben danach die beste Modellanpassung. Der Vollständigkeit halber muß aber auch darauf hingewiesen wer-

---

(101) Eine Ausnahme ist das Merkmal TQUAL (vgl. Modell 3): Die partielle Devianz von 7 ist bei 3 Freiheitsgraden nicht auf dem 5% – Niveau signifikant.

(102) Die Anzahl der aggregierten Einheiten (Subgruppen) hängt immer von Zahl der Aggregierungsmerkmale und ihren Ausprägungen ab. So gesehen sind die in den Abschnitten 4.2 und 4.3 berechneten Bestimmtheitsmaße eine Funktion der betrachteten Merkmale.

den, daß sie nur 6.3 bzw. 6.7% der Gesamtdevianz erklären. Für eine realistischere Analyse der Daten sollten daher weitere Erklärungsfaktoren berücksichtigt werden.

Über alle Modelle hinweg zeigt sich erneut, daß wirtschaftliche Rahmenbedingungen sehr viel bessere Erklärungsfaktoren des Abstiegsrisikos sind als die Qualifikation einer Person. Im Gegensatz zu unseren Analysen mit der aggregierten Datenbasis zeigt sich allerdings, daß die metrische Variablen DQUAL und BESCH eine bessere Prognose beruflicher Abstiege erlauben als die diskreten Merkmale TQUAL und WIRT.

Modell 1 erzielt mit den wenigsten Parametern die höchste erklärte Devianz. Wir betrachten es daher als das passende Modell:

$$\ln[\pi_{11}/(1-\pi_{11})] = 1.748 \quad - \quad 0.1336 * DQUAL - 0.0156 * BESCH$$
$$(\ .3069) \quad (0.0274) \qquad (0.0018)$$

Danach sinkt das Risiko eines sozialen Abstiegs (relativ zu den restlichen Tätigkeitswechseln) signifikant mit der Qualifikation der Person und dem Beschäftigungswachstum des Wirtschaftszweiges, in den die Person wechselt. Dieses Ergebnis entspricht inhaltlich den Ergebnissen unserer Regressionsanalyse in Abschnitt 4.1.1. Dort hatten wir herausgefunden, daß Statusgewinne (also das Gegenteil von Abstiegen) mit dem Qualifikationsniveau und dem Beschäftigungswachstum zunehmen.

## 4.5 Fortgeschrittenere Anwendungen verallgemeinerter linearer Modelle

In diesem Einführungstext können wir aus Platzgründen natürlich nicht alle Anwendungen des GLM – Ansatzes darstellen. Ganz abgesehen davon, daß diese Entwicklung noch lange nicht abgeschlossen ist. Deshalb wollen wir am Schluß noch auf einige Weiterentwicklungen hinweisen, die meisten davon sind in dem Buch von ARMINGER (1985) zusammengefaßt.

In den letzten Jahren kann man ein verstärktes Interesse an zeitbezogenen Daten feststellen. Häufig beschreiben diese Daten den Zeitpunkt bestimmter Ereignisse. Ein Beispiel wäre der Zeitpunkt des Tätigkeitswechsels in unserem Datensatz. Zur Analyse dieser *Ereignis – oder Verlaufsdaten* verwendet man Methoden der Survival Analysis, die ursprünglich vor allem in der Biometrie, in zunehmendem Maße aber auch in den Sozialwissenschaften verwendet werden (vgl. ANDRESS 1985, DIEKMANN/ MITTER 1984). AITKIN/ CLAYTON

(1980) und WHITEHEAD (1980) zeigen, daß diese Modelle in den GLM–Ansatz eingebettet werden können (103). Eine Zusammenfassung der wesentlichen Argumente findet man auch im 9. Kapitel des Buches von MCCULLAGH und NELDER (1983).

Innerhalb der Kreuztabellenanalyse interessiert häufig die Frage, ob die beobachteten oder auch manifesten diskreten Merkmale auf wenige latente diskrete Merkmale zurückgeführt werden können. Diese Fragestellung entspricht quasi einer Faktorenanalyse für diskrete Variablen. Es handelt sich dabei um die *Analyse latenter Klassen*, die u.a. bei GOODMAN (1978) und HABERMAN (1978) beschrieben wird. Anwendungen dieser Modelle auf die Analyse sozialer Mobilität diskutiert CLOGG (1981). Durch Verwendung zusammengesetzter Link–Funktionen (104) können sie auch mit GLIM umgesetzt werden. Weitere Hinweise findet man dazu bei ARMINGER (1984a).

Bei allen ML–Schätzungen geht man davon aus, daß die Dichte der einzelnen Beobachtungen vollständig durch ein Regressionsmodell beschrieben werden kann. Dies ist jedoch eine unrealistische Annahme, denn unser theoretisches Wissen und die verfügbaren Daten sind nicht so umfassend, daß alle wesentlichen Erklärungsfaktoren bekannt sind. Regressionsmodelle sollten daher diese *unbekannte Heterogenität* berücksichtigen. Für die Analyse von Verlaufsdaten (s. oben) ist z.B. bekannt, daß die Ergebnisse ganz entscheidend von Annahmen über den Fehlerterm der Regressionsgleichung abhängen (HECKMAN/ SINGER 1984). ML–Schätzungen für Modelle mit unbekannter Heterogenität können mit dem EM–Algorithmus (DEMPSTER et al. 1977) durchgeführt werden. ARMINGER (1984b) diskutiert diese Modelle im Kontext des GLM–Ansatzes.

Außer diesen in der letzten Zeit häufig diskutierten Weiterentwicklungen sind natürlich viele spezielle Modelle innerhalb des GLM–Ansatzes umsetzbar. Dazu zählen u.a. Varianzanalysen mit Zufallseffekten, Regressionsmodelle mit Heteroskedaszität und zusätzlichen nicht–linearen Parametern. Weitere Hinweise findet man dazu in dem Buch von MCCULLAGH und NELDER (1983).

---

(103) Beispielprogramme zur Verlaufsdatenanalyse mit GLIM sind beim Autor erhältlich.

(104) Unter einer zusammengesetzten Link–Funktion versteht man die Funktionen (2.4), deren Elemente sich jeweils aus mehreren Komponenten des linearen Prädiktors zusammensetzen. Mit zusammengesetzten Link–Funktionen ergibt sich eine breite Palette von Modellerweiterungen, von denen Modelle zur Analyse latenter Klassen nur ein Spezialfall sind.

# 5 GLIM ALS PROGRAMMIERSPRACHE

In diesem Kapitel sollen die programmtechnischen Eigenschaften von GLIM etwas näher erläutert werden. Da die Sprachelemente und die einzelnen Befehle im Manual (BAKER/ NELDER 1978) hinreichend präzise definiert sind, kann es hier nicht darum gehen, ein zweites, diesmal deutschsprachiges Manual zu schreiben. Wie in den vorhergehenden Kapiteln steht auch hier die Anwendung im Vordergrund. Wir beschränken uns auf ausgewählte Befehle und die Frage, wie diese Befehle sinnvoll eingesetzt werden können, um häufig auftretende Auswertungsprobleme in der sozialwissenschaftlichen Datenanalyse zu lösen.

Alle größeren sozialwissenschaftlichen Programmpakete (SPSS, BMDP, PSTAT, SAS) enthalten umfangreiche Unterprogramme zur Datenmanipulation. Diese Prozeduren zur Berechnung, Umkodierung, Auswahl und Aggregation von Variablen und Fällen sind prinzipiell auch in GLIM verfügbar, jedoch muß man sie sich erst programmieren. GLIM ähnelt also mehr einer Programmiersprache als einem Programmpaket, das für bestimmte Auswertungsprobleme fertige Lösungen anbietet.

Ein zentraler Bestandteil dieses Kapitels ist daher Abschnitt 5.3, der sich mit den Möglichkeiten der Datenmanipulation in GLIM beschäftigt. Dazu ist es in der Regel notwendig, mehrere Befehle zu kombinieren. Damit man diese Befehle nicht bei jeder neuen Umkodierung, Berechnung etc. neu eingeben muß, faßt man sie am besten in einem Unterprogramm zusammen. Diese Unterprogramme werden auch als Macros bezeichnet. Abschnitt 5.4 beschäftigt sich näher mit dieser Unterprogrammtechnik. Häufig ist es auch sinnvoll, Befehle oder Daten nicht direkt in das Programm einzugeben sondern von einer externen Datei einzulesen (z.B. wenn man einen großen Datensatz hat). Das gleiche gilt für die Umlenkung der Druckausgabe. Diese Kommunikation mit der Umwelt wird in Abschnitt 5.2 beschrieben.

Wir beginnen unsere Darstellung mit einer Definition der GLIM – Sprache. Dieser Abschnitt 5.1 ist für das Verständnis aller GLIM – Befehle und – Variablen zentral und sollte daher vor der eigentlichen Lektüre dieses Buches zumindest einmal überflogen werden. Zum Verständnis der Dateneingabe bei den empirischen Beispielen ist es auch hilfreich, die ersten Absätze von Abschnitt 5.2 zu lesen.

## 5.1 Sprachdefinition

Alle GLIM – Befehle und – Namen werden aus einem vorher definierten *Zeichensatz* zusammengesetzt. Er besteht aus folgenden Zeichen:

```
Buchstaben    A B C ..... X Y Z
Zahlen        0 1 2 3 4 5 6 7 8 9
Freizeichen
Operatoren    . , + - * /
Klammern      ( )
```

Darüber hinaus gibt es noch 6 *Sonderzeichen*, die innerhalb des Programms spezielle Bedeutung haben. Es hängt von der jeweiligen Installation und dem verwendeten Computer ab, welche konkreten Zeichen hierfür verwendet werden. In diesem Buch werden die Zeichen verwendet, die auch im Manual benutzt werden:

```
Befehlszeichen          $
Funktionszeichen        %
Ersetzungszeichen       #
Wiederholungszeichen    :
Zeilenendezeichen       !
Anführungsstrich        '
```

Für das Befehlszeichen gibt es häufig noch ein Ersatzzeichen, das uns hier jedoch nicht weiter interessiert. Wenn man wissen möchte, welche Zeichen auf dem Computer verwendet werden, den man gerade benutzt, dann verwendet man den Befehl $ENVIRONMENT I (für installation). GLIM antwortet in unserem Fall (HRZ Universität Bielefeld):

```
INSTALLATION- TR 440
 RELEASE 3 OF GLIM
 UPDATE 12
 DIRECTIVE SYMBOL       $ OR  &
 REPETITION SYMBOL      :
 SUBSTITUTION SYMBOL    ?
 QUOTE SYMBOL           '
 FUNCTION SYMBOL        %
 END-OF-RECORD SYMBOL   !
 LARGEST INTEGER 70368744177659
```

Ein GLIM – Programm besteht aus einer Abfolge von Befehlen (directives), die entweder interaktiv oder in Stapelverarbeitung an das Programm übermittelt werden. Dazu muß das Programm aufgerufen und gegebenenfalls zusätzliche Dateien für Zwischenergebnisse, Daten usw. bereitgestellt werden. Diese "Vorarbeiten" hängen von dem jeweiligen Computer ab und man sollte die nötigen Einzelheiten beim örtlichen Rechenzentrum erfragen. Jeder *GLIM – Befehl* besteht aus einem Befehlsnamen (directive – name) und mehreren Spezifikationen (items), deren Art und Anzahl von dem jeweiligen Befehl abhängt. Um Befehlsnamen von anderen Namen (für Variablen, Funktionen etc.) zu unterscheiden, muß jeder Befehlsname mit dem *Befehlszeichen $* eingeleitet werden (zwischen Befehlszeichen und – name darf kein Freizeichen stehen). Die folgenden Spezifikationen sind von dem Befehlsnamen und untereinander durch mindestens ein Freizeichen zu trennen. Der Befehl mit allen seinen Spezifikationen kann dabei über mehrere Eingaben verteilt sein, d.h. durch Einfügung beliebig vieler Freizeichen oder durch Zeilenschaltung kann man das Layout des jeweiligen Befehls nach eigenem Belieben gestalten. Die folgenden zwei $FIT – Befehle sind daher vollkommen identisch:

```
a) $FIT Y*(A+B+C) + (A*B*C)
b) $FIT Y     *  (A+B+C)    (neue Zeile)
          +  (A*B*C)
```

Es handelt sich also um eine *freiformatige Befehlseingabe*. Die einzige Beschränkung ist, daß man Namen (Befehls –, Variablennamen etc.) nicht über mehrere Eingabezeilen verteilen darf.

Eine Programmzeile besteht bei den meisten Computern aus 80 Zeichen. GLIM verwendet jedoch in der Regel nur die ersten 72 (vgl. die Definition des Standard – Eingabekanals in Abschnitt 5.2). Man kann aber jede Eingabe frühzeitig durch das *Zeilenendezeichen* begrenzen, z.B.:

```
$ENVIRONMENT I     ! I steht für Installation
```

Der Text ab dem Ausrufungszeichen (Zeilenende) wird vom Programm überlesen und kann für Kommentare genutzt werden.

Die *Spezifikationen* zu einem Befehl können entweder aus ganzen Zahlen (integers) oder weiteren Namen (identifiers) (für Variablen usw.) bestehen. Einige Befehle, wie z.B. $RETURN, benötigen gar keine Spezifikationen. In einigen Fällen bestehen die Spezifikationen auch aus reellen Zahlen (numbers), die das Programm jedoch aus ganzen Zahlen (integers), dem Dezimalpunkt (.) und dem Vorzeichen (sign) zusammensetzt:

```
[sign][integer][.][integer], z.B. -22 oder 33.45
```

Eine solche reelle Zahl besteht mindestens aus einer ganzen Zahl. Diese darf nicht größer sein als die Zahl, die maximal auf dem jeweiligen Computer darstellbar ist (vgl. $ENVIRONMENT I).

Bei interaktiver Benutzung wird der Befehl mit allen seinen Spezifikationen von GLIM eingelesen, interpretiert (auf Fehler untersucht) und direkt ausgeführt. Da bei den meisten Befehlen eine variable Anzahl von Spezifikationen vorgesehen ist, weiß das Programm erst bei Eingabe des nächsten Befehls, wann der aktuelle Befehl zu Ende ist. Es führt ihn daher erst aus, wenn es auf einen anderen Befehl oder zumindest auf das Befehlszeichen $ stößt. Durch Eingabe des Zeichens $ (*GO Symbol*) kann man daher die Abarbeitung des jeweiligen Befehls veranlassen. Wird derselbe Befehl mehrmals hintereinander wiederholt (z.B. mehrere Berechnungen mit $CALCULATE), braucht man ihn nicht jedesmal neu zu schreiben. Man verwendet einfach das *Wiederholungszeichen*:

```
$CALCULATE A=1 : B=2 : C=3 statt
$CALCULATE A=1 $CALCULATE B=2 $CALCULATE C=3.
```

Um eine konkrete Auswertung vorzunehmen, benötigt man in der Regel verschiedene GLIM – Befehle. Ein typisches GLIM – Programm (job) mit Datendefinition und – eingabe sowie Auswertung wird in Abschnitt 2.5 beschrieben. In einer GLIM – Sitzung kann man mehrere voneinander unabhängige Jobs bearbeiten. Sie werden jeweils durch den $END – Befehl beendet. Intern werden diese Jobs von GLIM der Reihe nach durchnumeriert. Diese Zahl kann über den Systemskalar %JN (job number, zu Systemskalaren s. unten) abgefragt werden. Wenn die Arbeit mit GLIM beendet werden soll, verwendet man schließlich den $STOP – Befehl. Alle Eigenschaften von Befehlen sind in der folgenden Tabelle 5.1 noch einmal zusammengefaßt. Eine Liste aller verfügbaren GLIM – Befehle findet man im Anhang.

Damit man nun mit GLIM arbeiten kann, benötigt man Daten, die man in Variablen speichern will. Dazu ist es notwendig, die weiteren Namensregeln des Programms zu kennen (vgl. dazu ebenfalls Tabelle 5.1). GLIM unterscheidet dazu zwischen *system – und benutzerspezifischen Namen* (system – and user – defined identifiers). Zu den systemspezifischen Namen gehören Bezeichnungen für die einfachen Skalare (ordinary scalars), die Systemskalare (system scalars), die Systemvektoren (system vectors) und die fest installierten Funktionen (functions). Alle beginnen mit dem *Funktionssymbol* % und bestehen aus einem (einfache Skalare), zwei (Systemskalare und – vektoren) oder maximal drei (Funktionen) Buchstaben (letters).

Tabelle 5.1:  Elemente der GLIM-Sprache

| Sprachelemente | Formale Definition | Beispiele |
|---|---|---|
| **Befehlsnamen** | | |
| Befehle | *$directive-name items* | $UNITS 2594<br>$FIT DQUAL<br>$CALCULATE N=1<br>$RETURN |
| | | |
| **Systemdefinierte Namen** | | |
| einfache Skalare | *%letter* | %A,%B,...,%Z |
| Systemskalare | *%letters* | %JN,%NU,%DV,%DF,<br>%X2,%SC,%CL,%ML,%PL,%PI |
| Systemvektoren | *%letters* | %FV,%LP,%WT,%WV,%YV,%BD,<br>%PW,%OS,%DR,%VA,%DI,%GM,<br>%VC,%PE,%VL,%RE |
| Funktionen | *%letters (arguments)* | %ANG(X),%EXP(X),...,<br>%GT(X,Y) |
| | | |
| **Benutzerspezifische Namen** | | |
| Vektoren - variates<br>            factors | *identifier* | DQUAL,  BESCH<br>TQUAL,  WIRT |
| Macros | *identifier* | WLIN, WLOG |
| Subfiles | *identifier* | WLS |

Die *benutzereigenen Namen* bestehen aus Bezeichnungen für Vektoren, Macros oder Subfiles. Sie beginnen jeweils mit einem Buchstaben gefolgt von weiteren Buchstaben und/ oder Zahlen (ohne trennende Freizeichen!). Man beachte allerdings, daß nur die ersten 4 Zeichen eines jeden Namens von GLIM berücksichtigt werden, so daß die zwei Bezeichnungen QUALT (Qualifikationstyp) und QUALD (Qualifikationsdauer) für GLIM nicht zu unterscheiden sind. Wir haben daher die Variablennamen TQUAL und DQUAL verwendet. Diese Regel gilt im übrigen auch für Befehlsnamen, d.h. ein Teil des Befehls $ENV(IRONMENT) ist eigentlich überflüssig. Er dient nur der besseren Lesbarkeit (105).

---

(105) Teilweise können die Befehle noch weiter abgekürzt werden (vgl. Liste im Anhang). Zur besseren Lesbarkeit werden die Befehle im Text jedoch immer ausgeschrieben.

Um Daten abzuspeichern, verwendet man die benutzereigenen Vektoren: Alle 2594 Werte der Variable Dauer der Ausbildung werden z.B. in dem Vektor DQUAL abgelegt. GLIM unterscheidet zwischen Vektoren (oder in unserer Sprache: Variablen), die entweder beliebige Werte annehmen können (metrische Variablen, variates) oder nur aus ganzen Zahlen (1,2,...,n) bestehen (diskrete Variablen, factors). Diese Unterscheidung hängt davon ab, wie der jeweilige Vektor deklariert wurde ($VARIATE – und $FACTOR – BEFEHL). Falls die Variablendeklaration vergessen wird, nimmt GLIM automatisch an, daß es sich um ein metrisches Merkmal (variate) handelt. Die Länge dieser Vektoren hängt von der Anzahl der Beobachtungen ab. Mit dem $UNITS – Befehl wird diese Zahl zu Anfang eines GLIM – Jobs festgelegt (in unserem Fall $UNITS 2594) und danach steht die *Standardlänge aller Vektoren* fest (106). Sie kann über den Systemskalar %NU (number of units) abgefragt werden. Zwischenergebnisse, die aus einzelnen Zahlen bestehen, kann der Benutzer in den *einfachen Skalaren* abspeichern, die das Programm standardmäßig bereitstellt. Sie bestehen jeweils aus einem Buchstaben mit vorangestellten Funktionssymbol (z.B. %A). Auf diese Weise ergeben sich 26 Programmspeicher.

Ein besonderer Vorteil von GLIM ist, daß alle Zwischenergebnisse eines Modellfits über *Systemskalare* und *– vektoren* für den Benutzer zur Verfügung stehen (107). Dabei handelt es sich immer um Kopien der Daten, mit denen GLIM rechnet. Man kann also nicht unbeabsichtigt wichtige Programmdaten zerstören. Auch sie sind an dem vorangestellten Funktionssymbol zu erkennen. Einen wichtigen Systemskalar haben wir schon erwähnt (%NU). Ein Systemvektor ist z.B. %YV (yvariate): Er enthält den Wert der abhängigen Variablen für jede Beobachtung. Da die meisten Systemvektoren die Zwischenergebnisse der statistischen Berechnungen für jede Beobachtung enthalten, ist ihre Standardlänge in der Regel %NU (ausgenommen die Vektoren %VC und %PE). Soweit es für die statistischen Ableitungen notwendig ist, werden Systemskalare und – vektoren im Text erläutert. Sie sind quasi das programminterne Äquivalent unserer Variablen $x_i$, $y_i$, N etc. Zusätzlich werden

---

(106) Diese Standardlänge kann durch eine explizite Längendefinition bei der Variablendeklaration überschrieben werden.

(107) Man beachte allerdings, daß nicht alle Systemvektoren direkt verfügbar sind. Die Vektoren %VC, %PE und %VL müssen erst mit dem $EXTRACT – Befehl aus dem für den Benutzer nicht zugänglichen Programmspeicher abgerufen werden.

sie im Glossar, das alle wesentlichen mathematischen Symbole zusammenfaßt, aufgeführt. Eine vollständige Liste aller Systemskalare und – vektoren findet sich außerdem im Anhang.

Ein weiterer Vorteil von GLIM ist die *Vektorisierung aller Rechenoperationen*: Wenn man also eine mathematische Operation mit einer Variablen durchführen möchte (z.B. die Dauer der Qualifikation DQUAL in Monaten statt in Jahren ausdrücken), dann benennt man in dem $CALCULATE – Befehl nur den entsprechenden Vektor und die gewünschte Operation ($CALCULATE DQUAL = 12*DQUAL) und GLIM führt diese Operation automatisch für alle Elemente des Vektors durch (108). Da die meisten statistischen Berechnungen immer für viele Werte durchgeführt werden müssen, ist das natürlich eine gewaltige Arbeitserleichterung.

Alle genannten Skalare und Vektoren (egal ob benutzer – oder systemspezifisch) werden von GLIM gleichzeitig im Programmspeicher bereitgehalten, damit auf sie jederzeit interaktiv zugegriffen werden kann (109). Angenommen das Programm wurde vom örtlichen Rechenzentrum mit 15000 Worten Programmspeicher (frei übersetzt: 15000 Speicherplätze) installiert, dann kann man sich ausrechnen, wann der Speicherplatz erschöpft ist. Nehmen wir z.B. unsere Daten: Wir wollen 6 Variablen (STATD, ART, DQUAL, TQUAL, BESCH, WIRT) und 2594 Fälle verarbeiten. Folglich benötigen wir mindestens 6*2594 = 15664 Speicherplätze. Für die eigentliche statistische Auswertung muß man aber auch die Systemvektoren berücksichtigen: Zwei davon werden immer benötigt (%WT, %FV), zwei weitere (%WV, %LP) treten dann auf, wenn man einen iterativen Modellfit berechnet. In unserem Fall würde man also minimal 20752 und maximal 25940 Speicherplätze benötigen. Die allgemeine Formel zur *Berechnung des Speicherplatzes* lautet:

(Anzahl der Variablen + Anzahl der Systemvektoren) * Anzahl der Fälle.

---

(108)  Wenn man das Gleichheitszeichen wegläßt, dann druckt GLIM für jedes Element das Ergebnis seiner Rechnungen aus. Auf diese Weise kann man die Richtigkeit der Berechnungen am Bildschirm nachprüfen. Allerdings werden ohne Gleichheitszeichen die neu berechneten Qualifikationsdauern nicht abgespeichert.

(109)  Ein weiterer Grund ist sicherlich auch eine schnellere Berechnung der iterativen Modellfits. Benutzer, die gewohnt sind, umfangreiche Daten im Stapelbetrieb (Batch) zu verarbeiten (z.B. mit SPSS, BMDP, PSTAT oder SAS), werden erstaunt sein, wie schnell GLIM eine Regressionsanalyse mit 3000 Fällen berechnet. Es ist in der Tat möglich, in wenigen Minuten interaktiv das beste Modell zu finden.

Bei einer Installation von 15000 Worten Arbeitsspeicher können wir also niemals alle Daten gleichzeitig verarbeiten und müssen daher von Fall zu Fall Daten löschen.

Dazu kann man sich an jeder Stelle des Programms mit der Option D (für directory) des $ENVIRONMENT – Befehls einen Überblick über den *Inhalt des Datenspeichers* verschaffen. In unserem Fall antwortet GLIM (110).

| DIRECTORY– | LEVELS | LENGTH | SPACE |
|---|---|---|---|
| %WT | 0 | 40 | 40 |
| %FV | 0 | 40 | 40 |
| %WV | 0 | 40 | 40 |
| %LP | 0 | 40 | 40 |
| AGGR | -1 | 522 | 522 |
| NIJK | 0 | 40 | 40 |
| N2JK | 0 | 40 | 40 |
| BESC | 0 | 40 | 40 |
| DQUA | 0 | 40 | 40 |
| TQUA | 4 | 40 | 40 |
| WIRT | 10 | 40 | 40 |

Alle Systemvektoren, denen Werte zugewiesen wurden, und die benutzerspezifischen Datenstrukturen werden mit ihren Namen, Typ, Länge und benötigtem Speicherplatz aufgelistet. Aus der Spalte mit der Überschrift LEVELS erkennt man den Typ: Eine 0 kennzeichnet einen Vektor, der als "variate" deklariert wurde. Eine ganze Zahl größer als 0 zeigt die Anzahl der Ausprägungen eines Vektors, der als "factor" deklariert wurde. Namen mit einer – 1 in der LEVELS – Spalte sind Macros (s. unten). Alle anderen Spalten erklären sich von selbst. Aus dem Beispiel erkennt man, daß die Standardlänge aller Vektoren 40 ist (= 40 Subgruppen) und daß ein iterativer Modellfit (ML – Schätzung) durchgeführt wurde, weil alle Systemvektoren vorhanden sind. Für die Aggregation wurde ein Makro AGGR verwendet und die Vektoren TQUAL und WIRT haben 4 bzw. 10 Ausprägungen.

Wenn man den gesamten *benötigten und freien Speicherplatz* wissen möchte, verwendet man die U – Option (für usage). GLIM antwortet:

---

(110) Dieses Beispiel wurde während der Auswertungen mit den aggregierten Daten erstellt (logistische Regressionmodelle, vgl. Tabelle 4.10).

```
USAGE-        USED  LEFT
DATA SPACE     922 14078
IDENTIFIERS      7   193
MODEL VECS.      3    43
MODEL TERMS      3   127
PCS LEVELS       1    19
```

In diesem Fall (der Befehl wurde direkt nach der obigen D – Option eingegeben) sind also 922 Speicherplätze für insgesamt 7 benutzereigene Datenstrukturen (identifiers: Vektoren, Makros) und Systemvektoren vergeben. Die zuvor
geschätzte Regressiongleichung besteht aus 3 Modelltermen (Grand Mean,
Haupt – , Interaktions – , konditionale Effekte), für die drei verschiedene Vektoren ( = Variablen) inkl. Grand Mean verwendet werden. Außerdem befindet man
sich zur Zeit auf der 1. Ebene des *program – control – stacks* (pcs, vgl. Abschnitt 5.4). Bei Bedarf kann man nun nicht mehr benötigte Datenstrukturen
(benutzereigene Vektoren und Makros aber auch Systemvektoren) durch den
$DELETE – Befehl löschen (z.B. $DELETE BESC %FV).

## 5.2 Dateneingabe und Druckausgabe

Als nächstes stellt sich die Frage, wie die Daten konkret in den Programmspeicher gelangen. GLIM bietet die Möglichkeit, die Daten entweder direkt
(sozusagen per Hand) einzugeben oder sie von einer externen Datei einzulesen. Die erste Art der Dateneingabe unterscheidet sich nicht von der üblichen
Befehlseingabe, ist aber bei umfangreichen Datenmengen sehr zeitaufwendig
und fehlerbehaftet. Man kodiert daher am besten die Daten in einem getrennten Arbeitsgang und speichert sie in einer Datei, von wo aus sie jederzeit
abgerufen werden können. In beiden Fällen ist entweder eine *freiformatige*
oder eine *formatierte Eingabe* möglich. Wir wollen diesen Vorgang an Hand
unseres Beispiels erläutern.

Nach $UNITS 2594 weiß GLIM, wieviel Beobachtungen eingelesen werden
sollen. Als nächstes muß man dem Programm nur mitteilen, wieviel Variablen
pro Fall auftreten. Dazu verwendet man den $DATA – Befehl: $DATA STATD
ART DQUAL TQUAL BESCH WIRT. Damit ist GLIM bekannt, daß in der
angegebenen Reihenfolge 6 Variablen eingelesen werden sollen. Der eigentliche Lesevorgang wird mit $READ ausgelöst. Danach erwartet GLIM insgesamt
$2594*6 = 15564$ Zahlen (numbers), die wie Befehle eingegeben werden können

(d.h. durch mindestens ein Freizeichen getrennt und über beliebig viele Ein-
gaben verteilt – freiformatige Eingabe).

Für die kleinen Tabellenbeispiele 4.2 – 4.10 ist diese Form der Dateneingabe ausreichend, bei insgesamt 15564 Zahlen wäre sie jedoch etwas müh-
selig. Bei den Individualdaten verwenden wir daher die zweite Form der
Dateneingabe. Sie sollen außerdem formatiert gelesen werden. Man verwendet
dazu den $FORMAT – Befehl. Danach erwartet GLIM bei der nächsten Eingabe
ein übliches FORTRAN – Format (111). In unserem Fall lautet der Befehl also:

```
$FORMAT
(2F5.0,5X,4F5.0/1X)
```

Mit dem Befehl $DINPUT 10 wird dem Programm eine Kanalnummer genannt,
von der die Daten dann eingelesen werden. Durch geeignete Betriebssystemkommandos muß natürlich sichergestellt sein, daß dieser Kanal mit der gewünschten Datei verbunden ist. Zu diesen Details befragt man am besten sein
örtliches Rechenzentrum.

An dieser Stelle wissen wir nun alle notwendigen Programmdetails, um die
Beispielprogramme im Text zu verstehen. Ein vollständiges GLIM – Programm
für eine klassische Regressionsanalyse mit den Beispieldaten sieht folgendermaßen aus (vgl. Abschnitt 2.5):

```
$UNITS 2594
$VARIATE STATD DQUAL BESCH $FACTOR ART 4 TQUAL 4 WIRT 10
$DATA STATD ART DQUAL TQUAL BESCH WIRT $FORMAT
(2F5.0,5X,4F5.0/1X)
$DINPUT 10
$YVARIATE STATD $ERROR N $LINK I
$FIT %GM $DISPLAY ME
$FIT DQUAL+BESCH $DISPLAY ME
```

---

(111) Man beachte, daß von der freiformatigen Befehlseingabe abgewichen wird: Nach dem
$FORMAT – Befehl dürfen keine weiteren Angaben auf der Eingabezeile folgen und in der nächsten
(und nur in der nächsten) Eingabezeile muß das FORTRAN – Format folgen.
Dateneingaben von externen Dateien können im übrigen auch formatfrei erfolgen. Mit den
Befehlen:
```
$FORMAT
FREE
```
kann man wieder auf formatfreie Eingabe umschalten.

```
$FIT TQUAL*WIRT $DISPLAY ME
$FIT ...... usw. ....
$STOP
```

In den folgenden Ausführungen dieses Kapitels beschäftigen wir uns mit einigen spezielleren Anwendungen von GLIM, die die praktische Datenanalyse vereinfachen. Wo es uns nötig erscheint, werden die Befehle näher erläutert. Bei allen spezielleren Fragen sollte jedoch das Manual konsultiert werden.

Im Zusammenhang mit der Eingabe von externen Daten ergibt sich z.B. die Möglichkeit, nicht nur Daten sondern auch Befehle von dort einzulesen. Man kann also eine längere Befehlsfolge, die man nicht erneut eintippen möchte, in einer Datei ablegen und sie zu gegebener Zeit von dort abrufen. Dies ist z.B. sinnvoll, wenn man eigene Macros verwendet, die mehrmals zum Einsatz kommen sollen und meistens aus komplizierten Befehlsabfolgen bestehen. Eine solche *Befehlsdatei* sieht etwa folgendermaßen aus:

```
$SUBFILE WLS
...
... es folgen alle Makros zum GSK-Ansatz
...
$RETURN
$SUBFILE MANA
...
... es folgen alle Makros für das Datenmanagement
...
$RETURN
... usw.
$FINISH
```

Diese Datei läßt sich, wie man sieht, beliebig in *Subfiles* untergliedern, wobei das Ende der Datei durch den $FINISH – Befehl gekennzeichnet werden sollte. Die einzelnen Subfiles kann man nun mit dem $INPUT – Befehl während einer GLIM – Sitzung einspielen (z.B. $INPUT 11 **MANA**). Danach erwartet GLIM eine längere Befehlsfolge von einer externen Datei, die dazu über die Kanalnummer 11 mit dem Programm verbunden sein muß. Damit geht die Programmkontrolle vorübergehend an die entsprechende Datei über, bis das Programm dort auf eine $RETURN – oder $FINISH – Anweisung trifft. Ein Beispiel einer solchen Befehlsdatei mit Macros findet sich im Anhang.

Genauso wie man die Programmeingabe umlenken kann, besteht auch die Möglichkeit, die *Ausgaben des Programms* zu unterdrücken oder auf eine externe Datei zu schreiben. Hierzu verwendet man den $OUTPUT – Befehl:

- $OUTPUT ohne Spezifikationen bewirkt eine Unterdrückung der Programmausgaben (ausgenommen Fehlermeldungen), bis ein weiterer $OUTPUT – Befehl mit Spezifikationen folgt.
- $OUTPUT 20 bewirkt, daß die Druckausgabe auf die Einheit 20 geht.

Mit weiteren Spezifikationen kann man schließlich noch die Breite und die Höhe der einzelnen Druckseiten steuern (davon hängt u.a. die Formatierung der Plots ab).

Generell erfolgen also alle Ein – und Ausgaben über die bekannten FORTRAN – Kanalnummern, die durch geeignete Betriebssystemkommandos mit den jeweiligen Dateien verbunden sein müssen. Einen Überblick über die *Standard – Ein – und – Ausgabekanäle* erhält man mit der C – Option (für channels) des $ENVIRONMENT – Befehls. Bei unserer Installation antwortet GLIM darauf folgendermaßen:

```
CHANNELS-  INPUT/OUTPUT  NUMBER  WIDTH  HEIGHT
PRIMARY    INPUT            8      72
           OUTPUT           4      72     24
           DUMP             7
CURRENT    INPUT            8      72
           OUTPUT           4      72     24
```

Wichtig ist z.B., daß der Standard – Eingabekanal 8 72 Zeichen breit ist. Man sollte daher darauf achten, daß eine Eingabezeile maximal aus 72 Zeichen besteht, sonst werden Teile der Eingabe falsch interpretiert und es ergeben sich unsinnige Befehlsabläufe. Wie man sieht, gibt es auch einen *Dump – Kanal* (hier: Kanal 7), d.h. man hat die Möglichkeit, den augenblicklichen Programmstand auf einer Datei zu sichern ($DUMP – Befehl) und zu einem spätern Zeitpunkt wieder am gleichen Punkt zu beginnen ($RESTORE – Befehl), ohne alle Auswertungsschritte noch einmal zu wiederholen.

## 5.3 Datenmanipulation

Für die meisten Datenmanipulationen kann man den $CALCULATE – Befehl verwenden. Darüber hinaus besteht die Möglichkeit, Vektoren zu sortieren ($SORT), zu edieren ($EDIT), auszudrucken ($LOOK) und zu plotten ($PLOT). Diese Befehle sind ausführlich in den Abschnitten 10 und 11 des GLIM – Manuals beschrieben und wer praktisch mit dem Programm arbeiten möchte, sollte sich unbedingt diese beiden Abschnitte durchlesen. Wir beschränken uns hier auf die Frage, wie man mit dem $CALCULATE-Befehl Variablen berechnet und umkodiert, Daten aggregiert sowie einzelne Fälle selektiert. Es geht also quasi darum, die Prozeduren COMPUTE, RECODE, AGGREGATE und SELECT IF des bekannten Programmpaketes SPSS mit GLIM nachzuprogrammieren.

### 5.3.1 Berechnung von Variablen

Das allgemeine Format des $CALCULATE-Befehls sieht folgendermaßen aus:

```
$CALCULATE identifier = expression
```

Einem Namen (identifier: Vektor, Skalar) werden also durch einen *arithmetischen Ausdruck* (expression) bestimmte Werte zugewiesen. Der arithmetische Ausdruck besteht aus Operanden (Vektoren, Skalare), Operatoren (**, /, *, +, −), Funktionen (z.B. %LOG) und Klammern. Bis auf die von GLIM verwendeten Funktionen unterschieden sich diese Ausdrücke und ihre Rechenregeln nicht von anderen Programmiersprachen und Programmpaketen. Wenn man also den Anteil der Abstiege in bestimmten Subgruppen mit einer gewichteten Regression untersuchen möchte, dann berechnet man die Anteilswerte P und Gewichte U folgendermaßen (vgl. Beispiel 4.2):

```
$CALCULATE P= N2JK/ NIJK
$CALCULATE U= NIJK/ (P * (1-P))
```

Die Vektoren N2JK und NIJK enthalten für alle 40 Subgruppen die Anzahl der Abstiege und die Gesamthäufigkeit der jeweiligen Subgruppe. Da diese Vektoren aus jeweils 40 Elementen bestehen, werden die Berechnungen auf Grund der Vektorarithmetik automatisch für alle 40 Subgruppen durchgeführt. / bedeutet dabei Division und * Multiplikation. Die Reihenfolge der Berechnungen kann dabei beliebig durch Klammern strukturiert werden.

Zur Vereinfachung der Berechnungen kennt GLIM verschiedene Funktionen (s. Anhang). Die *arithmetische Funktion* %LOG(X) berechnet z.B. den natürlichen Logarithmus des Vektors X. Da GLIM keine Bool'schen Variablen sondern nur arithmetische Ausdrücke kennt, bereitet vor allem der Umgang mit den *logischen Funktionen* besondere Schwierigkeiten. Eine logische Funktion wie z.B. %EQ(A,B) hat also nicht den Wert TRUE (wahr) oder FALSE (falsch), sondern erhält den Wert 1 (wenn wahr) bzw. 0 (wenn falsch). Angenommen man möchte wissen, bei welchen Personen ein Abstieg auftritt (ART=2), und diese Information in einer Variablen Y2JK abspeichern (vgl. Beispiel 4.11). Dies erreicht man durch folgenden GLIM-Befehl:

```
$CALCULATE Y2JK= %EQ(ART,2)
```

Die logische Funktion %EQ läßt sich frei etwa so übersetzen: Wenn das jeweilige Element des Vektors ART den Wert 2 hat, dann weise dem neuen
Vektor Y2JK den Wert 1 zu (ansonsten 0). Auf diese Weise erhält man eine
Dummy – Variable mit den Werten 1 für Abstiege und 0 für die anderen Tätigkeitswechsel.

Häufig sollen logische Bedingungen miteinander verknüpft werden. Die
logischen Operatoren AND und OR müssen dafür in GLIM durch arithmetische
Operatoren ersetzt werden. Eine Oder – Bedingung erzielt man durch Addition:

```
$CALCULATE Y13JK= %EQ(ART,1) + %EQ(ART,2)
```

Hier wird eine weitere Dummy – Variable Y13JK berechnet, die immer dann
den Wert 1 hat, wenn die Variable ART entweder den Wert 1 oder den Wert 3
hat (vgl. ebenfalls Beispiel 4.11). Eine Und – Bedingung erzielt man dagegen
durch Multiplikation:

```
$CALCULATE X= %EQ(ART,2)*%EQ(TQUAL,4)
```

Dieser Ausdruck hat nur dann den Wert 1, wenn sowohl der Vektor ART den
Wert 2 als auch der Vektor TQUAL den Wert 4 aufweist. Auf diese Weise
ergibt sich eine Dummy – Variable X, die nur dann den Wert 1 hat, wenn es
sich um Abstiege bei Personen mit Spezialqualifikationen handelt.

Sollen schließlich einzelnen Variablen unter bestimmten Bedingungen
Werte zugewiesen werden, dann muß man logische Funktionen und arithmetische Ausdrücke miteinander verknüpfen. In Beispiel 4.10 wird u.a. eine
Gesamthäufigkeit N berechnet, die sich, je nachdem um welche Beobachtungen es sich handelt, aus allen drei Arten von Tätigkeitswechseln
(N1JK + N2JK + N3JK) oder nur aus Abstiegen und lateralen Tätigkeitswechseln
zusammensetzt (N2JK + N3JK). Der entsprechende GLIM – Befehl lautet:

```
$CALCULATE N= (N1JK+N2JK+N3JK)*%EQ(NO,1) +
              (N2JK+N3JK)*%EQ(NO,2)
```

Da die logische Funktion %EQ immer nur die Werte 0 und 1 haben kann, wird
der Variablen N entweder nur der erste (NO = 1) oder nur der zweite Klam-
merausdruck (NO = 2) zugewiesen. In diesem speziellen Fall hätte man aber
auch die %IF – Funktion verwenden können.:

```
$CALCULATE N= %IF(%EQ(NO,1), (N1JK+N2JK+N3JK), (N2JK+N3JK))
```

Die %IF – Funktion erlaubt if – then – else Konstruktionen. In diesem Fall wird
der erste Ausdruck (N1JK + N2JK + N3JK) zugewiesen, wenn die Bedingung
%EQ(NO,1) zutrifft, ansonsten wird der zweite Ausdruck (N2JK + N3JK) zugewiesen.

Zu den *sonstigen Funktionen* zählen schließlich noch %CU (cumulate), %GL (generate levels), %SR (standard random) und %LR (local random). Mit der %CU – Funktion ist es möglich, die Werte eines Vektors zu kumulieren. Wenn also ein Vektor X die Werte 1, 3, 2 und 4 hat, dann ergibt %CU(X) einen Vektor mit den Werten 1, 4, 6 und 10. Die %GL – Funktion wird in Abschnitt 5.3.3 erläutert und mit den %SR – bzw. %LR – Funktionen ist es möglich, Zufallszahlen zu erzeugen.

### 5.3.2 Umkodierung von Variablen

Umkodierungsprobleme lassen sich natürlich auch durch geschickte Anwendung logischer Funktionen lösen. Angenommen man möchte nicht – manuelle (TQUAL = 3) und Spezialqualifikationen (TQUAL = 4) in einer Kategorie zusammenfassen. Dann ist folgender $CALCULATE – Befehl sinnvoll:

```
$CALCULATE TQUAL= TQUAL*%LE(TQUAL,2) + 3*%GE(TQUAL,3)
```

Hier werden die logischen Funktionen %GE (greater equal) und %LE (less equal) verwendet. Auf diese Weise behält TQUAL seine ursprünglichen Werte, wenn es sich um die Ausprägungen 1 und 2 handelt. Die Werte 3 und 4 werden aber in der Kategorie 3 zusammengefaßt.

Bei vielen Ausprägungen ist dieses Vorgehen natürlich etwas umständlich. In diesem Fall verwendet man am besten einen *Umkodierungsvektor*. Angenommen man möchte die 10 Wirtschaftszweige in drei Sektoren (primärer, sekundärer und tertiärer) unterteilen. Die alte und die neue Klassifizierung sehen folgendermaßen aus:

```
Alt: 1  2  3  4  5  6  7  8  9  10
Neu: 1  2  2  2  3  3  3  3  3  3
```

Die Neuklassifikation wird nun in einem Umkodierungsvektor RECODE abgespeichert (112):

```
$VARIATE 10 RECODE
$DATA RECODE
$READ 1 2 2 2 3 3 3 3 3 3
```

---

(112) Man beachte, daß die Länge des Umkodierungsvektors RECODE mit dem $VARIATE – Befehl explizit festgelegt wird. Sie weicht daher von der Standardlänge aller Vektoren ab.

Die umkodierte Variable NEUWIRT ergibt sich schließlich durch folgenden $CALCULATE – Befehl:

```
$FACTOR NEUWIRT 3
$CALCULATE NEUWIRT= RECODE(WIRT)
```

Hier wird die Möglichkeit benutzt, Vektoren zu indizieren, d.h. einzelne Elemente eines Vektors anzusprechen. Wie diese Umkodierung konkret funktioniert, macht man sich am besten folgendermaßen deutlich:

```
WIRT=1 --> RECODE(1)=1 ---> NEUWIRT=1
WIRT=2 --> RECODE(2)=2 ---> NEUWIRT=2
WIRT=3 --> RECODE(3)=2 ---> NEUWIRT=2
WIRT=4 --> RECODE(4)=2 ---> NEUWIRT=2
.... usw.
WIRT=10 --> RECODE(10)=3 ---> NEUWIRT=3
```

Die allgemeine Form des $CALCULATE – Befehls kann also folgendermaßen erweitert werden:

```
$CALCULATE identifier(expression) = expression
```

Normalerweise müssen bei Berechnungen alle Vektoren gleiche Länge haben. Davon hängt ab, wie häufig die jeweilige Zuweisung vorgenommen wird (Vektorisierung !). In diesem allgemeineren Fall darf aber davon abgewichen werden: Die indizierten Vektoren können mehr oder weniger Elemente als die übrigen Vektoren haben. Bei der tatsächlichen Ausführung der Berechnungen wird so getan, als ob der indizierte Vektor genauso lang ist wie sein Index.

Auf ähnliche Art und Weise ist es möglich, metrische Variablen zu klassifizieren. Angenommen wir wollen die Qualifikationsdauern in drei Klassen von 8 bis unter 12, von 12 bis unter 15 und von 15 bis unter 18 Jahren unterteilen. Man speichert die oberen Klassengrenzen in einen Umkodierungsvektor RECODE ab:

```
$VARIATE 3 RECODE
$DATA RECODE
$READ 12 15 18
```

Für die eigentliche Klassifikation benötigt man jedoch mehrere
$CALCULATE – Befehle (113):

```
$FACTOR NEUDQUAL 3 $CALCULATE NEUDQUAL=4
$CALCULATE NEUDQUAL= 3*%LT(DQUAL,RECODE(3)) +
                     NEUDQUAL*%GE(DQUAL,RECODE(3))
$CALCULATE NEUDQUAL= 2*%LT(DQUAL,RECODE(2)) +
                     NEUDQUAL*%GE(DQUAL,RECODE(2))
$CALCULATE NEUDQUAL= 1*%LT(DQUAL,RECODE(1)) +
                     NEUDQUAL*%GE(DQUAL,RECODE(1))
```

Es treten genauso viele $CALCULATE – Befehle auf, wie Klassen gebildet
werden sollen (nämlich 3). Formal sieht jeder Befehl folgendermaßen aus:

```
$CALCULATE NEUDQUAL= i*%LT(DQUAL,RECODE(i)) +
                     NEUDQUAL*%GE(DQUAL,RECODE(i))
```

Wenn man diesen Befehl in einem Macro speichert und dieses mehrmals
aufruft (i = 3,2,1), erzielt man genau die obige Befehlsabfolge (vgl. dazu
Abschnitt 5.4).

### 5.3.3 Aggregierung von Daten und Generierung von Kreuztabellen

Wie in der Einleitung demonstriert, sind Kreuztabellen nichts anderes als
aggregierte Individualdaten. Auf diese Art und Weise ist auch eine besonders
platzsparende Verarbeitung großer Datenmengen möglich, wobei man allerdings bei metrischen Merkmalen gewisse Informationsverluste in Kauf nehmen
muß. Im Anhang findet sich eine Liste der aggregierten Daten, die es uns
ermöglicht, alle 5188 Tätigkeitswechsel mit GLIM und einem begrenzten Programmspeicher zu verarbeiten. Diese Daten wurden mit der Prozedur
AGGREGATE des Programmpakets SPSS erstellt. Im Prinzip wäre das aber
auch mit GLIM möglich gewesen.

---

(113) Bei dieser Umkodierung ist es unbedingt erforderlich, daß für die klassifizierte Variable ein
neuer Vektor verwendet wird. Bei der zuvor besprochenen Umkodierung für nicht – metrische Variablen wäre es dagegen möglich, statt NEUWIRT direkt die ursprüngliche Variable WIRT einzusetzen.
Man beachte außerdem, daß der Vektor NEUDQUAL mit dem Wert 3 + 1 = 4 initialisiert wird. Sollten
daher bei DQUAL Werte größer oder gleich 18 (oberste Intervallgrenze) auftreten, dann erhalten sie
bei NEUDQUAL den Wert 4. Wenn u die untere und o die obere Intervallgrenze ist, dann wird die
Klassifikation mit der %LT – und %GE – Funktion so vorgenommen, daß für alle Werte x innerhalb
eines Intervalls gilt: u $\leq$ x < o.

Wir verwenden das Beispiel aus Abschnitt 4.2.2, um diese Möglichkeit zu demonstrieren: Es soll die Gesamthäufigkeit, die Anzahl der Abstiege, das durchschnittliche Beschäftigungswachstum und die durchschnittliche Qualifikationsdauer für Subgruppen berechnet werden, die nach Qualifikationstyp und Wirtschaftszweig unterschieden werden. Während der im Anhang dokumentierte Datensatz aus 112 Fällen besteht (114), geht es hier um eine weitere Aggregation auf $4*10 = 40$ Subgruppen (für 4 Qualifikationstypen jeweils 10 Wirtschaftszweige). Die neu zu berechnenden Vektoren haben daher die Standardlänge 40:

```
$VARIATE 40 NN2JK NNIJK NDQUAL NBESCH
```

Die Position der einzelnen Subgruppen innerhalb dieser Vektoren läßt sich leicht angeben: Die Gruppe derjenigen mit unspezifischer Qualifikation (TQUAL = 1) und Tätigkeit in der Landwirtschaft (WIRT = 1) steht an 1. Stelle. Es folgen die Kombinationen $TQUAL_1*WIRT_2$, $TQUAL_1*WIRT_3$, $TQUAL_1*WIRT_4$ usw. Die Gruppe derjenigen mit Spezialqualifikationen (TQUAL = 4) und Tätigkeit im Handel (WIRT = 5) steht z.B. an 35. Stelle. Die Position einer Subgruppe läßt sich also errechnen und in einer Variablen POINTER abspeichern:

```
$CALCULATE POINTER= (TQUAL-1)*10 + WIRT
```

Danach weiß man also für alle 112 Subgruppen der Ausgangsdaten, wo sie innerhalb der neu zu berechnenden (aggregierten) Vektoren stehen würden, wenn man nur nach Qualifikationstypen und Wirtschaftszweigen unterscheidet. Z.B. hätten die Merkmalskombinationen $ART_1*TQUAL_2*WIRT_7$, $ART_2*TQUAL_2*WIRT_7$ und $ART_3*TQUAL_2*WIRT_7$ bei der Variablen POINTER alle den Wert 27. Es verbleibt daher nur noch die Aufgabe, die Daten dieser 3 Fälle im 27. Element der neu zu berechnenden Vektoren zusammenzufassen (zu aggregieren). Das erreicht man durch folgende $CALCULATE – Befehle (Beispiel Häufigkeit der Subgruppe NIJK):

```
$CALCULATE NNIJK=0
$CALCULATE NNIJK(POINTER)= NNIJK(POINTER) + NIJK
```

---

(114) Es wird dort zusätzlich nach der Art des Tätigkeitswechsels unterschieden. Es wären also insgesamt $3*4*10 = 120$ Fälle denkbar. Da jedoch einige Merkmalskombinationen nicht auftreten, ergeben sich nur 112 Fälle.

Man überzeuge sich durch Nachrechnen davon, daß die neue Variable NNIJK die Summe der Häufigkeiten für alle drei Arten von Tätigkeitswechseln (115) enthält.

Das Entscheidende dieser Aggregierungsprozedur ist die Berechnung der *Pointer – Variablen*. Sie gibt quasi an, auf welchen Speicherplätzen die Ausgangsdaten zusammengefaßt (aggregiert) werden sollen. Wenn man allgemein die Gruppierungsmerkmale A, B, C und D mit $q_a$, $q_b$, $q_c$ und $q_d$ Ausprägungen betrachtet, dann lautet die Formel für die Berechnung des Pointers:

$$\texttt{\$CALCULATE POINTER=} (A-1)*(q_a*q_b*q_c) + (B-1)*(q_b*q_c) +$$
$$(C-1)*q_c + D$$

Innerhalb der aggregierten Daten variiert das Merkmal D am schnellsten und das Merkmal A am langsamsten. Anders ausgedrückt, die Daten werden zunächst nach dem Merkmal A (s. oben TQUAL), dann nach dem Merkmal B (s. oben WIRT), weiter nach dem Merkmal C und schließlich nach dem Merkmal D differenziert.

Nachdem wir nun die Daten für die 40 Subgruppen aggregiert haben, wollen wir auch noch den Qualifikationstyp NTQUAL und den Wirtschaftszweig NWIRT für jede Subgruppe festhalten. Da die Reihenfolge der Subgruppen feststeht, ist auch hier eine einfache Berechnung möglich. Man verwendet dazu die %GL – Funktion:

```
$FACTOR 40 NTQUAL 4 NWIRT 10
$CALCULATE NTQUAL= %GL(4,10)
$CALCULATE NWIRT= %GL(10,1)
```

Die %GL(i,j) – Funktion erzeugt ganze Zahlen 1, 2, 3 bis i (Ausprägungen, levels), die jeweils j – mal wiederholt werden. Durch die beiden $CALCULATE – Befehle ergeben sich also folgende Zahlenreihen:

```
TQUAL: 1 1 1 1 1 1 1 1 1 1 2 2 2 2 2 2 2 2 2 2
       3 3 3 3 3 3 3 3 3 3 4 4 4 4 4 4 4 4 4 4
WIRT:  1 2 3 4 5 6 7 8 9 10 1 2 3 4 5 6 7 8 9 10
       1 2 3 4 5 6 7 8 9 10 1 2 3 4 5 6 7 8 9 10
```

---

(115) Die Aggregierung für die anderen Merkmale erfolgt ähnlich, jedoch ist zu berücksichtigen, daß die Variablen DQUAL bzw. BESCH schon Durchschnittswerte enthalten und die Variable N2JK im Datenanhang nicht enthalten ist. DQUAL und BESCH müssen also vor der Aggregierung mit der Häufigkeit NIJK multipliziert werden und nach der Aggregierung durch die neue Häufigkeit NNIJK dividiert werden. Die Variable N2JK erhält man durch $CALCULATE N2JK= NIJK*%EQ(ART,2) aus den ursprünglichen Daten.

Sie entsprechen exakt der Anordnung der Subgruppen, die nach Qualifikationstypen und weiter nach Wirtschaftszweigen unterscheidet.

Mit der %GL–Funktion ergibt sich im übrigen auch eine besonders einfache Form der *Dateneingabe für Kreuztabellen*. Man muß lediglich die
Häufigkeiten jeder Zelle (inkl. Nullzellen) eingeben. Die Ausprägungen der
Merkmale, die die Kreuztabelle definieren, kann man dann durch die %GL–
Funktion generieren. So gesehen war die Eingabe der unabhängigen Merkmale in den Beispielen 4.2 – 4.10 eigentlich überflüssig. Uns erschien es
jedoch sinnvoll, durchgängig eine Form der Dateneingabe zu benutzen und
den Leser nicht schon gleich zu Beginn durch eine Vielzahl von Befehlen zu
verwirren.

## 5.3.4 Auswahl von Fällen

Ein häufig vorkommendes Datenmanagementproblem ist schließlich die
Auswahl bestimmter Fälle aus einem größeren Datensatz. Für Plots ist extra ein
besonderer Systemvektor vorgesehen, durch den man bestimmte Fälle von
der Zeichnung ausschließen kann. Angenommen man hat mit den in Abschnitt
3.6 besprochenen Methoden Ausreißer in den Daten identifiziert und möchte
sie sich in einem getrennten Plot ansehen. Dazu setzt man den Systemvektor
%RE für alle diese Fälle auf 1 und sonst auf 0. Jetzt werden nur noch die Fälle
geplottet, für die %RE>0 gilt (116).

Für die statistische Auswertung kann man durch eine geeignete Gewichtung bestimmte Fälle von den Berechnungen ausschließen. Die Gewichte
müssen bei diesen Beobachtungen den Wert 0 haben. Durch die Befehle

```
$CALCULATE SELECT=%GT(N2JK,0)
$WEIGHT SELECT
```

werden z.B. nur die Subgruppen von den insgesamt 40 berücksichtigt, bei
denen Abstiege (N2JK) auftreten (vgl. Tabelle 4.12).

---

(116)  Auch bei $DISPLAY W werden nur die Residuen ausgedruckt, für die %RE>0 gilt.

Darüber hinaus besteht auch die Möglichkeit, Vektoren zu verkürzen (auf die gewünschten Elemente zu beschränken) und zu strecken. Diese technischen Feinheiten sind in Beispiel D.5 im Manual beschrieben (die beiden Macros sind auch in unserem Anhang dokumentiert). Für den Anwender halten wir jedoch die zuvor beschriebenen Wege für die einfachsten.

## 5.4 Macros

Zusammenfassend kann man bisher feststellen, daß sich die meisten Datenmanagementprobleme auch mit GLIM lösen lassen, jedoch ist der Programmieraufwand für Routinetätigkeiten teilweise erheblich. Wenn man darüber hinaus bedenkt, daß einzelne GLIM – Befehle relativ kompliziert sind (vgl. z.B. die logischen Funktionen), dann wird deutlich, daß die Eingabe dieser Befehle nicht nur zeitaufwendig sondern vor allem auch sehr fehleranfällig ist. Es ist daher sinnvoll, bestimmte Befehlsabfolgen zu speichern und bei Bedarf abzurufen.

Hierzu hatten wir schon die Abspeicherung von Befehlen in einer externen Datei besprochen (vgl. Abschnitt 5.2). Dieses Vorgehen hat jedoch den Nachteil, daß es die Verarbeitung verlangsamt und daß die Befehlsdatei immer erst zurückgesetzt werden muß, wenn man die Befehlsfolge erneut benötigt. GLIM bietet daher die Möglichkeit, Befehle im Programmspeicher abzulegen, wenn man sie als *Macro* deklariert (117). Das hat gegenüber Befehlsdateien nicht nur den Vorteil des schnelleren Zugriffs, sondern erlaubt auch die bedingte Abarbeitung dieser Befehlsfolgen sowie die Übergabe von bis zu neun Parametern.

---

(117) Damit konkurrieren sie natürlich mit den anderen Benutzerdaten um den vorhandenen Speicherplatz (vgl. $ENVIRONMENT D, Abschnitt 5.1). Man sollte daher die Befehle eines Macros so kurz wie möglich fassen. Es ist auch sinnvoll, das Ende jeder Macro – Zeile mit dem Zeilenendezeichen ! zu begrenzen, damit wirklich nur der benötigte Platz der Zeile abgespeichert wird und nicht alle 72 Zeichen.

Ein Macro ist zunächst einmal ein Stück Text (text), der mit einem Namen (identifier) versehen und durch die Befehle $MACRO bzw. $ENDMACRO (118) begrenzt wird:

```
$MACRO identifier text $ENDMACRO
```

Der Text kann aus einer Folge von Befehlen bestehen, kann aber auch eine beliebige Folge von Zeichen sein, die man später mit dem $PRINT-Befehl ausdruckt. Mit Macros ist es also nicht nur möglich, Befehlsabfolgen zwischenzuspeichern sondern auch Überschriften und sonstige Texte auszudrukken. Wir konzentrieren uns hier auf die Verwendung von Macros als Unterprogramm. Für die *Textverarbeitung* verweisen wir auf Abschnitt 17 des Manuals.

Die Berechnung der Anteilswerte und der Gewichte für eine GSK-Analyse ist ein gutes Beispiel für ein Macro. Für diese Berechnung benötigt man die Häufigkeit der Kategorie, deren Anteil untersucht werden soll, sowie die Gesamthäufigkeit, auf deren Basis der Anteil errechnet wird. Da diese beiden Variablen von Anwendung zu Anwendung variieren werden, ist es sinnvoll, sie bei der Macro-Definition zunächst in allgemeiner Form zu berücksichtigen. Man verwendet dazu sogenannte *formale Argumente*, die jeweils aus dem Funktionssymbol und einer Ziffer bestehen. Damit besteht die Möglichkeit maximal 9 Argumente vorzusehen (%1, %2,..., %9). Für das lineare Regressionsmodell definieren wir also folgendes Macro WLIN zur Berechnung der Anteilswerte und Gewichte:

```
$MACRO WLIN
$C       %1 HÄUFIGKEIT DER 1. AUSPRÄGUNG
         %2 GESAMTHÄUFIGKEIT
         %3 ANTEILSWERT
         %4 GEWICHT
$CALCULATE %3= %1 / %2
$CALCULATE %4= %2 / (%3 * (1-%3))
$ENDMACRO
```

Aus dem Kommentar $C wird deutlich, wie die formalen Argumente %1-%4 zu interpretieren sind. Vor dem eigentlichen Aufruf des Macros werden sie mit

---

(118) Bei dem Befehl $ENDMACRO ist besondere Vorsicht geboten: Falls der Macro-Beginn durch GLIM nicht akzeptiert wurde (z.B. weil man sich bei $MACRO verschrieben hat), dann wird dieser Befehl nicht als Macro-Ende (ohne richtigen Anfang ist das Macro für GLIM unbekannt) sondern als Ende eines GLIM-Jobs interpretiert ($END-Befehl). Damit sind alle vorhergehenden Arbeiten verloren.

dem $ARGUMENT – Befehl mit den gewünschten Variablen N2JK, NIJK, P und
U besetzt (*aktuelle Argumente*):

```
$ARGUMENT WLIN N2JK NIJK P U
```

Wenn man jetzt das Macro durch $USE WLIN aufruft, werden genau die
Berechnungen durchgeführt, die wir oben am Beispiel vorgeführt haben. Auf
Grund seiner allgemeinen Formulierung kann das Macro aber genausogut für
jede andere Variablenkonstellation verwendet werden.

Im Anhang sind weitere Macros zur Datenmanipulation, zur Beschreibung
des Modellfits und zur Anwendung des GSK – Ansatzes dokumentiert. Damit
lassen sich alle Beispiele im Text nachrechnen. Die dort abgedruckten
GSK – Macros berücksichtigen im übrigen Nullzellen, die durch 0.5 ersetzt
werden, und berechnen nicht nur Anteilswerte und Gewichte, sondern deklarieren auch gleich das abhängige Merkmal und das statistische Modell (gewichtete Regression, Skalierungsparameter 1).

Statt des Befehls $USE WLIN hätte man auch das *Ersetzungszeichen* #
verwenden können: In diesem Fall wird die Eingabe #WLIN durch die unter
WLIN abgespeicherte Befehlsfolge ersetzt. Mit dieser Möglichkeit der Ersetzung
läßt sich die obige Aggregierungsprozedur besonders einfach in einem Macro
AGGR zusammenfassen:

```
$MACRO AGGR
$C      %1 AGGREGIERTER VEKTOR
        %2 VEKTOR DER AUSGANGSDATEN
        %3 LÄNGE DES AGGREGIERTEN VEKTOR
        POINTER  MACRO ZUR BERECHNUNG DES POINTERS
$VARIATE %3 %1
$CALCULATE %1=0
$CALCULATE %1(#POINTER)= %1(#POINTER) + %2
$ENDMACRO
```

Jetzt muß man nicht mehr explizit eine Pointer – Variable berechnen, sondern
kann ein entsprechendes Macro POINTER deklarieren, das als Text genau den
arithmetischen Ausdruck enthält, den man zur Berechnung der Pointer –
Variablen benötigt:

```
$MACRO POINTER (TQUAL-1)*10 + WIRT $ENDMACRO
```

Wird nun das Macro AGGR aufgerufen (vorher aktuelle Argumente setzen!),
dann wird der Name #POINTER durch den Text des entsprechenden Macros
ersetzt und es findet die gewünschte Aggregierung statt.

Zu den höheren Anwendungen der Macro – Programmierung gehört der *bedingte oder mehrmalige Aufruf von Macros* ($SWITCH und $WHILE – Befehl). Als Beispiel betrachten wir die oben angesprochene Klassifizierung metrischer Merkmale. Alle Umkodierungsbefehle hatten dort die gleiche Form. Diesen allgemeinen $CALCULATE – Befehl speichern wir in einem Hilfs – Macro CL01:

```
$MACRO CL01
$C      %1 KLASSIFIZIERTER VEKTOR
        %2 AUSGANGSVEKTOR (VARIATE)
        %3 LAUFENDE NR. DES INTERVALLS
        RECODE  VEKTOR MIT OBEREN INTERVALLGRENZEN
$CALCULATE %1= %3*%LT(%2,RECODE(%3)) + %1*%GE(%2,RECODE(%3))
$CALCULATE %3= %3 - 1
$ENDMACRO
```

Dieses Hilfs – Macro wird nun mehrmals von dem eigentlichen Klassifizie-rungs – Macro CLASS aufgerufen:

```
$MACRO CLASS
$C      %1 KLASSIFIZIERTER VEKTOR
        %2 AUSGANGSVEKTOR (VARIATE)
        %3 ANZAHL DER INTERVALLE
$FACTOR %1 %3 $CALCULATE %1= %3+1
$ARGUMENT CL01 %1 %2 %3
$WHILE %3 CL01
$ENDMACRO
```

Zuvor muß man natürlich einen Umkodierungsvektor RECODE definieren (s. oben Abschnitt 5.3.2) und die Anzahl der Intervalle in einem Systemskalar speichern ($CALCULATE %I = 3). Die eigentliche Klassifizierung wird dann durch folgende Befehle ausgelöst:

```
$ARGUMENT CLASS NEUDQUAL DQUAL %I $USE CLASS
```

Daraufhin deklariert und initialisiert das Macro CLASS die neue Variable NEUDQUAL, setzt die Argumente für das Hilfs – Macro CL01 und ruft dieses solange auf ($WHILE), bis der Skalar %I Null (FALSE) ist. Da dieser Skalar nach jedem Aufruf von CL01 um 1 verringert wird, wird dieses Macro genauso häufig durchlaufen, wie Intervalle gebildet werden sollen.

Abschließend wollen wir noch auf die *Kontrolle des Programmablaufs* eingehen. Immer wenn man Befehle oder Daten von einer anderen Datei ein-liest oder ein Macro ausführt, gibt man vorübergehend die Kontrolle an eine Datei oder das Macro ab. Da man diese Aufrufe mehrmals hintereinander verschachteln kann (man ruft ein Macro auf, das weitere Befehle von einer

Datei einliest usw.), ist es wichtig, daß das Programm immer wieder an den Ausgangspunkt zurückfindet, um die dort folgenden Befehle noch verarbeiten zu können. Dazu führt GLIM ein Notizbuch in Form eines Kartenstapels.

Wenn man das Programm das erste Mal aufruft, dann notiert es sich auf einer Karte, welchen Befehl es gerade ausführt. Wird nun ein Macro aufgerufen, dann wird eine neue Karte auf die erste gelegt. Auf ihr wird festgehalten, welcher Befehl innerhalb des Macros gerade ausgeführt wird. Liest das Macro Daten oder Befehle von einer externen Datei, dann wird eine weitere Karte auf den bereits existierenden Kartenstapel gelegt. Hier wird die gerade bearbeitete Zeile in der Datei notiert usw. Diesen Kartenstapel bezeichnet man auch als den *program – control – stack* und die Nummer der obersten Karte ist die aktuelle Ebene (level) des Stacks. Sie ist auch in dem Systemskalar %CL (current level) abgespeichert. Mit der P – Option des $ENVIRON-Befehls erhält man ein Listing aller Ebenen des Stacks.

Wenn nun die Eingabe von der externen Datei beendet ist (durch $RETURN, $FINISH oder end – of – file bei Dateneingabe), wird die oberste Karte des Stapels weggelegt und das Programm erkennt auf der darunterliegenden Karte, bei welchem Befehl es innerhalb des Macros weitermachen muß. Mit den Befehlen $EXIT n und $SKIP n kann man die aktuelle Ebene des Stacks um n Ebenen zurücksetzen. In diesem Fall werden quasi n Karten des Stapels weggelegt. Mit dem Befehl $SUSPEND kann man vorübergehend auf den primären Eingabekanal zurückschalten und mit $RETURN wieder in die aktuelle Ebene des Stacks zurückkehren. Bei diesen Befehlen handelt es sich jedoch um höhere Anwendungen der Programmiersprache GLIM, die im Rahmen dieser Einführung nicht dargestellt werden können. Wir verweisen daher auf das Manual (Abschnitt 16). Die Arbeitsweise dieser Befehle findet man im übrigen am besten dadurch heraus, daß man sie einmal am Computer ausprobiert.

# Statistischer Anhang

EINIGE SPEZIELLE VERTEILUNGEN DER EXPONENTIELLEN FAMILIE

In diesem Anhang soll gezeigt werden, daß die Normal-, die Binomial-, die Poisson- und die Gammaverteilung Spezialfälle der allgemeinen Dichtefunktion (2.6) sind. Für diese allgemeine Dichtefunktion wird weiterhin der Erwartungswert (2.7) und die Varianz (2.8) abgeleitet.

Hängt eine in ihrem Wertebereich unbeschränkte Zufallsvariable Y von vielen Faktoren ab, von denen keiner einen dominierenden Einfluß hat, dann ist die *Normalverteilung* das adäquate Verteilungsmodell. Sie hat folgende Dichte:

$$(A.1) \quad f_N(y) = \frac{1}{\sigma\sqrt{2\pi}} \ \exp\{-\frac{1}{2}(\frac{y-\mu}{\sigma})^2\}$$

und hängt von zwei Parametern $\mu$ und $\sigma$ ab, die die zentrale Lage und die Dispersion dieser Verteilung beschreiben.

Beispiel: Intelligenzquotienten seien normalverteilt mit Mittelwert $\mu = 100$ und Varianz $\sigma^2 = 100$. Die Wahrscheinlichkeit eines Intelligenzquotienten von $y \geq 120$ beträgt dann $2.28\%$.

Wir formen die Dichte (A.1) wie folgt um:

$$(A.2) \quad f_N(y) = \exp(\frac{-\ln 2\pi\sigma^2}{2}) \ \exp(\frac{y\mu}{\sigma^2} - \frac{\mu^2}{2\sigma^2} - \frac{y^2}{2\sigma^2})$$

$$= \exp(\frac{-\ln 2\pi\sigma^2}{2} + \frac{y\mu}{\sigma^2} - \frac{\mu^2}{2\sigma^2} - \frac{y^2}{2\sigma^2})$$

$$= \exp\{(y\mu - \frac{\mu^2}{2})/\sigma^2 - \frac{y^2}{2\sigma^2} - \frac{\ln 2\pi\sigma^2}{2}\}$$

und ersetzen $\mu$ durch $\theta$ und $\sigma^2$ durch $\phi$:

$$(A.3) \quad f_N(y) = \exp\{(y\theta - \frac{\theta^2}{2})/\phi - \frac{y^2}{2\phi} - \frac{\ln 2\pi\phi}{2}\}$$

Es ergibt sich die allgemeine Dichtefunktion (2.6), deren drei Terme $a(\phi)$, $b(\theta)$ und $c(y,\phi)$ wie in Tabelle 2.1 angegeben definiert sind:

$$(A.4) \quad f(y|\theta,\phi) = \exp\{(y\theta - b(\theta))/a(\phi) + c(y,\phi)\}$$

$$\text{mit} \quad b(\theta) = \theta^2/2$$

$$a(\phi) = \phi$$

$$c(y,\phi) = -\frac{y^2}{2\phi} - \frac{\ln 2\pi\phi}{2}$$

Die *Binomialverteilung* ist das adäquate Modell für ein dichotomes Merkmal (klassisches Beispiel: Bernoulli-Experiment). Sie hat folgende Dichte:

$$(A.5) \quad f_B(y) = \binom{n}{y} \pi^y (1-\pi)^{(n-y)}$$

und hängt vom Auswahlumfang n und dem·Anteil $\pi$ des betrachteten Merkmals ab.

Beispiel: In einer Schule betrage der Anteil der Mädchen $\pi$ = 40%. Die Wahrscheinlichkeit, daß in einer Schulklasse von n = 20 Schülern y = 5 Mädchen sitzen, beträgt dann 7.46%.

Wir formen die Dichte (A.5) wie folgt um:

$$(A.6) \quad f_B(y) = \exp\{\ln\binom{n}{y}\} \exp\{\ln\pi^y\} \exp\{\ln(1-\pi)^{(n-y)}\}$$

$$= \exp\{y\ln\pi + (n-y)\ln(1-\pi) + \ln\binom{n}{y}\}$$

$$= \exp\{(y\ln\frac{\pi}{1-\pi} - n\ln\frac{1}{1-\pi})/1 + \ln\binom{n}{y}\}$$

Mit den folgenden Ersetzungen

$$(A.7) \quad \theta = \ln\{\pi/(1-\pi)\} \quad \text{und daraus abgeleitet}$$

$$\ln\{1/(1-\pi)\} = \ln(1+\exp\theta)$$

kann man Gleichung (A.6) weiter vereinfachen:

$$(A.8) \quad f_B(y|\theta,\phi) = \exp\{(y\theta-n\ln(1+\exp\theta))/1 + \ln\binom{n}{y}\}$$

Es ergibt sich wiederum die allgemeine Dichtefunktion (2.6), deren drei Terme $a(\phi)$, $b(\theta)$ und $c(y,\phi)$ jetzt wie folgt definiert sind (vgl. ebenfalls Tabelle 2.1):

$$(A.9) \quad f(y) = \exp\{(y\theta-b(\theta))/a(\phi) + c(y,\phi)\}$$

$$\text{mit } b(\theta) = n\ln(1+\exp\theta)$$

$$a(\phi) = 1$$

$$c(y,\phi) = \ln\binom{n}{y}$$

Die *Poissonverteilung* kann unterschiedlich begründet werden. In Einführungen zur Statistik wird sie häufig als Verteilung für seltene Ereignisse vorgestellt. Wenn der Auswahlumfang n sehr groß und die Wahrscheinlichkeit $\pi$ sehr klein ist, kann sie daher als Approximation der Binomialverteilung verwendet werden. Sie hat folgende Dichte:

$$(A.10) \quad f_p(y) = \mu^y \exp(-\mu)/y!$$

und hängt nur von dem Parameter $\mu \cdot$ ab, der angibt, wieviel Ereignisse durchschnittlich auftreten.

Beispiel: Einer von 1000 Tätigkeitswechseln sei mit einem sozialen Abstieg verbunden. In einer großen Stichprobe mit N = 5000 Tätigkeitswechseln erwartet man daher $\mu$ = 5 Abstiege. Die Wahrscheinlichkeit für y = 12 Abstiege beträgt dann 0.34%.

Wir formen die Dichte (A.10) wie folgt um:

$$(A.11) \quad f_p(y) = \exp(\ln\mu^y) \ \exp(-\mu) \ \exp(-\ln y!)$$

$$= \exp\{(y\ln\mu - \mu - \ln y!\}$$

$$= \exp\{(y\ln\mu - \mu)/1 - \ln y!\}$$

und ersetzen $\ln\mu$ durch $\theta$:

$$(A.12) \quad f_p(y) = \exp\{(y\theta-\exp\theta)/1 - \ln y!\}$$

Es ergibt sich erneut die allgemeine Dichtefunktion (2.6), deren drei Terme $a(\phi)$, $b(\theta)$ und $c(y,\phi)$ jetzt wie folgt definiert sind (vgl. ebenfalls Tabelle 2.1):

$$(A.13) \quad f(y|\theta,\phi) = \exp\{(y\theta-b(\theta))/a(\phi) + c(y,\phi)\}$$

$$\text{mit} \quad b(\theta) = \exp\theta$$

$$a(\phi) = 1$$

$$c(y,\phi) = -\ln y!$$

Die *Gammaverteilung* hat folgende Dichte:

$$(A.14) \quad f_G(y) = \lambda^\gamma y^{\gamma-1}\exp(-\lambda y)/\Gamma(\gamma)$$

Sie hängt von zwei Parametern $\lambda$ und $\gamma$ ab, die man auch als Skalierungs- und Formparameter bezeichnet. $\Gamma(\gamma)$ ist die Gamma-Funktion, die z.B. bei ABRAMOWITZ/STEGUN (1965) tabelliert ist. Diese Verteilung enthält als Spezialfall ($\lambda$=0.5) die Chi-Quadrat-Verteilung mit df=2*$\gamma$ Freiheitsgraden. Da wir die Gamma-Verteilung nicht weiter besprochen haben, sei hier auf

ein Beispiel verzichtet. Wir beweisen lediglich die Ergebnisse aus Tabelle
2.1. Dazu formen wir die Dichte (A.14) wie folgt um:

$$(A.15) \quad f_G(y) = \exp(\ln\lambda^\gamma) \, \exp(y^{\gamma-1}) \, \exp(-\lambda y) \, \exp\{-\ln\Gamma(\gamma)\}$$

$$= \exp\{\gamma\ln\lambda + (\gamma-1)\ln y - \lambda y - \ln\Gamma(\gamma)\}$$

$$= \exp\{-\lambda y + \gamma\ln\lambda - \gamma\ln\gamma + \gamma\ln\gamma + (\gamma-1)\ln y - \ln\Gamma(\gamma)\}$$

$$= \exp\{(y\tfrac{\lambda}{\gamma} + \ln\tfrac{\lambda}{\gamma})/(-\gamma^{-1}) + \gamma\ln\gamma + (\gamma-1)\ln y - \ln\Gamma(\gamma)\}$$

und ersetzen $\lambda/\gamma$ durch $\theta$ und $\gamma$ durch $\phi$:

$$(A.16) \quad f_G(y) = \exp\{(y\theta+\ln\theta)/(-\phi^{-1}) + \phi\ln\phi + (\phi-1)\ln y - \ln\Gamma(\phi)\}$$

Es ergeben sich die Resultate aus Tabelle 2.1:

$$(A.17) \quad f(y|\theta,\phi) = \exp (y\theta-b(\theta))/a(\phi) + c(y,\phi)\}$$

$$\text{mit} \quad b(\theta) = \ln\theta$$

$$a(\phi) = -1/\phi$$

$$c(y,\phi) = \phi\ln\phi + (\phi-1)\ln y - \ln\Gamma(\phi)$$

Wir wollen uns nun etwas eingehender mit den Eigenschaften der allgemeinen
Dichtefunktion (2.6) auseinandersetzen. Da die 4 diskutierten Verteilungen
Spezialfälle dieser allgemeinen Dichte sind, gelten diese Überlegungen
automatisch auch für sie. Uns interessieren hier vor allem der Erwartungswert und die Varianz der Zufallsvariablen Y. Dazu verwenden wir zwei allgemein bewiesene Regularitätsvoraussetzungen von Dichtefunktionen f(y) (vgl.
KENDALL/STUART 1979):

$$(A.18) \quad a) \quad E\{\partial\ln f(y|\theta,\phi)/\partial\theta\} = 0$$

$$b) \quad E\{\partial\ln f(y|\theta,\phi)/\partial\theta\}^2 + E\{\partial^2\ln f(y|\theta,\phi)/\partial\theta^2\} = 0$$

Genauer gesagt beziehen sich diese Voraussetzungen auf die logarithmierte
Dichtefunktion (2.6):

$$(A.19) \quad \ln f(y|\theta,\phi) = \{y\theta - b(\theta)\}/a(\phi) + c(y,\phi)$$

Gleichung (A.18a) besagt, daß die 1. (partielle) Ableitung der logarithmierten Dichte $\ln(f(y))$ nach dem kanonischen Parameter $\theta$ im Mittel 0 ist.
Gleichung (A.18b) macht eine ähnliche Aussage für die Summe der quadrierten
1. (partiellen) Ableitung und der 2. (partiellen) Ableitung.

Wir bilden daher die 1. und 2. partielle Ableitung der logarithmierten Dichte nach dem kanonischen Parameter $\theta$ :

(A.20)  a)  $\partial \ln f(y|\theta,\phi)/\partial\theta = \{y - b'(\theta)\}/a(\phi)$

   b)  $\partial^2 \ln f(y|\theta,\phi)/\partial\theta^2 = -b''(\theta)/a(\phi)$

Unter Verwendung von (A.18a) ergibt sich die im Text genannte Formel (2.7) für den Erwartungswert $E(y)$ :

(A.21)  $E\{(y-b'(\theta))/a(\phi)\} = 0$

   $\{E(y) - b'(\theta)\}/a(\phi) = 0$

   $E(y) = b'(\phi)$

Die Varianz einer Zufallsvariablen Y mit Erwartungswert $\mu=b'(\theta)$ berechnet sich bekanntlich nach folgender Formel:

(A.22)  $V(y) = E(y-\mu)^2$

   $= E\{y-b'(\theta)\}^2$

Ein ähnlicher Ausdruck ergibt sich, wenn man das Quadrat der 1. Ableitung (A.20a) betrachtet:

(A.23)  $E\{(y-b'(\theta))/a(\phi)\}^2 = E\{y-b'(\theta)\}^2/a(\phi)^2$

   $= V(y)/a(\phi)^2$

Unter Verwendung der zweiten Regularitätsvoraussetzung (A.18b) ergibt sich schließlich die im Text genannte Varianzformel (2.8):

(A.24)  $E\{(y-b'(\theta))/a(\phi)\}^2 + E\{-b''(\theta)/a(\phi)\} = 0$

   $V(y)/a(\phi)^2 - b''(\theta)/a(\phi) = 0$

   $V(y) = b''(\theta)a(\phi) = \tau a(\phi)$

Mit den Formeln (2.7) und (2.8) kann man den Erwartungswert und die Varianz jeder Verteilung der exponentiellen Familie berechnen. Man muß dazu lediglich die 1. und 2. Ableitung der Funktion des kanonischen Parameters $b(\theta)$ sowie die Funktion des Skalierungsparameters $a(\phi)$ kennen. Die 2. Ableitung $b''(\theta)$ wird auch als *Varianzfunktion* $\tau$ bezeichnet. Diese drei Funktionen sind ebenfalls in Tabelle 2.1 enthalten (Spalte 6, 7 und 5a). Auf diese Weise kann man für jede spezielle Verteilung den Erwartungswert

und die Varianz ausrechnen (vgl. Tabelle 2.1, Spalten 6 und 8). Tabelle 2.2
zeigt noch einmal die Verbindungen zwischen den Erwartungswerten und Varianzen
in der herkömmlichen Schreibweise (Parameter $\mu$, $\sigma$, $\pi$, $\lambda$ und $\gamma$) sowie unter
Verwendung der allgemeinen Parameter $\theta$ und $\phi$.


## DIE MULTINOMIALVERTEILUNG

Häufig betrachtet man bei einem Zufallsexperiment nicht eine sondern
mehrere Alternativen. Die bisher besprochenen Verteilungsfunktionen gestatten aber nur die Modellierung dichotomer Merkmale oder einzelner Ereignisse: Bei der Binomialverteilung geht es z.B. um die Wahrscheinlichkeit,
daß y von n unabhängigen Beobachtungen eine bestimmte Eigenschaft aufweisen.
Hier interessiert jedoch die Wahrscheinlichkeit, daß von n unabhängigen Beobachtungen $y_1$ Beobachtungen die Ausprägungen $A_1$, $y_2$ die Ausprägung $A_2$,... und
schließlich $y_q$ die Ausprägung $A_q$ aufweisen. Insgesamt seien also q Alternativen möglich, die jeweils mit Wahrscheinlichkeit $\pi_1$, $\pi_2$,..., $\pi_q$ auftreten.
Die Wahrscheinlichkeit, daß bei n Beobachtungen $y_1$-mal Ausprägung $A_1$, $y_2$-mal
Ausprägung $A_2$ usw. auftritt, wird durch die *Multinomialverteilung* beschrieben.
Ihre Dichte lautet:

$$(A.25) \quad f_M(y_1, y_2, \ldots, y_q) = \frac{n!}{y_1! \; y_2! \; \cdots \; y_q!} \; \pi_1^{y_1} \; \pi_2^{y_2} \; \cdots \; \pi_q^{y_q}$$

Sie hängt vom Auswahlumfang n und den Wahrscheinlichkeiten $\pi_1$ bis $\pi_q$ ab.
Diese Dichte enthält als Spezialfall (q=2) die Binomialverteilung.

Beispiel: In einer Grundschule seien alle Altersjahrgänge (6-9 Jahre) gleich
häufig vertreten ($\pi_1 = \pi_2 = \pi_3 = \pi_4 = 25\%$). Die Wahrscheinlichkeit, daß in
einer Gruppe von n=5 Schülern $y_1$=1 sechsjähriger, $y_2$=2 siebenjährige, $y_3$=1
achtjähriger und $y_4$=2 neunjährige Schüler zusammengeschlossen sind, beträgt
dann 2.93%.

Wie man sieht, ist diese Funktion um einiges komplizierter als alle bisher
betrachteten. Für die praktische Arbeit ist es daher wichtig, die Verbindungen der Multinomialverteilung zu den anderen Verteilungsfunktionen zu
kennen.

### Verbindung zu Poissonverteilung

Angenommen jede der q Alternativen sei poissonverteilt mit Erwartungswert
$\mu_j$ (j=1,2,...,q). Die Wahrscheinlichkeit einer Stichprobe mit $y_1*A_1, y_2*A_2,...$
und $y_q*A_q$ Beobachtungen ergibt sich aus dem Produkt der einzelnen Poissondichten:

$$(A.26) \quad f_P(y_1, y_2, \ldots, y_q) = \frac{\mu_1^{y_1} e^{-\mu_1}}{y_1!} * \frac{\mu_2^{y_2} e^{-\mu_2}}{y_2!} \; \cdots \; \frac{\mu_q^{y_q} e^{-\mu_q}}{y_q!}$$

Weiterhin nehmen wir an, daß die Summe der einzelnen Häufigkeiten $n = y_1 + y_2 + \ldots + y_q$ (die Häufigkeit der gesamten Stichprobe) selber eine zufällige Größe sei, deren Verteilung durch die Poissonverteilung beschrieben wird:

$$(A.27) \quad f_P(n) = \mu_n^{\,n} \exp(-\mu_n)/n! \quad \text{mit} \quad \mu_n = \mu_1 + \mu_2 + \ldots + \mu_q$$

$$\text{und} \quad n = y_1 + y_2 + \ldots + y_q$$

Betrachtet man jetzt die bedingte Verteilung der q unabhängigen Poissondichten unter der Voraussetzung, daß die Summe der Häufigkeiten selber poissonverteilt ist, muß man den Quotienten aus Gleichung (A.26) und (A.27) betrachten. Dieser läßt sich wie folgt vereinfachen:

$$(A.28) \quad f(y_1, y_2, \ldots y_q/n) = \frac{n!}{y_1! \; y_2! \ldots y_q!} \left(\frac{\mu_1}{\mu_n}\right)^{y_1} * \left(\frac{\mu_2}{\mu_n}\right)^{y_2} \ldots \left(\frac{\mu_q}{\mu_n}\right)^{y_q}$$

Wenn wir $\mu_j/\mu_n$ durch $\pi_j$ ersetzen $(j = 1, 2, \ldots, q)$, ergibt sich schließlich die Dichtefunktion der Multinomialverteilung. Wir ziehen daraus die Schlußfolgerung, daß sich die Multinomialverteilung für q Alternativen immer dann als Produkt von q unabhängigen Poissonverteilungen darstellen läßt, wenn der Auswahlumfang n selber eine zufällige Größe ist, die durch eine Poissonverteilung beschrieben werden kann. Diesen Satz verwendet man häufig bei der Anwendung log-linearer Modelle.

Verbindung zur Binomialverteilung

Bei q Alternativen kann man jede Alternative mit allen rangniedrigeren vergleichen (continuation ratios, vgl. FIENBERG 1980). Wir betrachten daher die Wahrscheinlichkeit, daß $y_j$ Beobachtungen mit Ausprägung $A_j$ auftreten, wenn insgesamt $n_j$ Beobachtungen dieselbe oder eine rangniedrigere Ausprägung aufweisen. Diese Wahrscheinlichkeit kann durch eine Binomialverteilung beschrieben werden:

$$(A.29) \quad f_B(y_j) = \binom{n_j}{y_j} \lambda_j^{\,y_j} (1-\lambda_j)^{(n_j - y_j)}$$

Dabei werden die Wahrscheinlichkeiten $\pi$ durch die continuation ratios $\lambda_j$ ersetzt. Bei insgesamt q Alternativen kann man insgesamt (q-1) solche Vergleiche durchführen. Die Häufigkeiten $n_j$ und die *continuation ratios* $\lambda_j$ sind dabei folgendermaßen definiert:

$$(A.30) \quad n_j = \sum_{l=j}^{q} y_l \; ; \quad \lambda_j = \pi_j \Big/ \sum_{l=j}^{q} \pi_l$$

Die Gesamtwahrscheinlichkeit aller dieser (q-1) Vergleiche ergibt sich aus dem Produkt der einzelnen Binomialverteilungen (A.29):

$$(A.31) \quad \prod_{j=1}^{q-1} f_B(y_j) = \frac{(y_1 + \ldots + y_q)!}{y_1!(y_2 + \ldots + y_q)!} * \frac{(y_2 + \ldots + y_q)!}{y_2!(y_3 + \ldots y_q)!} \ldots \frac{(y_{q-1} + y_q)!}{y_{q-1}! \; q_q!}$$

$$* \left(\frac{\pi_1}{\pi_1 + \ldots + \pi_q}\right)^{y_1} \left(\frac{\pi_2 + \ldots + \pi_q}{\pi_1 + \ldots + \pi_q}\right)^{(y_2 + \ldots + y_q)}$$

$$* \left(\frac{\pi_2}{\pi_2 + \ldots + \pi_q}\right)^{y_2} \left(\frac{\pi_3 + \ldots + \pi_q}{\pi_2 + \ldots + \pi_q}\right)^{(y_3 + \ldots + y_q)}$$

$$* \ldots$$

$$* \left(\frac{\pi_{q-1}}{\pi_{q-1} + \pi_q}\right)^{y_{q-1}} \left(\frac{\pi_q}{\pi_{q-1} + \pi_q}\right)^{y_q}$$

Wenn man diese Gleichung weiter vereinfacht, erhält man wiederum die Multinomialverteilung (A.25). Die Multinomialverteilung läßt sich also in ein Produkt von (q-1) voneinander unabhängigen Binomialverteilungen auflösen, wenn man bei letzteren das Verhältnis einer Ausprägung zu allen rangniedrigeren betrachtet. Diese Schlußfolgerung haben wir bei der unabhängigen Schätzung von logistischen Regressionsmodellen für ordinale Zielvariablen verwendet.

## MAXIMUM-LIKELIHOOD-SCHÄTZUNGEN INNERHALB DES GLM-ANSATZES

Die Maximum-Likelihood-Methode ergibt unter schwachen Bedingungen asymptotisch erwartungstreue, normalverteilte Schätzer der Regressionsparameter $\beta$, die minimale Varianz haben. Das Grundprinzip dieses Schätzverfahrens haben wir schon im Text vorgestellt. An dieser Stelle wollen wir vor allem den iterativen Schätzalgorithmus erläutern. Wir konzentrieren uns dabei auf eine Motivation der wesentlichen mathematischen Ableitungen, ohne alle Details im einzelnen zu beweisen. Dazu verweisen wir auf die Arbeit von ARMINGER (1982).

Gegeben seien N statistisch voneinander unabhängige und gleich verteilte Beobachtungen $y_i$. Die Likelihood jeder Beobachtung läßt sich durch die allgemeine Dichte (2.6) berechnen, wobei wir diese Verteilung als konditionale Ein-Parameter-Verteilung auffassen (Kondition ist der Skalierungsparameter $\phi$). Die Likelihood der gesamten Stichprobe ergibt sich durch das Produkt aller Einzellikelihoods, das wir *Likelihood-Funktion* nennen:

(A.32)  $L = \prod\limits_{i=1}^{N} L_i \quad$ mit $\quad L_i = f(y_i | \theta, \phi)$

Die Parameter des Regressionsmodells werden jetzt so gewählt, daß diese Gesamtwahrscheinlichkeit maximal wird. An der Stelle eines Maximums sind bekannterweise die partiellen Ableitungen einer Funktion nach ihren Parametern Null:

(A.33)  $\partial L / \partial \beta_j = 0 \quad$ für $\quad j = 1,2,\ldots,p$

Diese Eigenschaft verwendet man, um numerisch die ML-Schätzer $\underline{b}$ zu bestimmen. Dabei ist es hilfreich, die logarithmierte Likelihood-Funktion zu betrachten:

(A.34)  $\ln L = \sum\limits_{i=1}^{N} \ln L_i$

weil dadurch die folgenden mathematischen Operationen vereinfacht werden (Produkte werden zu Summen). Da es sich um eine monotone Transformation handelt, sind die Ergebnisse der Maximierung identisch.

Wir betrachten zunächst die partielle Ableitung für eine Beobachtung i und einen Parameter $\beta_j$:

(A.35)  $\partial \ln L_i / \partial \beta_j$

Dabei entsteht das Problem, daß die partielle Ableitung nach $\beta_j$ nicht direkt angegeben werden kann, da die allgemeine Dichte (2.6) nur sehr vermittelt von den Regressionsparametern $\underline{\beta}$ abhängt:

1. Sie ist zunächst eine Funktion des kanonischen Parameters $\theta$.

2. Dieser ist wiederum über Gleichung (2.7) mit der systematischen Komponente $\mu$ verknüpft.

3. Die systematische Komponente ist durch die Verbindungsfunktion (2.4) mit dem linearen Prädiktor $\eta$ verbunden, der schließlich

4. die Einflüsse $\underline{\beta}$ der unabhängigen Merkmale $x_{ij}$ (j=1,...,p) zusammenfaßt.

Dementsprechend ergibt sich die gesuchte partielle Ableitung durch eine Aneinanderreihung mehrerer Einzelableitungen:

(A.36)  $\dfrac{\partial \ln L_i}{\partial \beta_j} = \dfrac{dL_i}{d\theta_i} \; \dfrac{d\theta_i}{d\mu_i} \; \dfrac{d\mu_i}{d\eta_i} \; \dfrac{\partial \eta_i}{\partial \beta_j}$

deren Ergebnis folgende Gleichung ist:

(A.37)  $\dfrac{\partial \ln L_i}{\partial \beta_j} = \dfrac{y_i - \mu_i}{V(y_i)} \; \dfrac{d\mu_i}{d\eta_i} \; x_{ij} \quad$ mit $V(y_i) = b''(\theta_i) a(\phi)$

An der Stelle des globalen Maximums muß die Summe dieser einzelnen Ableitungen über alle Beobachtungen Null sein (vgl. Gleichung A.33 und A.34):

$$(A.38) \quad \frac{\partial \ln L}{\partial \beta_j} = \sum_{i=1}^{N} \left\{ \frac{y_i - \mu_i}{V(y_i)} \frac{d\mu_i}{d\eta_i} \cdot x_{ij} \right\} = 0$$

Da in der Regel mehrere Regressionsparameter geschätzt werden müssen,
existiert in den meisten Fällen keine explizite Lösung der Schätzgleichungen. Man ist daher auf numerische Optimierungsverfahren angewiesen,
wie z.B. das *Verfahren von Newton und Raphson*. Es läßt sich am besten
graphisch veranschaulichen: Abbildung A.1 zeigt den Verlauf der 1. Ableitung der logarithmierten Likelihood-Funktion $\ln L'(\beta)$, wobei wir der Einfachheit halber annehmen, daß diese Funktion zunächst nur von einem Parameter
$\beta$ abhängt. Dort wo diese Kurve die X-Achse schneidet ($\ln L'(\beta)=0$), liegt
das gesuchte Maximum. Der entsprechende X-Achsen-Abschnitt $b_3$ ist der gesuchte ML-Schätzer.

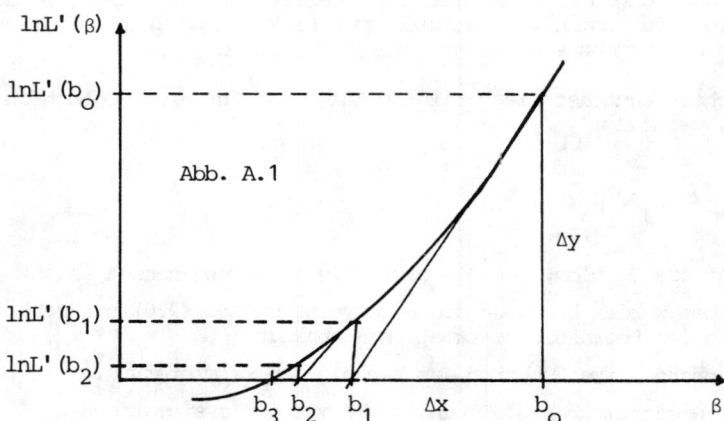

Wir beginnen die Suche nach dem Maximum mit einem beliebigen Startwert
$b_0$, der allerdings zu weit vom eigentlichen Maximum entfernt liegt. Wir
korrigieren daher unseren 1. Wert um einen Betrag $\Delta x$ und erhalten eine verbesserte Schätzung $b_1 = b_0 - \Delta x$. Diese Korrektur wird so häufig wiederholt,
bis das eigentliche Maximum erreicht ist. Entscheidend ist dabei der
Korrekturfaktor $\Delta x$. Man erhält ihn geometrisch, wenn man an der Stelle des
jeweiligen Schätzwertes $b_q$ eine Tangente an die Kurve $\ln L'(\beta)$ legt. Dort
wo die Tangente die X-Achse schneidet, findet man den neuen Schätzwert
$b_{q+1}$. Die Steigung dieser Tangenten entspricht der Ableitung der Funktion
$\ln L'(\beta)$, also der 2. Ableitung $\ln L''(\beta)$ der logarithmierten Likelihood-
Funktion. Geometrisch entspricht sie dem Quotienten $\Delta y/\Delta x$. Mit $\Delta y = \ln L'(b_q)$
ergibt sich dann der Korrekturfaktor wie folgt:

$$(A.39) \quad L''(b_q) = \frac{\Delta y}{\Delta x} = \frac{\ln L'(b_q)}{\Delta x} \qquad\qquad \Delta x = \frac{\ln L'(b_q)}{\ln L''(b_q)}$$

Die allgemeine Iterationsvorschrift lautet dann folgendermaßen:

$$(A.40) \quad b_{q+1} = b_q - \Delta x = b_q - \ln L'(b_q)/\ln L''(b_q)$$

Wenn man daher das Newton-Raphson-Verfahren anwenden möchte, benötigt man zusätzlich die 2. Ableitung der logarithmierten Likelihood-Funktion.

Die 2. partiellen Ableitungen einer Funktion ergeben sich, wenn man die 1. Ableitungen ein weiteres Mal nach jedem Parameter $\beta_j$ differenziert. Für jede der p 1. Ableitungen erhält man wieder p 2. Ableitungen. Es entsteht eine p*p-Matrix der 2. Ableitungen, deren Elemente in unserem Fall folgendermaßen aussehen:

$$(A.41) \quad \frac{\partial^2 \ln L}{\partial \beta_j \partial \beta_k} = \sum_{i=1}^{N} \left\{ \frac{-1}{V(y_i)} \left(\frac{d\mu_i}{d\eta_i}\right)^2 x_{ij} x_{ik} + (y_i - \mu_i) \frac{d^2\theta_i}{d\eta_i^2} \right\}$$

Dieser Ausdruck vereinfacht sich wesentlich, wenn man die Erwartungswerte der 2. Ableitungen betrachtet:

$$(A.42) \quad E\left\{\frac{\partial^2 \ln L}{\partial \beta_j \partial \beta_k}\right\} = \sum_{i=1}^{N} \frac{-1}{V(y_i)} \left(\frac{d\mu_i}{d\eta_i}\right)^2 x_{ij} x_{ik} \quad \text{wegen } E(y_i - \mu_i) = 0$$

Für *natürliche Link-Funktionen* kann man darüber hinaus zeigen, daß der 2. Summand in Gleichung (A.41) Null ist. In diesem Fall ist die 2. Ableitung auch analytisch gleich ihrem Erwartungswert.

Wir setzen den Erwartungswert der Funktion lnL''($\beta$) in die obige Iterationsvorschrift (A.40) ein und formen sie gleichzeitig so um, daß die folgenden Matrizengleichungen besser angewendet werden können:

$$(A.43) \quad -E\{\ln L''(b_q)\}(b_{q+1} - b_q) = \ln L'(b_q)$$

Diese Iterationsvorschrift ist auch als *Scoring-Methode von Fisher* bekannt. Ihr einziger Unterschied ist, daß sie die Erwartungswerte statt die exakten 2. Ableitungen verwendet. In unserem Fall reduziert sich dieses Vorgehen auf eine iterative gewichtete Regression. Um das zu beweisen, definieren wir für jede Beobachtung ein Gewicht $w_i$ wie folgt:

$$(A.44) \quad w_i = \frac{1}{V(y_i)} \left(\frac{d\mu_i}{d\eta_i}\right)^2$$

Außerdem berechnen wir für jede Beobachtung eine Variable $r_i$, die folgendermaßen aussieht:

$$(A.45) \quad r_i = (y_i - \mu_i) \frac{d\eta_i}{d\mu_i}$$

Mit diesen beiden Variablen lassen sich die Gleichungen (A.37) und (A.42) für die 1. und 2. Ableitungen etwas einfacher schreiben. Für die partielle Ableitung der logarithmierten Likelihood-Funktion nach dem Parameter $\beta_j$ ergibt sich für Beobachtung i folgender Wert $a_{ij}$:

$$(A.46) \quad a_{ij} = x_{ij} \frac{1}{V(y_i)} \left(\frac{d\mu_i}{d\eta_i}\right)^2 (y_i - \mu_i) \frac{d\eta_i}{d\mu_i}$$

$$= x_{ij} \, w_i \, r_i$$

Der Vektor der j=1,...,p Ableitungen für alle N Beobachtungen entspricht dann folgendem Matrizenprodukt:

$$(A.47) \quad \ln L'(\underline{b}_q) = \underline{X}' \, \underline{W}_q \, \underline{r}_q$$

In ähnlicher Weise läßt sich der Wert $b_{ijk}$ einer 2. partiellen Ableitung für eine Beobachtung vereinfachen:

$$(A.48) \quad b_{ijk} = - x_{ij} \, w_i \, x_{ik}$$

Die p*p-Matrix aller 2. Ableitungen für alle N Beobachtungen entspricht folgendem Matrizenprodukt ($\underline{W}$ ist eine N*N-Diagonalmatrix mit den Gewichten (A.44) auf der Diagonalen):

$$(A.49) \quad E\{\ln L''(\underline{b}_q)\} = - \underline{X}' \, \underline{W}_q \, \underline{X}$$

Nun können wir die obige Iterationsvorschrift (A.43) auch für alle p Parameter in Matrizenschreibweise angeben:

$$(A.50) \quad \underline{X}' \, \underline{W}_q \, \underline{X} \, (\underline{b}_{q+1} - \underline{b}_q) = \underline{X}' \, \underline{W}_q \, \underline{r}_q$$

Nach einigen Umformungen erhalten wir die bekannte Schätzgleichung (3.1):

$$(A.51) \quad \underline{b}_{q+1} = (\underline{X}' \, \underline{W}_q \, \underline{X})^{-1} \, \underline{X}' \, \underline{W}_q \, (\underline{X} \, \underline{b}_q + \underline{r}_q)$$

$$= (\underline{X}' \, \underline{W}_q \, \underline{X})^{-1} \, \underline{X}' \, \underline{W}_q \, (\underline{\eta}_q + \underline{r}_q)$$

$$= (\underline{X}' \, \underline{W}_q \, \underline{X})^{-1} \, \underline{X}' \, \underline{W}_q \, \underline{y}_q$$

Voraussetzung für diese Umformungen ist allerdings, daß die Matrix $\underline{X}$ vollen

Spaltenrang hat, sonst ist die Invertierung nicht möglich. Die Gewichtsmatrix $\underline{W}$ bereitet dabei keine Probleme, da es sich um eine Diagonal-
matrix handelt, die immer invertierbar ist. Man beachte außerdem, daß
sich die *inverse Informationsmatrix* als Nebenprodukt des Schätzalgorithmus ergibt.

## GRUNDZÜGE DES GSK-ANSATZES

GRIZZLE, STARMER und KOCH (1969) haben eine Methode beschrieben, mit der
man Hypothesen und Erklärungen für multivariate Zusammenhänge nicht-me-
trischer Variablen testen kann. Sie verwenden zu diesem Zweck lineare
Regressionsmodelle und gewichtete Kleinste-Quadrate-Schätzungen (WLS).

Wir betrachten eine diskrete Zielvariable mit r Ausprägungen, deren
Häufigkeiten für s voneinander unabhängige Subgruppen bekannt sind. Aus-
gangspunkt der folgenden Berechnung ist also eine s*r-Tabelle mit den
Häufigkeiten $n_{ij}$. Die Summe aller Häufigkeiten pro Zeile entspricht der
Gesamthäufigkeit $n_i$ der jeweiligen Subgruppe. Mit diesen Angaben können
wir die Zeilenprozente $p_{ij}$ der Tabelle berechnen, die pro Subgruppe den
Anteil jeder Ausprägung der Zielvariablen angeben. Die Matrix $\underline{P}$ dieser
bedingten Prozentsätze sieht folgendermaßen aus:

$$(A.52) \qquad \underline{P} = \begin{bmatrix} p_{11} & p_{12} & \cdots & p_{1r} \\ p_{21} & p_{22} & \cdots & p_{2r} \\ \vdots & \vdots & & \vdots \\ p_{s1} & p_{s2} & \cdots & p_{sr} \end{bmatrix}$$

Innerhalb einer Subgruppe wird die Verteilung der Anteilswerte durch
eine Multinomialverteilung beschrieben. Die Varianz-Kovarianz-Matrix $\underline{V}_i$
der Anteilswerte lautet daher für eine Subgruppe i:

$$(A.53) \qquad \underline{V}_i = \frac{1}{n_i} \begin{bmatrix} \pi_{i1}(1-\pi_{i1}) & \pi_{i1}\pi_{i2} & \cdots & \pi_{i1}\pi_{ir} \\ \pi_{i2}\pi_{i1} & \pi_{i2}(1-\pi_{i2}) & \cdots & \pi_{i2}\pi_{ir} \\ \vdots & \vdots & & \vdots \\ \pi_{ir}\pi_{i1} & \pi_{ir}\pi_{i2} & \cdots & \pi_{ir}(1-\pi_{ir}) \end{bmatrix}$$

$\pi_{ij}$ sei dabei der Erwartungswert des Anteilswertes $p_{ij}$.

Für die praktische Datenanalyse faßt man alle Anteilswerte als einen
langen Spaltenvektor $\underline{p}$ auf. Dazu werden die s Zeilen der Matrix $\underline{P}$ transpo-
niert und aufeinandergestellt:

(A.54)  $\underline{p}' = \begin{bmatrix} p_{11} & p_{12} & \cdots & p_{1r} & p_{21} & p_{22} & \cdots & p_{2r} & \cdots & p_{s1} & p_{21} & \cdots & p_{sr} \end{bmatrix}$

Da die einzelnen Subgruppen voneinander unabhängig sind, hat die dazuge-
hörende Varianz-Kovarianz-Matrix blockdiagonale Form:

(A.55)

$$\underline{V} = \begin{bmatrix} \underline{V}_1 & O & \cdots & O \\ O & \underline{V}_2 & \cdots & O \\ \vdots & \vdots & & \vdots \\ O & O & & \underline{V}_s \end{bmatrix} \quad \text{mit } V_i \text{ definiert in (A.53)}$$

Sind die einzelnen Subgruppen hinreichend groß (vgl. die Approximationsregel in Abschnitt 4.2.2.1), dann ist der Vektor $\underline{p}$ näherungsweise normalverteilt:

(A.56)  $\underline{p} \sim N(\underline{\pi}, \underline{V})$

Da die wahren Anteile $\underline{\pi}$ unbekannt sind, werden sie durch $\underline{p}$ geschätzt.

Bei der eigentlichen Auswertung betrachtet man niemals alle Anteilswerte
$\underline{p}$. Wir haben z.B. den Anteil der 1. Ausprägung der Zielvariablen in jeder
Subgruppe betrachtet. Andere Möglichkeiten sind die Logits der Anteilswerte.
Man untersucht also eine Funktion $F(\underline{p})$ der ursprünglichen Anteilswerte und
der allgemeine GSK-Ansatz läßt beliebige Funktionen zu, von denen wir im Text
nur einen ganz kleinen Ausschnitt betrachtet haben. Eine solche Funktion
$F(\underline{p})$ läßt sich mathematisch besonders elegant durch Matrizenoperationen erzeugen:

(A.57)  $F(\underline{p}) = \underline{A}\, \underline{p}$

Die folgende Matrix $\underline{A}$ wählt z.B. die $(r-1)$ ersten Anteilswerte pro Subgruppe
für eine GSK-Analyse aus (bei einer dichotomen Zielvariablen wäre das gerade
der 1. Anteilswert):

(A.58)

$$\underline{A} = \begin{bmatrix} \underline{A}_1 & O & \cdots & O \\ O & \underline{A}_2 & \cdots & O \\ \vdots & \vdots & & \vdots \\ O & O & \cdots & \underline{A}_s \end{bmatrix} \quad \begin{array}{l} \text{mit } \underline{A}_1 = \\[4pt] (r{-}1{*}r\text{-Matrix}) \end{array} \quad \begin{bmatrix} 1 & O & \cdots & O \\ O & 1 & \cdots & O \\ \vdots & \vdots & & \vdots \\ O & O & \cdots & 1 \end{bmatrix}$$

Für die Logits der Anteilswerte sind mehrere Matrizenoperationen notwendig.
Damit man nun Hypothesen über diese neu gewonnene Zielvariable testen kann,
muß man die Varianz-Kovarianz-Matrix $\underline{V}_F$ der Funktion $F(\underline{p})$ kennen.

Auch diese Frage läßt sich einfach beantworten, denn die gesuchte Matrix ergibt sich auf Grund der Varianz-Kovarianz-Matrix $\underline{V}$ der Anteilswerte und der Transformationsmatrix $\underline{A}$:

(A.59)   $\underline{V_F} = \underline{A}\ \underline{V}\ \underline{A}'$

Für den Vektor der linearen Funktionen gilt daher exakt:

(A.60)   $F(\underline{p})\ \sim\ N\ (\underline{A}\ \underline{\pi},\ \underline{A}\ \underline{V}\ \underline{A}')$

Wenn man für die Transformation (A.57) mehrere Matrizenoperationen verwendet hat, in denen vor allem nicht-lineare Funktionen vorkommen (z.B. der Logarithmus), ist die Lage etwas komplizierter: Wir nehmen an, daß der solchermaßen gebildete Vektor $F(\underline{p})$ zweimal differenzierbar ist. Die Ableitung jedes Elementes $f_i$ dieses Vektors nach jedem Anteilswert $p$ schreiben wir in eine Matrix $\underline{H}$. Sie hat genauso viele Zeilen und Spalten wie Funktionswerte $f_i$ und Anteilswerte pro Subgruppe existieren. Durch Anwendung eines bekannten Näherungsverfahrens *(Delta-Methode)* läßt sich jetzt die Varianz-Kovarianz-Matrix $\underline{V_F}$ der nicht-linearen Funktionen wie folgt angeben:

(A.61)   $\underline{V_F} = \underline{H}\ \underline{V}\ \underline{H}'$

Gleichung (A.60) gilt dementsprechend:

(A.62)   $F(\underline{p})\ \sim\ N(\underline{H}\ \underline{\pi},\ \underline{H}\ \underline{V}\ \underline{H}')$

Nachdem bekannt ist, wie die Funktion der Anteilswerte $F(\underline{p})$ und ihre Varianz-Kovarianz-Matrix $\underline{V_F}$ (entweder exakt oder näherungsweise) bestimmt werden, geht es im nächsten Schritt darum, die neu berechnete Zielvariable $F(\underline{p})$ durch die unabhängigen Merkmale $\underline{X}$ zu erklären. GRIZZLE, STARMER und KOCH verwenden ein lineares Regressionsmodell:

(A.63)   $F(\underline{p}) = \underline{X}\ \underline{\beta}$

Unter der Voraussetzung, dieses Modell paßt, kann die Verteilungsannahme (A.60) bzw. (A.62) wie folgt umformuliert werden:

(A.64)   $F(\underline{p})\ \sim\ N(\underline{X}\ \underline{\beta},\ \underline{V_F})$

Durch eine gewichtete Regression erhält man einen BAN-Schätzer der unbekannten Regressionsparameter $\underline{\beta}$:

$$(A.65) \quad \underline{b} = (\underline{X}' \, \underline{V}_F^{-1} \, \underline{X})^{-1} \, \underline{X}' \, \underline{V}_F^{-1} \, F(\underline{p})$$

Diese WLS-Schätzer sind wiederum näherungsweise normalverteilt:

$$(A.66) \quad b \sim N(\underline{\beta}, \, (\underline{X}' \, \underline{V}_F^{-1} \, \underline{X})^{-1})$$

so daß spezielle Hypothesen mit Hilfe linearer Kontraste getestet werden
können. Der Modellfit kann mit Hilfe der in Abschnitt 4.2.2.1 besprochenen
*Wald-Statistik* geprüft werden (s. auch die dortigen Literaturhinweise).

Die WLS-Schätzung (A.65) entspricht exakt der Schätzgleichung (A.51).
Durch eine geeignete Gewichtung und die Annahme einer normalverteilten Zielvariablen kann man also den GSK-Ansatz auch in GLIM umsetzen. Für die im Text
besprochenen Spezialfälle (1. Anteilswert bzw. Logit eines dichotomen Merkmals) kann man zeigen, daß die Elemente der invertierten Matrix $\underline{V}_F$ genau den
Gewichten (4.10) und (4.12) entsprechen. Die einzige Schwierigkeit ist, daß
im allgemeinen Fall $\underline{V}_F$ eine blockdiagonale Matrix ist, während in GLIM für
$W$ nur diagonale Matrizen vorgesehen sind. Das hat die praktische Konsequenz,
daß in GLIM nur dichotome Zielvariablen durch eine gewichtete Regression
untersucht werden können.

Für polytome Zielvariablen und beliebige Funktionen kann man sich nur durch
eine Transformation der ursprünglichen Daten behelfen. Man verwendet dazu eine
*Cholesky-Zerlegung* der Varianz-Kovarianz-Matrix $\underline{V}_F$. Sie sieht folgendermaßen
aus:

$$(A.67) \quad \underline{V}_F^{-1} = (\underline{V}^{-\frac{1}{2}})' \, (\underline{V}^{-\frac{1}{2}})$$

Wenn man die abhängige Variable $F(\underline{p})$ und die unabhängigen Merkmale $\underline{X}$ mit
dieser Matrix transformiert:

$$(A.68) \quad \underline{q} = \underline{V}^{-\frac{1}{2}} \, F(\underline{p}) \quad \text{und} \quad \underline{Z} = \underline{V}^{-\frac{1}{2}} \, \underline{X}$$

und eine gewöhnliche OLS-Schätzung (vgl. Gleichung 2.11) mit diesen transformierten Daten vornimmt, erhält man wegen (A.67) exakt die gesuchte WLS-
Schätzung:

$$(A.69) \quad \underline{b} = (\underline{Z}' \, \underline{Z})^{-1} \, \underline{Z} \, \underline{q}$$

$$= (\underline{X}' (\underline{V}^{-\frac{1}{2}})' \, \underline{V}^{-\frac{1}{2}} \, \underline{X})^{-1} \, \underline{X}' (\underline{V}^{-\frac{1}{2}})' \, \underline{V}^{-\frac{1}{2}} \, F(\underline{p})$$

$$= (\underline{X}' \, \underline{V}_F^{-1} \, \underline{X})^{-1} \, \underline{X}' \, \underline{V}_F^{-1} \, F(\underline{p})$$

Man kann sich aber vorstellen, daß diese Datentransformation mit einem
Programm ohne Matrizenoperationen sehr aufwendig ist.

# DATENANHANG

```
$SUBFILE AGGR  !  ********** AGGREGIERTE DATEN **********
$VARIATE NIJK BESCH DQUAL $FACTOR ART 3 TQUAL 4 WIRT 10
$DATA NIJK ART TQUAL WIRT BESCH DQUAL $READ
```

| NIJK | ART | TQUAL | WIRT | BESCH | DQUAL | NIJK | ART | TQUAL | WIRT | BESCH | DQUAL |
|---|---|---|---|---|---|---|---|---|---|---|---|
| 9 | 1 | 1 | 1 | 62.778 | 8.000 | 4 | 1 | 1 | 2 | 71.500 | 8.000 |
| 123 | 1 | 1 | 3 | 98.553 | 8.000 | 29 | 1 | 1 | 4 | 88.138 | 8.000 |
| 53 | 1 | 1 | 5 | 119.604 | 8.000 | 55 | 1 | 1 | 6 | 85.945 | 8.000 |
| 3 | 1 | 1 | 7 | 130.333 | 8.000 | 7 | 1 | 1 | 8 | 95.000 | 8.000 |
| 15 | 1 | 1 | 9 | 134.467 | 8.000 | 18 | 1 | 1 | 10 | 131.444 | 8.000 |
| 36 | 1 | 2 | 1 | 73.056 | 11.194 | 23 | 1 | 2 | 2 | 65.000 | 11.130 |
| 652 | 1 | 2 | 3 | 103.414 | 11.144 | 137 | 1 | 2 | 4 | 113.423 | 10.949 |
| 183 | 1 | 2 | 5 | 126.874 | 10.546 | 145 | 1 | 2 | 6 | 100.331 | 10.524 |
| 31 | 1 | 2 | 7 | 135.065 | 10.161 | 77 | 1 | 2 | 8 | 118.403 | 10.584 |
| 94 | 1 | 2 | 9 | 140.660 | 11.500 | 245 | 1 | 2 | 10 | 176.641 | 10.498 |
| 4 | 1 | 3 | 1 | 89.500 | 11.000 | 7 | 1 | 3 | 2 | 79.000 | 11.857 |
| 228 | 1 | 3 | 3 | 116.654 | 12.272 | 20 | 1 | 3 | 4 | 134.900 | 12.500 |
| 198 | 1 | 3 | 5 | 118.924 | 11.929 | 77 | 1 | 3 | 6 | 109.325 | 11.701 |
| 110 | 1 | 3 | 7 | 132.091 | 12.309 | 8 | 1 | 3 | 8 | 137.625 | 12.875 |
| 56 | 1 | 3 | 9 | 140.857 | 12.429 | 150 | 1 | 3 | 10 | 184.740 | 11.833 |
| 4 | 1 | 4 | 1 | 89.000 | 15.500 | 6 | 1 | 4 | 2 | 97.667 | 16.000 |
| 160 | 1 | 4 | 3 | 141.144 | 15.375 | 25 | 1 | 4 | 4 | 147.400 | 15.400 |
| 14 | 1 | 4 | 5 | 121.857 | 15.571 | 23 | 1 | 4 | 6 | 113.304 | 15.174 |
| 14 | 1 | 4 | 7 | 158.143 | 16.143 | 161 | 1 | 4 | 9 | 130.609 | 16.404 |
| 56 | 1 | 4 | 10 | 208.286 | 15.429 | 10 | 2 | 1 | 1 | 62.000 | 8.000 |
| 1 | 2 | 1 | 2 | 50.000 | 8.000 | 33 | 2 | 1 | 3 | 100.000 | 8.000 |
| 48 | 2 | 1 | 4 | 66.063 | 8.000 | 8 | 2 | 1 | 5 | 116.000 | 8.000 |
| 10 | 2 | 1 | 6 | 84.400 | 8.000 | 2 | 2 | 1 | 8 | 113.000 | 8.000 |
| 1 | 2 | 1 | 9 | 120.000 | 8.000 | 3 | 2 | 1 | 10 | 112.000 | 8.000 |
| 23 | 2 | 2 | 1 | 64.739 | 10.391 | 12 | 2 | 2 | 2 | 68.000 | 10.000 |
| 244 | 2 | 2 | 3 | 99.885 | 10.168 | 97 | 2 | 2 | 4 | 91.567 | 10.196 |
| 63 | 2 | 2 | 5 | 116.381 | 10.238 | 109 | 2 | 2 | 6 | 83.826 | 10.147 |
| 2 | 2 | 2 | 7 | 134.000 | 10.000 | 15 | 2 | 2 | 8 | 112.000 | 10.400 |
| 18 | 2 | 2 | 9 | 121.667 | 10.500 | 45 | 2 | 2 | 10 | 122.400 | 10.622 |
| 2 | 2 | 3 | 1 | 62.000 | 11.000 | 2 | 2 | 3 | 2 | 77.000 | 11.000 |
| 37 | 2 | 3 | 3 | 101.622 | 11.730 | 15 | 2 | 3 | 4 | 86.400 | 11.267 |
| 19 | 2 | 3 | 5 | 125.474 | 11.842 | 16 | 2 | 3 | 6 | 90.688 | 11.250 |
| 3 | 2 | 3 | 7 | 115.000 | 11.000 | 5 | 2 | 3 | 8 | 99.400 | 12.000 |
| 7 | 2 | 3 | 9 | 117.714 | 12.571 | 61 | 2 | 3 | 10 | 144.639 | 11.738 |
| 1 | 2 | 4 | 2 | 106.000 | 17.000 | 17 | 2 | 4 | 3 | 123.765 | 15.471 |
| 5 | 2 | 4 | 4 | 112.200 | 15.000 | 5 | 2 | 4 | 5 | 106.400 | 15.800 |
| 2 | 2 | 4 | 6 | 97.000 | 15.000 | 1 | 2 | 4 | 7 | 140.000 | 17.000 |
| 16 | 2 | 4 | 9 | 131.063 | 16.125 | 27 | 2 | 4 | 10 | 130.704 | 15.444 |
| 1 | 3 | 1 | 1 | 63.000 | 8.000 | 6 | 3 | 1 | 2 | 59.000 | 8.000 |
| 12 | 3 | 1 | 3 | 100.000 | 8.000 | 12 | 3 | 1 | 4 | 104.250 | 8.000 |
| 3 | 3 | 1 | 5 | 168.000 | 8.000 | 2 | 3 | 1 | 7 | 122.500 | 8.000 |

```
    3  3  1   9  126.333   8.000    6  3  1  10  122.833   8.000
    4  3  2   1   63.000  12.500   25  3  2   2   56.760  10.120
  162  3  2   3   99.679  10.296  117  3  2   4   99.162  10.103
   60  3  2   5  122.600  10.467  116  3  2   6   83.672  10.190
    6  3  2   7  119.000  11.167   18  3  2   8  100.722  10.278
   40  3  2   9  134.450  10.600   46  3  2  10  117.043  10.261
    4  3  3   2   71.500  12.250   53  3  3   3   88.358  11.925
   10  3  3   4  126.400  12.000   40  3  3   5  155.975  11.750
   12  3  3   6  114.583  12.333   16  3  3   7  129.875  12.813
    2  3  3   8  115.500  12.000   20  3  3   9  152.700  11.900
    7  3  3  10  172.286  11.571    2  3  4   2  106.000  15.000
   40  3  4   3  139.225  15.850    7  3  4   4  159.143  15.571
   12  3  4   5  121.333  16.000    2  3  4   6  109.500  16.000
    4  3  4   7  137.000  16.500    2  3  4   8  111.500  14.000
   69  3  4   9  142.565  16.072    2  3  4  10  207.000  16.000
$RETURN   !  ***********************************************
```

# MACROANHANG

```
$SUBFIL FIT ! ********** MODELLFIT-MACROS **********

$C       %R MULTIPLER/ PARTIELLER F-WERT
         %S DELTA-DF
         %T DELTA-DEVIANZ
         %U MULTIPLES/ PARTIELLES B
         %V PRD-KOEFFIZIENT
         %W DEVIANZ VERGLEICHSMODELL
         %X FREIHEITSGRADE VERGLEICHSMODELL
         %Y DEVIANZ NULLMODELL
         %Z FREIHEITSGRADE NULLMODELL

$MACRO  NULL !                           +++ NULL MODELL +++
$FIT    $DIS ME
$CALCU  %Y = %DV : %Z = %DF
$ENDMAC

$MACRO  VERG !                           +++ VERGLEICHSMODELL +++
$PRINT  'VERGLEICHSMODELL'
$DIS    M
$CALCU  %W = %DV : %X = %DF
$ENDMAC
```

```
$MACRO  MFIT !                              +++ GLOBALER (MULTIPLER) FIT +++
$CALCU  %U = 1 - %DV/%Y :
        %T = %Y - %DV :
        %S = %Z - %DF :
        %R = (%T/%S) / (%DV/%DF)
$PRINT  'MULTIPLES F (DF1/DF2)=' %R ' (' %S '/' %DF ')' :
        'DELTA-DEVIANZ (SSR)=  ' %T :
        'DELTA-DF=             ' %S :
        'MULTIPLES B=          ' %U $
$ENDMAC


$MACRO  PFIT !                              +++ PARTIELLER FIT +++
$CALCU  %T = %DV - %W :
        %S = %DF - %X :
        %R = (%T/%S) / (%W/%X) :
        %U = %T/%Y :
        %V = %T/%DV :
$PRINT  'PARTIELLES F (DF1/DF2)=' %R ' (' %S '/' %X ')' :
        'DELTA-DEVIANZ (SSX)=  ' %T :
        'DELTA-DF=             ' %S :
        'PARTIELLES B=         ' %U :
        'PRD-KOEFFIZIENT=      ' %V $
$ENDMAC


$MACRO  DELF !                              +++ DELETE FIT-MACROS +++
$DELETE %R %S %T %U %V %W %X %Y %Z NULL VERG MFIT PFIT
$ENDMAC
$RETURN ! ****************************************


$SUBFIL WLS ! *********** WLS-MACROS ***********


$C      %1 HAEUFIGKEIT DER 1. AUSPRAEGUNG
        %2 GESAMTHAEUFIGKEIT
        %3 ANTEILSWERT
        %4 GEWICHT


$MACRO  WLIN !                              +++ WLS: LINEARES MODELL +++
$CALCU  %3= (%1+0.5*%EQ(%1,0)) / (%2+0.5*%EQ(%1,0)+0.5*%EQ(%1,%2)):
        %4 = (%2 + 0.5*%EQ(%1,0) + 0.5*%EQ(%1,%2)) / (%3 * (1-%3))
$WEIGHT %4
$YVAR   %3 $ERR N $SCALE 1
$ENDMAC
```

```
$MACRO  WLOG !                           +++ WLS: LOGIT MODELL +++
$CALCU  %3= (%1+0.5*%EQ(%1,0)) / (%2+0.5*%EQ(%1,0)+0.5*%EQ(%1,%2)):
        %4= (%2+0.5*%EQ(%1,0)+0.5*%EQ(%1,%2)) * %3 * (1-%3):
        %3= %LOG(%3 / (1-%3))
$WEIGHT %4
$YVAR   %3 $ERR N $SCALE 1
$ENDMAC

$MACRO  DELW !                          +++ DELETE WLS-MACROS +++
$DELETE WLIN WLOG
$SCALE
$WEIGHT
$ENDMAC
$RETURN ! *****************************************

$SUBFIL MANA ! **********  DATENMANIPULATIONS-MACROS  **********

$MACRO  AGGR !                              +++ AGGREGATE +++
$C      %1 AGGREGIERTER VEKTOR
        %2 VEKTOR DER AUSGANGSDATEN
        %3 LAENGE DES AGGREGIERTEN VEKTORS
        POIN  MAKRO ZUR BERECHNUNG DES POINTERS

$VARIA  %3 %1
$CALCU  %1=0 : %1(?POIN) = %1(?POIN) + %2
$ENDMAC

$MACRO  UMKO !                  +++ UMKODIERUNG EINES FAKTORS +++
$C      %1 UMKODIERTER VEKTOR
        %2 AUSGANGSVEKTOR (FACTOR)
        %3 ANZAHL DER AUSPRAEGUNGEN DES UMKODIERTEN VEKTORS
        RECODE   VEKTOR MIT NEUEN AUSPRAEGUNGEN
$FACTOR %1 %3
$CALCU  %1 = RECODE(%2)
$ENDMAC

$MACRO  CLASS            +++ KLASSIFIKATION EINER KOVARIATE +++
$C      %1 KLASSIFIZIERTER VEKTOR
        %2 AUSGANGSVEKTOR (KOVARIATE)
        %3 ANZAHL DER INTERVALLE
$FACTOR %1 %3 $CALCULATE %1= %3+1
$ARGUM  CLO1 %1 %2 %3
$WHILE  %3 CLO1
$ENDMAC
```

```
$MACRO   CLO1
$C       %1 KLASSIFIZIERTER VEKTOR
         %2 AUSGANGSVEKTOR (KOVARIATE)
         %3 LAUFENDE NR. DES INTERVALLS
         RECODE  VEKTOR MIT OBEREN INTERVALLGRENZEN
$CALCU   %1= %3*%LT(%2,RECODE(%3)) + %1*%GE(%2,RECODE(%3))
$CALCU   %3= %3 - 1
$ENDMAC


$MACRO   STRETCH !                            +++ STRETCH VECTOR +++
!                                             (VGL. GLIM-MANUAL)
$C       %1 KUERZERER VEKTOR
         %2 LAENGERER VEKTOR
         COND MAKRO MIT DER ZUWEISUNGSBEDINGUNG
$CALCU   %2 = %1(?COND*%CU(?COND))
$ENDMAC


$MACRO   COLLAPSE !                           +++ COLLAPSE VECTOR +++
!                                             (VGL. GLIM-MANUAL)
$C       %1 LAENGERER VEKTOR
         %2 KUERZERER VEKTOR
         %3 SCALAR FUER TEMPORAERE SPEICHERUNG
         COND MAKRO MIT DER ZUWEISUNGSBEDINGUNG

$CALCU   %3 = %CU(?COND)
$VARIA   %3 %2
$CALCU   %2(?COND*%CU(?COND)) = %1
$ENDMAC


$MACRO   COND !                            --- BEISPIEL ---
!        ES WERDEN FAELLE MIT EINEM ABSTIEG AUSGEWAEHLT (ART=2)
         %EQ(ART,2)
$ENDMAC
$RETURN ! *******************************************
```

# GLIM: KOMMANDOÜBERSICHT


Programmversion            .....

**Sonderzeichen** (Zeichen im Text in Klammern)

Befehlszeichen             ..... ($)
Wiederholungszeichen       ..... (:)
Funktionszeichen           ..... (%)
Ersetzungszeichen          ..... (#)
Zeilenendezeichen          ..... (!)
Anführungsstrich           ..... (')
größte ganze Zahl          .....


**Ein- und Ausgabekanäle**

Standardeingabe            .....
Standardausgabe            .....
Dump                       .....
sonstige                   .....


**Systemspezifische Skalare**

%A, %B,... %Z     einfache Skalare
%JN     Jobnummer
%NU     Anzahl der Beobachtungen
%DV     skalierte Devianz nach $FIT
%DF     Freiheitsgrade nach 1. Iterationszyklus
%X2     verallgemeinertes (Pearson) Chi-Quadrat
%SC     Skalenparameter (durchschnittliche Devianz)
%CL     aktuelle Ebene des Stacks
%ML     Anzahl der Elemente der Varianz-Kovarianz-Matrix
%PL     Anzahl (unabhängig voneinander) schätzbarer Parameter
%PI     Kreiszahl $\pi$


**Systemspezifische Vektoren** (Länge in Klammern)

%FV     Modellprognosen (%NU)
%LP     linearer Prädiktor (%NU)
%WT     iterative Gewichte (%NU)
%WV     Arbeitsvektor (%NU)
%YV     Zielvariable (%NU)

| %BD | Auswahlumfang für binomialverteilte Zufallsvariablen (%NU) |
|-----|-----------------------------------------------------------|
| %PW | (a priori) bekannte Gewichte (%NU) |
| %OS | Offset (%NU) |
| %DR | Ableitung der Verbindungsfunktion (%NU) |
| %VA | Varianzfunktion (%NU) |
| %DI | Beitrag jeder Beobachtung zur Gesamtdevianz (%NU) |
| %GM | Grand Mean (%NU) |
| %VC | Varianz-Kovarianz-Matrix (nur über $EXTRACT) (%ML) |
| %PE | Parameterschätzungen (nur über $EXTRACT) (%PE) |
| %VL | Varianz des linearen Prädiktors (nur über $EXTRACT) (%NU) |
| %RE | Maske für $PLOT und $DISPLAY (%NU) |

**Funktionen:** X und Y sind entweder Variablen oder Skalare. k und n sind ganze Zahlen.

| %ANG(X) | Angulartransformation [arcsin( sqrt X)] |
|---------|------------------------------------------|
| %EXP(X) | Exponentialfunktion [exp X] |
| %LOG(X) | natürlicher Logarithmus [ln X] |
| %SIN(X) | Sinusfunktion [sin X] |
| %SQRT(X) | Quadratwurzel [sqrt X] |
| %NP(X) | Integral der Normalverteilung von $-\infty$ bis X |
| %ND(X) | standardnormalverteilte Zufallsvariable Z mit Wahrscheinlichkeit X (Umkehrung von %NP) [0 < X < 1] |
| %TR(X) | ganzzahliger Teil von X (Rundung zur nächstkleineren ganzen Zahl) |
| %GL(k,n) | erzeugt diskrete Ausprägungen 1-k, die sich jeweils n-mal wiederholen |
| %SR(n) | Standard-Zufallszahlengenerator im Intervall [0,1] |
| %LR(n) | lokaler Zufallszahlengenerator im Intervall [0,1] |
| %LT(X,Y) | 1, wenn X kleiner als Y, sonst 0 |
| %LE(X,Y) | 1, wenn X kleiner gleich Y, sonst 0 |
| %EQ(X,Y) | 1, wenn X gleich Y, sonst 0 |
| %NE(X,Y) | 1, wenn X ungleich Y, sonst 0 |
| %GE(X,Y) | 1, wenn X größer gleich Y, sonst 0 |
| %GT(X,Y) | 1, wenn X größer als Y, sonst 0 |
| %IF(expr,X,Y) | X, wenn logischer Ausdruck (expr) wahr, sonst Y |

**Arithmetische Operatoren** (in der Reihenfolge ihrer Bearbeitung)

| ** | Exponentiation (zuerst) |
|----|--------------------------|
| / | Division |
| * | Multiplikation |
| - | Subtraktion |
| + | Addition |
| = | Zuweisung (zuletzt) |

**Schreibweise der Befehle und Namen**

Nur die ersten vier Zeichen eines Namens werden interpretiert. Befehle
beginnen mit dem Befehlszeichen. Sie können in einigen Fällen weiter abgekürzt werden (s. unterstrichener Teil des jeweiligen Befehls). Befehle und
Befehlsspezifikationen müssen durch mindestens ein Freizeichen oder durch
Zeilenschaltung voneinander getrennt sein. $SUBFILE oder $FINISH - falls sie
verwendet werden - müssen die ersten Befehle einer Befehlszeile sein. Der
Text, der auf die Befehle $FORMAT, $END, $FINISH oder $RETURN folgt, wird
ignoriert. In der folgenden Zusammenfassung werden folgende Abkürzungen
verwendet: ganze Zahl (int), Name (id), Spezifikation (item), arithm. Ausdruck (expr), Text (text), Buchstabe (letter), Vektor (vector), reelle Zahl
(number), Skalar (scalar), Macro (macro). Angaben in eckigen Klammern sind
optional.


**Befehle**

| | |
|---|---|
| $ACCURACY int | Anzahl int der Ziffern, die ausgedruckt werden |
| $ALIAS | Aliasing ja/ nein |
| $ARGUMENT macro items | Aktuelle Argumente eines Macros setzen |
| $CALCULATE expr | Berechne einen arithmetischen Ausdruck |
| $COMMENT text | Kommentar |
| $CYCLE [int1 [int2]] | Anzahl der Iterationszyklen int1 (Ausgabe der Devianz alle int2-mal) |
| $DATA [int] id's | Variablenliste für $READ oder $DINPUT (int := Länge der nicht deklarierten Vektoren) |
| $DELETE id's | Lösche Datenstruktur(en) |
| $DINPUT int1 [int2] | Lese Daten von Kanal int1 (int2 := Anzahl der Zeichen eines Eingabesatzes) |
| $DISPLAY letters | Anzeige der Ergebnisse eines Modellfits (letters := {A C D E L M R S T U V W}) |
| $DUMP [int] | Speichert aktuellen Programmstatus auf dem Kanal int |
| $ECHO | Protokoll der Programmeingaben ja/ nein |
| $EDIT [int1 [int2]] vectors numbers | Korrektur einzelner Elemente (Element int1 bis int2) von Vektoren durch Eingabe neuer Werte numbers |
| $END | Ende eines GLIM-Jobs |
| $ENDMACRO | Ende eines Macros |
| $ENVIRONMENT letters | Information über aktuellen Zustand des Programms (letters := {C D I R P S U}) |
| $ERROR letter [id] | Verteilungsannahme (B := Binomial, N := Normal, P := Poisson, G := Gamma). Auswahlumfang id nur für Binomialverteilung |
| $EXIT [int] | Gehe int Ebenen des program-control-stacks zurück |

| | |
|---|---|
| $EXTRACT id's | Bereitstellung der Systemvektoren %VC, %PE, %VL |
| $FACTOR [int1]  id int2 | Deklaration eines Faktors der Länge int1 mit int2 Ausprägungen. Mehrere Faktoren: [id int2] entsprechend wiederholen. |
| $FINISH | End-of-File-Marke für Befehlsdatei mit Subfiles |
| $FIT text | Schätze ein GL-Modell. text := Modellformel |
| $FORMAT | Eingabe eines Datenformats. Auf der nächsten Eingabezeile folgt entweder FREE (freiformatige Eingabe) oder ein gültiges FORTRAN-Format. |
| $HELP | Ausführliche Fehlermeldungen ja/ nein |
| $INPUT int1 [int2] [id's] | Einlesen von Befehlen (Subfiles id's) von Kanal int1 (int2 := Länge der Eingabezeilen auf Kanal int1). |
| $LINK letter [number] | Verbindungsfunktion (letter := {C E G I L P R S}) |
| $LOOK [int1 [int2]] id's | Ausgabe von Vektoren (Element int1 bis int2) oder Skalaren |
| $LSEED [int1 [int2 [int3]]] | Startwerte für lokalen Zufallszahlengenerator setzen |
| $MACRO id text $ENDMACRO | Definition eines Macros id |
| $OFFSET [id] | Deklaration eines Offset |
| $OWN macro1 ... macro4 | benutzereigenes GL-Modell: macro1 - berechnet %FV aus %LP macro2 - berechnet %DR macro3 - berechnet %VA macro3 - berechnet %DI |
| $PAUSE | Temporäre Rückkehr in das Betriebssystem des Computers (nicht überall installiert) |
| $PLOT vectors xvector | Plot mehrerer Variablen vectors (Y-Achse) mit einer Variablen xvector (X-Achse) |
| $PRINT items | Druckbefehl |
| $READ numbers | Einlesen von Zahlen für Variablen |
| $RECYCLE [int1 [int2]] | wie $CYCLE, verwendet jedoch als Startwerte %FV |
| $REINPUT int1 [int2] [id's] | wie $INPUT, Kanal int1 wird jedoch vorher zurückgesetzt |
| $RESTORE [int] | Erneuter Programmbeginn von einem vorher gespeicherten Dump (int := Kanalnummer) |
| $RETURN | Gehe eine Ebene des program-control-stacks zurück |
| $SCALE [number] | Skalierungsparameter: Wenn number > 0, verwende number als Skalierungsparameter, sonst schätze $\phi$ |
| $SKIP int | Gehe int Ebenen des program-control-stacks zurück (ausgenommen in einer Programmschleife) |
| $SORT  vector1 [vector2 or | int2 [vector3 or  int3]]     Sortierung von Vektoren |
| $SSEED [int1 [int2 [int3]]] | Startwerte für Standard-Zufallszahlengenerator setzen |

| | |
|---|---|
| $STOP | Programmstop |
| $SUBFILE id text $RETURN | Definition eines externen Subfiles id |
| $SUSPEND | Temporäre Rückkehr in die 1. Ebene des program-control-stacks |
| $SWITCH scalar macros | Verzweigung zu einem von mehreren Macros |
| $UNITS int | Definition der Standardlänge aller Vektoren |
| $USE macro | Aufruf eines Macros |
| $VARIATE int id's | Deklaration von Kovariaten der Länge int |
| $WARNING | Ausgabe von Warnungen ja/ nein |
| $WEIGHT [id] | Deklaration eines Gewichtungsfaktors |
| $WHILE scalar macro | Wiederholter Aufruf eines Macros solange scalar > 0 |
| $YVARIATE id | Deklaration der Zielvariablen |

# GLOSSAR

| | |
|---|---|
| $P(.)$ | Wahrscheinlichkeit |
| $f(y)$ | Dichtefunktion |
| $E(.)$ | Erwartungswert |
| $V(.)$ | Varianz |
| $C(.)$ | Kovarianz |
| $Y, y$ | Zufallsvariable (Großbuchstabe), Realisation (Kleinbuchstabe) |
| $Y \approx N(\mu, \sigma^2)$ | $Y$ ist normalverteilt mit Mittelwert $\mu$ und Varianz $\sigma^2$ |
| $Y \approx \chi^2(q)$ | $Y$ ist Chi-Quadrat-verteilt mit df=q Freiheitsgraden |
| $Y \approx F(p, q)$ | $Y$ ist F-verteilt mit $df_1 = p$ und $df_2 = q$ Freiheits-graden |
| $\alpha, \beta, \gamma$ | Unbekannte Parameter der Grundgesamtheit (griechische Buchstaben) |
| $a, b, c$ | Schätzungen der Grundgesamtheitsparameter (lateinische Buchstaben) |
| $\ln x$ | Natürlicher Logarithmus der Zahl x |
| $\exp x$ | Exponentialfunktion ($e^x$) |
| $\underline{X}, \underline{x}$ | Matrix, Vektor |
| $\underline{X}', \underline{x}'$ | Transponierte(r) Matrix, Vektor |
| $\underline{X}^{-1}$ | Inverse einer Matrix |
| $Rg(\underline{X})$ | Rang einer Matrix |
| $y' = dy/dx$ | Erste Ableitung der Funktion y=f(x) |
| $y'' = d^2 y/dx^2$ | Zweite Ableitung der Funktion y=f(x) |
| $\partial L(\beta)/\partial \beta_j$ | Partielle Ableitung der Funktion $L(\beta)$ nach $\beta_j$ |
| $i, j, q$ | Häufig verwendete Indizes: <br> Beobachtung $\quad i = 1, \ldots, N$ <br> Parameter $\quad j = 1, \ldots, p$ <br> Iteration $\quad q = 1, 2, 3, \ldots$ |
| $N$ | Anzahl der Beobachtungen (Stichprobenumfang) **✕NU** |
| $n$ | Auswahlumfang für binominalverteilte Zufallsvariablen **✕BD** |
| $y_i$ | Abhängige Variable (Zielvariable) **✕YV** |
| $\mu_i$ | Systematische Komponente (Erwartungswert der Zielvariablen, Modellprognosen) **✕FV** |
| $e_i$ | Fehlerkomponente |
| $f(y_i \mid \theta_i, \phi)$ | Dichtefunktion der abhängigen Variablen |
| $\theta_i$ | Kanonischer Parameter |

| | |
|---|---|
| $\phi$ | Skalenparameter (konstant für alle i) %SC |
| $u_i$ | Bekannte Gewichte %PW |
| $a_i(\phi)$ | Funktion des Skalenparameters ($=\phi/u_i$) |
| $b(\theta_i)$ | Funktion des kanonischen Parameters |
| $\tau_i$ | Varianzfunktion %VA |
| $\eta_i$ | Linearer Prädiktor (Linearkombination der unabhängigen Merkmale) %LP |
| $g(\mu_i)$ | Verbindungsfunktion |
| $g^{-1}(\mu_i)$ | Inverse Verbindungsfunktion (Umkehrfunktion) |
| $x_{ij}$ | Unabhängige Variable j |
| $x_{i1}$ | Durchschnittseffekt (Grand Mean) %GM |
| $\underline{X}$ | Matrix der unabhängigen Variablen (Designmatrix) (Dimension: N*p) |
| $z_{ij}$ | Metrische Variable j |
| $A_j, B_l, C_m$ | Ausprägung j, l, m, ... der diskreten Variablen A, B, C, ... |
| $\beta_j$ | Effekt der unabhängigen Variablen j |
| $\beta^z$ | Effekt der metrischen Variablen Z |
| $\beta_j^A, \beta_l^B, ..$ | Effekt der Ausprägung j,l,.. der diskreten Variablen A,B,.. |
| $\beta_{jl}^{AB}, ...$ | Interaktions-, konditionale Effekte |
| $\alpha$ | A priori bekannte Effekte (Offset) %OS |
| $b_j$ | Schätzer des unbekannten Effektes $\beta_j$ %PE |
| $p$ | Anzahl (unabhängig voneinander schätzbarer) Parameter %PL |
| $L(\beta)$ | Likelihoodfunktion |
| $w_i$ | Iterative Gewichte %WT |
| $\underline{W}$ | Gewichtsmatrix (Diagonalmatrix der Dimension N*N mit den Elementen $w_i$) |
| $r_i$ | Element des Arbeitsvektors (modifizierte Zielvariable) %WV |
| $d\eta_i/d\mu_i$ | Ableitung der Verbindungsfunktion %DR |
| $c_0, c_i, c_r, c_v, c_f, c_m$ | Modellbezeichnungen (Nullmodell, eingeschränktes Modell i, reduziertes Modell r, Vergleichsmodell v, saturiertes Modell f, Minimalmodell m) |
| $S(c,f)$ | Skalierte Devianz des eingeschränkten Modells c gegenüber dem saturierten Modell f %DV |
| $D(c,f)$ | Devianz des eingeschränkten Modells c gegenüber dem saturierten Modell f %DV |
| $D_i(c,f)$ | Beitrag einer Beobachtung zur Gesamtdevianz %DI |
| df | Freiheitsgrade %DF |

| | |
|---|---|
| $\underline{\Sigma}$ | Varianz-Kovarianzmatrix der Parameterschätzungen %VC (inverse Informationsmatrix, Dimension: p*p) |
| $\underline{C}$ | Kontrastmatrix (Dimension: j*p, j = Anzahl der Hypothesen, p = Anzahl der Parameter) |
| $e_{pi}$ | Pearson-Residuen |
| $V(y_i)$ | Varianz der Zielvariablen |
| $\chi^2_g$ | Verallgemeinertes (Pearson) Chi-Quadrat %X2 |
| $V(\eta_i)$ | Varianz des linearen Prädiktors %VL |
| SST | Gesamtvariation |
| SSE | nicht erklärte Variation |
| SSR | erklärte Variation |
| SSX | durch die Variable X erklärte Variation |
| B | Anteil erklärter Devianz |
| $\Delta$B | Zunahme erklärter Devianz |
| PRD | Proportionale Verringerung nichterklärter Devianz |
| $n_i$ | Häufigkeiten einzelner Subgruppen/Unterkategorien |
| $n_{ij}$ | Häufigkeiten einer Kreuztabelle der Dimension i*j |
| $p_{ij}$ | Zeilenprozente einer Kreuztabelle der Dimension i*j |
| $\pi_{ij}$ | Erwartungswerte dieser Zeilenprozente |

# LITERATURVERZEICHNIS

Abramowitz,M./ Stegun,I.A. (1965): Handbook of mathematical functions. New York: Dover

Aitkin,M./ Clayton,D. (1980): The fitting of exponential, Weibull and extreme value distributions to complex survival data using GLIM. Applied Statistics 29: S.156 – 163

Albert,A./ Anderson,J.A. (1984): On the existence of maximum likelihood estimates in logistic regression models. Biometrika 71: S. 1 – 10

Andress,H.J. (1984a): Die ersten 10 Berufsjahre – Methodische Probleme der Analyse von Längsschnittdaten an Hand eines empirischen Beispiels aus der Mobilitätsforschung. Beiträge zur Arbeitsmarkt – und Berufsforschung 87. Nürnberg: Bundesanstalt für Arbeit

Andress,H.J. (1984b): Kreuztabellenanalyse und Analyse von Individualdaten mit GLIM. Zumanachrichten 14 (Mai): S.66 – 85

Andress,H.J. (1985): Multivariate Analyse von Verlaufsdaten. ZUMA – Methodentexte Bd. 1. Mannheim: Zentrum für Umfragen, Methoden und Analysen e.V.

Arminger,G. (1982): Klassische Anwendungen verallgemeinerter linearer Modelle in der empirischen Sozialforschung (Einführung in den GLIM – Ansatz). in: Verallgemeinerte lineare Modelle in der empirischen Sozialforschung. NONMET/ GLIM Workshop 16. – 20.11.1981. ZUMA – Arbeitsberichte No. 1982/03

Arminger,G. (1984a): Analysis of qualitative individual data and of latent class models with general linear models. in: Measuring the unmeasurable. Analysis of qualitative, spatial data (Nijkamp, P., ed.). Dortrecht: Martinus Nijhof

Arminger,G. (1984b): EM estimation for compound generalized linear models. Paper prepared for the 79th Annual Meeting of the American Sociological Association, Aug. 27 – 31, 1984, San Antonio

Arminger,G. (1985): Verallgemeinerte lineare Modelle. Stuttgart: G.Fischer (im erscheinen)

Baker,R.J./ Nelder,J.A. (1978): The GLIM System Release 3. Generalised linear interactive modelling. Program manual. Oxford: Numerical Algorithms Group

Begg,C.B./ Gray,R. (1984): Calculation of polytomous logistic regression parameters using individualized regressions. Biometrika 71: S. 11 – 18

Bhakpar,V.P. (1966): A note on the equivalence of two criteria for hypotheses in categorical data. Journal of the American Statistical Association 61: S.228 – 235

Bishop,Y.M.M. (1969): Full contingency tables, logits, and split contingency tables. Biometrics 25: S.383 – 400

Bishop,Y.M.M./ Fienberg,S.E./ Holland,P.W. (1975): Discrete multivariate analysis: theory and practice. Cambridge, Mass: The MIT Press

Bock,D. (1975): Multivariate statistical methods in behavioral research. New York: McGraw Hill

Clogg,C.C. (1981): Latent structure models of mobility. American Journal of Sociology 86: S.836 – 868

Cochran,W.G./ Cox,G.M. (1957): Experimental design. 2nd ed. New York: Wiley

Cordeiro,G.M. (1983): Improved likelihood – ratio tests for generalized linear models. J. R. Stat. Soc., B:

Cox,D.R. (1970): Analysis of binary data. London: Methuen

Cox,D.R./ Hinkley,D.V. (1974): Theoretical statistics. London: Chapman and Hall

Davis,J.A. (1974): Hierarchical models for significance tests in multivariate contingency tables: an exegesis of Goodman's recent papers. in: Sociological Methodology 1973 – 74 (Costner, H.L., ed.). San Francisco: Jossey – Bass. S. 189 – 231

Dempster,A.P./ Laird,N.M./ Rubin,D.B. (1977): Maximum likelihood from incomplete data via the EM algorithm (with discussion). J. R. Stat. Soc., B, 39: S.1 – 38

Diekmann,A./ Mitter,P. (1984): Methoden zur Analyse von Zeitverläufen: Anwendungen stochastischer Prozesse bei der Untersuchung von Ereignisdaten. Stuttgart: Teubner

Dobson,A.J. (1983): An introduction to statistical modelling. London: Chapman and Hall

Draper,N.R./ Smith,H. jr. (1981): Applied regression analysis. 2nd ed. New York: Wiley

Everitt,B.S. (1977): The analysis of contingency tables. London: Chapman and Hall

Fienberg,S.E. (1980): The analysis of cross – classified categorial data. 2nd ed. Cambridge, MA: MIT

Finney,D.J. (1971): Probit analysis. 3rd ed. Cambridge: Cambridge University Press

Forthofer,R.N./ Lehnen,R.G. (1981): Public program analysis: a new categorical data approach. Belmont,CA: Wadsworth

Ghokhale,D.V./ Kullback,S. (1978): The information in contingency tables. New York: Marcel Dekker

Goldberger,A.S. (1964): Econometric Theory. New York: Wiley

Goodman,L.A. (1978): Analyzing qualitative/ categorical data, log – linear models and latent – structure analysis. Cambridge, Mass.: Abt

Grizzle,J.E./ Starmer,C.F./ Koch,G.G. (1969): Analysis of categorical data by linear models. Biometrics 25: S. 489 – 504

Haberman,S.J. (1978): Analysis of qualitative data. Vol. 1. New York: Academic Press

Haberman,S.J. (1979): Analysis of qualitative data. Vol. 2. New York: Academic Press

Handl,J. (1977): Sozio – ökonomischer Status und der Prozess der Statuszuweisung – Entwicklung und Anwendung einer Skala. in: Klassenlagen und Sozialstruktur (Handl,J./ Mayer,K.U./ Müller,W.,eds.). Frankfurt/Main: Campus

Hanushek,E.A./ Jackson,J.E. (1977): Statistical methods for social scientists. New York

Heckman,J.J./ Singer,B. (1984): A method for minimizing the impact of distributional assumptions in econometric models for duration data. Econometrica 52: S.271 – 320

Johnston,J. (1972): Econometric methods.. New York: McGraw Hill (2nd edition)

Kendall,M.G./ Stuart,A. (1979): The advanced theory of statistics. 4th ed. London: Griffin

Kerlinger,F.N./ Pedhazur,E.J. (1977): Multiple regression in behavioral research. New York: Holt

Kirk,R.E. (1968): Experimental design: procedures for the behavioral sciences. Belmont, Cal.: Brooks – Cole

Kmenta,J. (1971): Elements of econometrics. New York: MacMillan

Küchler,M. (1979): Multivariate Analyseverfahren. Stuttgart: Teubner

McCullagh,P./ Nelder,J.A. (1983): Generalized linear models. London: Chapman and Hall

Müller,W. (1977): Schulbildung und Weiterbildung als soziologische Hintergrundsvariablen. in: Sozialstrukturanalyse mit Umfragedaten (Pappi,F.U., ed.). Kronberg: Athenaeum

Müller,W. (1979): Muster beruflicher Karrieren in der Bundesrepublik Deutschland. Papier für die Konferenz des Research Committee Social Stratification der International Sociological Association, Berlin, 30.10 – 2.11.1979

**Nelder,J.A./ Wedderburn,R.W.M. (1972):** Generalized linear models. J. R. Stat. Soc., A, 135: S.370 – 384

**Neymann,J. (1949):** Contributions to the theory of the chi square test. Proceedings of the First Berkeley Symposium on Mathematical Statistics and Probability (Berkeley: University of California Press), S.230 – 273

**Rao,C.R. (1973):** Linear statistical inference and its applications. New York: Wiley

**Rochel,H. (1983):** Planung und Auswertung von Untersuchungen im Rahmen des allgemeinen linearen Modells. Berlin: Springer

**Scheffe,H. (1963):** The analysis of variance. New York: Wiley

**Tegtmeyer,H. (1976):** Berufliche und soziale Umschichtung der Bevölkerung. Zeitschrift für Bevölkerungswissenschaft 1: S. 4 – 33

**Wald,A. (1943):** Tests of statistical hypotheses concerning general parameters when the number of observations is large. Transactions of the American Mathematical Society 54: S.426 – 487

**Wedderburn, R.W.M. (1976):** On the existence and uniqueness of the maximum likelihood estimates for certain generalized linear models. Biometrika 63: S.27 – 32

**Whitehead,J. (1980):** Fitting Cox's regression model to survival data using GLIM. Applied Statistics 29: S.268 – 275

**Winer,B.J. (1971):** Statistical principles in experimental design. New York: McGraw Hill

**Wonnacott,R.J./ Wonnacott,T.H. (1970):** Econometrics. New York: Wiley

# Autorenregister

# Stichwortregister